Philip Schimchen
Recht als Praxis

Philip Schimchen

Recht als Praxis

Die liberale Transformation in der Kulturtheorie des Rechts

VELBRÜCK
WISSENSCHAFT

Publikation: Velbrück Wissenschaft
Erste Auflage 2026
Velbrück Wissenschaft in der Velbrück GmbH Verlage, 2026
Meckenheimer Str. 47 · 53919 Weilerswist-Metternich
info@velbrueck.de
www.velbrueck.de

Printed in Germany
ISBN 978-3-95832-435-0

Bibliothekskennziffer D30

Bibliografische Information der Deutschen Nationalbibliothek
Die Deutsche Nationalbibliothek verzeichnet diese Publikation in der Deutschen Nationalbibliografie; detaillierte bibliografische Daten sind im Internet über http://dnb.d-nb.de abrufbar

Inhalt

§ 1 Einleitung: Kulturloses Recht als Fiktion der Rechtswissenschaft

Recht ist ein Element der Kultur unter vielen. Als solches ist die Subjektivität der Ausgangspunkt seiner Genese, Wirkung und Transformation. In diesem Prozess befindet sich das Recht als normative, auf Handlungen bezogene Wissensordnung in einem beständigen Austausch mit Formen des Wissens, der Techniken und der Praktiken. Es sind somit dezentrale Formen der Praxis, die sich in einem freien, evolvierenden Möglichkeitsraum realisieren, die die Rechtsnormativität inhaltlich informieren und transformieren. Ein Recht, das sich in seiner Medialität für diese aus individuellen, transgressiven Freiheitsräumen hervorgehende ›liberale Transformation‹ öffnet, ist der normative Fixpunkt einer Kulturtheorie des Rechts.

Das ist die Kernthese des vorliegenden Buches. Sie stellt für die deutschsprachige Rechtswissenschaft in Teilen eine Provokation dar, so wie sie gleichsam eine kulturwissenschaftliche Selbstverständlichkeit konstatiert. Das Recht durch die Perspektive der ›Kultur‹ zu verstehen, heißt, zu einem anderen Verständnis des Rechts zu gelangen, das die tradierte kontinentaleuropäische Rechtspraxis infragestellt, sie kritisierbar macht und zu einer Perspektive für das Recht im 21. Jahrhundert führt, die in einer neuen Medialität und Liberalisierung besteht. Dieses Recht ist postsouverän, dezentral und reflektiert seine Fundierung in außerjuristischen Wissensbeständen in jeder seiner Operationen. Nicht weniger als die Entwicklung eines solchen Rechtsdenkens beabsichtigt dieses Buch zu leisten und damit in den Kanon derer einzustimmen, die sich seit vielen Jahren dafür einsetzen, auch in der Rechtswissenschaft eine grundlegende Reflexion der kulturellen Kategorie ›Recht‹ zu betreiben.

In diesem Sinne ist die Entwicklung einer Kulturtheorie des Rechts das primäre Anliegen der Arbeit. Eine solche kulturwissenschaftliche Theorie des Rechts ermöglicht auf deskriptiver Ebene ein umfassenderes Verständnis der Genese- und Transformationsdynamiken der Rechtsnormativität. Dabei lässt sich immer wieder das Motiv der ›liberalen Transformation‹ beobachten. Als gestalterische Perspektive ergänzt es die rein beschreibende Ebene der Kulturtheorie und leitet über zu einem aus der kulturtheoretischen Reflexion hervorgehenden normativen Zukunftsentwurf für das Recht. Das Moment der ›liberalen Transformation‹ lässt sich in der Theoriebildung in zwei Formen beobachten. Zum einen beschreibt der Begriff, inwiefern Freiheit eine notwendige Voraussetzung für das kontingente Evolvieren der in den gesellschaftlichen Praktiken fundierten Wissensbestände ist und somit auch die Transformation der Rechtsnormativität als normative, auf Handlungen bezogene

Wissensordnung Freiheit voraussetzt (Transformation des Rechts *durch* Freiheit). Zum anderen beschreibt der Begriff normativ, dass das Recht seine Fundierung in der Freiheit als Möglichkeitsbedingung der Transformation erkennt und in seine Prozesse integriert, um produktiv mit dem es konstituierenden kulturellen Wissen zu interagieren (Transformation des Rechts *für* die Freiheit).

Thomas Vesting schreibt in diesem Zusammenhang:

> Eine liberale Verfassung ist nicht nur und nicht einmal primär von einer verfassungsbegründenden Gewalt abhängig, sondern von einem lebendigen Raum instituierter Freiheit, von Prozessen der gesellschaftlichen Selbstorganisation.[1]

Diese Prozesse der gesellschaftlichen Selbstorganisation und den lebendigen Raum instituierter Freiheit als normative Konsequenz einer kulturtheoretischen Beschreibung der Genese und Transformation des Rechts zu deuten, ist ein zentraler Aspekt der Theorie des »Rechts als Praxis«.

Auf methodischer Ebene stellt der vorliegende Text in dreifacher Hinsicht eine theoriefokussierte Arbeit dar. 1) Es handelt sich um eine literaturgestützte Arbeit, das heißt, das verwendete Material besteht vorwiegend aus geistes-, sozial- und rechtswissenschaftlichen Theorietexten. Auf Rechtsprechungsanalysen, Rechtsvergleichung und dogmatische Zugriffe wird in der Regel verzichtet. 2) Als rechtsphilosophische bzw. rechtstheoretische Arbeit steht die Theorieentwicklung im Mittelpunkt. Die Arbeit wählt dabei einen interdisziplinären Ansatz, der sich dadurch auszeichnet, dass er eine Rechtstheorie auf der Grundlage von kultur- und medienwissenschaftlicher Forschung sowie poststrukturalistischer Theorie entwickelt. Viele Axiome der klassischen politischen Theorie und Rechtstheorie wie beispielswiese das Souveränitätsparadigma, das Verständnis des Rechts als Form staatlicher Herrschaft und dessen schriftliche, präskriptive ex ante Medialität werden so in Frage gestellt und das Recht wird als eine Kategorie erkennbar, die weniger politisch-juridisch, sondern vielmehr kulturell und medial ist. 3) Ebenso wie das Recht ausgehend von den Lebensformen als offener Möglichkeitsraum experimenteller Praktiken zu verstehen ist, ist auch die Theoriebildung ein Ort des Experiments. Theorie als Lebensform bedeutet, die ›losen Enden‹ (Krajewski) zu verfolgen, die alternativen Zukünfte zu entdecken und das Potential von Partikularwissen jenseits des Kanons zu erkennen. Theoriebildung wird damit zu einem spielerischen Prozess, der vom riskanten Denken getriebenen ist und sich den Zwängen der Alltagsvernunft widersetzt (Gumbrecht). Der analytischen Klarheit bleibt sie dabei stets verpflichtet.

In drei Schritten wird im weiteren Verlauf der Einleitung der Forschungsgegenstand umrissen. Erstens erfolgt eine Abgrenzung sowohl

1 Vesting, Thomas: *Staatstheorie*. München: C. H. Beck 2018, Rn. 221.

gegenüber anderen Forschungsrichtungen innerhalb der deutschen Rechtswissenschaft als auch gegenüber anderen Kulturbegriffen, die in der deutschen Rechtswissenschaft verwendet werden. Die Abgrenzung endet mit der Hypothese, dass weite Teile der deutschen Rechtswissenschaft aufgrund von einer Reihe theoretischer Präfigurationen Recht nicht als kulturelle Kategorie denken können. An die Abgrenzung schließt sich als zweites eine Einbettung des Forschungsgegenstandes in die Strömung »Recht als Kultur« an. Drittens wird das konkrete Forschungsprogramm des »Rechts als Praxis« als spezifischer Zugriff auf die »Recht als Kultur«-Thematik erläutert und ein Überblick über die Gliederung der Arbeit gegeben.

I. Zum Verhältnis von Rechts- und Kulturwissenschaft

Ansatzpunkt dieser Arbeit ist der Fachdiskurs der deutschsprachigen Rechtswissenschaft. Auszuloten ist demnach zuerst, welche Rolle der Begriff der ›Kultur‹ gegenwärtig in ihm spielt und welches Verhältnis die Rechts- zur Kulturwissenschaft unterhält. Als juristische Dissertation leistet die Arbeit naturgemäß einen Beitrag zum rechtswissenschaftlichen Diskurs und betrachtet diesen auch als ihren primären Adressaten. Aufgrund des interdisziplinären Hintergrunds der Arbeit werden im Folgenden jedoch auch einige Eigenheiten eben dieses juristischen Diskurses erläutert, die sich für einen juristisch gebildeten Leser möglicherweise schnell erschließen und für einen geisteswissenschaftlichen Leser etwas breiterer Erläuterung bedürfen.

1. Bestandsaufnahme in der deutschen Rechtswissenschaft: Teildisziplinen, Rezeption, Interdisziplinarität

Um das Verhältnis zwischen der deutschsprachigen Rechtswissenschaft und den Kulturwissenschaften zu verstehen, muss zunächst eine Bestandsaufnahme in Bezug auf die interne Gewichtung der rechtswissenschaftlichen Teildisziplinen, die Rezeption nachbarwissenschaftlicher Forschung und die Entwicklung interdisziplinärer Ansätze innerhalb der Rechtswissenschaft selbst vorgenommen werden.

a. Grundlagenwissenschaft und Dogmatik

Wie jede Wissenschaft besteht auch die Rechtswissenschaft aus mehreren Teildisziplinen. Zum einen ist dort die Aufteilung, die sich an den verschiedenen Rechtsgebieten orientiert und die insbesondere im deutschsprachigen Raum verbreitetet ist. Gemeinhin wird hier zwischen dem Öffentlichen Recht, dem Zivilrecht und dem Strafrecht, sowie weiteren Subgruppen wie dem Handels- oder dem Gesellschaftsrecht unterschieden. Neben dieser an Rechtsgebieten ausgerichteten Abgrenzung lässt sich allerdings auch eine auf die Methodik abzielende Trennung der Teildisziplinen vornehmen. Hier stehen sich dann insbesondere die Grundlagen des Rechts und die Dogmatik gegenüber. Die Methoden werden dabei in nahezu allen Rechtsgebieten gleichermaßen verwendet.

Die Ausrichtung der deutschen Rechtswissenschaft ist stark dogmatisch. Damit geht sie im Vergleich zu ihren internationalen Pendants einen »Sonderweg«[2]. Die sogenannte ›Doctrinal Research‹ nimmt im angloamerikanischen Raum beispielsweise längst nicht den Stellenwert ein, wie die Dogmatik im deutschsprachigen; »dort sind Wissenschaft und Praxis deutlich voneinander getrennt«[3]. Ähnliches gilt für die romanischen Länder.[4] Oliver Lepsius kommt daher zu dem Schluss: »Dogmatik [ist] etwas spezifisch deutsches und nichts der Rechtswissenschaft (schon gar nicht: der europäischen Rechtswissenschaft) immanentes.«[5] Dieser Befund impliziert: Rechtswissenschaft ginge – und geht – auch anders.

Eines der Kernprobleme besteht dabei darin, dass dogmatische Abhandlungen »den historischen Rückblick, den philosophischen Tiefblick, den sozialwissenschaftlichen Rundblick oder gar den politischen Ausblick [scheuen]«[6]. Die ›Konjunktur von Dogmatik‹ führt somit zu einer Marginalisierung von »[t]heoretische[n] Fragestellungen« und »grundlagenbezogene[n] Themen«[7]. Dies betrifft auch das Verhältnis von Kultur- und Rechtswissenschaft in Deutschland. Eine kulturwissenschaftliche Reflexion des Phänomens »Recht« ist immer eine grundlagenbezogene Fragestellung. Ein dogmatischer Diskurs, der das geltende Recht in seiner Analyse im doppelten Sinn als gesetzt betrachten muss – einerseits als vom Staat *gesetztes* Recht und andererseits als den *gesetzten* Ausgangspunkt der sich daran anschließenden wissenschaftlich-dogmatischen Auslegung –, kann das Recht gar nicht als kulturelles Phänomen begreifen, da das positive Recht, im Sinne der Rechtssätze, sein unüberschreitbarer Rahmen ist. Die dogmatische Ausgestaltung dieser Rechtssätze ist dann das Ergebnis dieses Diskurses. Wichtige Anliegen der Kulturtheorie des Rechts wie die Betrachtung des Rechts jenseits der Kategorie des Staates sowie die grundlegende Diskussion der Medialität des

2 Lepsius, Oliver: »Kritik der Dogmatik«, in: Gregor Kirchhof / Stefan Magen / Karsten Schneider (Hg.): *Was weiß Dogmatik?* Tübingen: Mohr Siebeck 2012, S. 39–62, S. 47.

3 Ebd., S. 47.

4 Vgl. ebd., S. 47f.

5 Ebd., S. 46.

6 Ebd., S. 40.

7 Ebd., S. 48.

Rechts sind damit im Rahmen einer dogmatischen Rechtswissenschaft nicht realisierbar.

Eine grundlagenorientierte Rechtswissenschaft wäre somit äußerst wünschenswert, nicht zuletzt, da es sich dabei um die eigentliche Kernkompetenz der Rechts*wissenschaft* handelt.[8] Ein starker Dialog zwischen Wissenschaft und Praxis ist zwar an sich erstrebenswert;[9] wenn der ›Preis‹ dafür allerdings ist, dass die Rechtswissenschaft aufgrund ihres Wunsches nach praktischer Geltung ihren Wissenschaftscharakter aufgibt, dann gerät ihr universitärer Status in Schieflage.[10] So treffend Lepsius' Problembeschreibung an dieser Stelle ist, so unbefriedigend ist zugleich sein Gegenvorschlag. Dieser zielt vor allem auf eine verfassungs- und demokratietheoretisch ausgerichtete Rechtswissenschaft ab, deren spezifischen Probleme von Standpunkt einer Kulturtheorie des Rechts in den Abschnitten 1.c und 2.b erläutert werden.

b. Ausbleibende Rezeption der Nachbarwissenschaften

Vielfach ist zu beobachten, dass das Recht als kulturelle, historische oder politische Kategorie in den Nachbarwissenschaften der Rechtswissenschaft zum Untersuchungsgegenstand wird. Durch die in den Nachbarwissenschaften zumeist abgeschwächte dogmatische Perspektive entstehen hier durch eine interdisziplinäre und ergebnisoffene Herangehensweise zukunftsweisende, alternative Betrachtungsweisen des Rechts, die allerdings von der Rechtswissenschaft kaum rezipiert werden. In anderen akademischen Traditionen – beispielsweise in den USA im Feld der ›Constitutional Theory‹ – ist dies anders und deutet darauf hin, dass – wie oben erläutert – eine Verbindung zur Fixierung der deutschen Rechtswissenschaft auf ihre dogmatische Arbeitsweise auch hier ursächlich sein könnte.[11] Ob das Argument, die Ergebnisse zur Forschung am Recht aus den Nachbarwissenschaften seien für die Rechtswissenschaft wenig anschlussfähig, da sie das ›Konkrete‹, sprich das geltende Recht und seine Dogmatik, außer Acht ließen, richtig ist, hängt wohl immer vom Einzelfall ab. Nicht alle in den Nachbarwissenschaften entwickelten Konzepte sind für die Rechtswissenschaft und vor allem die Rechtspraxis gleichermaßen anschlussfähig. Dies ist dann aber

8 Vgl. ebd., S. 48.

9 Vgl. ebd., S. 54.

10 Vgl. ebd., S. 44 u. 61.

11 Allgemein zur Dogmatik vgl. erneut Lepsius, Kritik der Dogmatik; und für die Verfassungstheorie im Besonderen Jestaedt, Matthias: *Die Verfassung hinter der Verfassung. Eine Standortbestimmung der Verfassungstheorie.* Paderborn et al.: Ferdinand Schönigh 2009, S. 101f.

bereits ein methodisches *A priori* und sagt nicht unmittelbar etwas über den wissenschaftlichen Wert dieser Forschungsergebnisse aus, die sich häufig mit den Grundlagen beschäftigen und somit bewusst die Sachzwänge der gegenwärtigen Rechtssysteme zunächst methodisch in den Hintergrund treten lassen. Die Beantwortung dieser methodischen Fragen für die Verwertbarkeit von Ergebnissen aus den Nachbarwissenschaften erfordert allerdings bereits einen wissenschaftlichen Dialog *in der Sache*, was dann bereits eine Rezeption der nachbarwissenschaftlichen Theorien wäre, zu der es aber erklärtermaßen nur selten kommt. Viel öfter hingegen ist die Abwehrgeste eine pauschale, die ganze Disziplinen und Theorieströmungen betrifft.

Ob nun in der Sache berechtigt oder nicht, die Abwehrgeste der Rechtswissenschaft sorgt dafür, dass sich ein bestimmter Eindruck verfestigt: Recht bleibt Sache der Juristen. Vor dem Hintergrund der Entstehung des deutschen Rechtssystems und seiner Pflege durch ein staatlich ausgebildetes Berufsjuristentum verwundert dieser Eindruck wenig. Für die Rechtswissenschaft folgt daraus, dass sie sich die Hoheit über ihren Untersuchungsgegenstand – das Recht – bewahrt. Die anderen Disziplinen, die vor allem in den Grundlagen des Rechts, einem entscheidenden Teilgebiet der Rechtswissenschaft, präsent sind, wie beispielsweise die Philosophie, die Soziologie, die Geschichtswissenschaft und eben auch die Kulturwissenschaft, haben dann in der institutionellen Realität des wissenschaftlichen Betriebs nur noch wenig mitzureden und werden in die Peripherie rechtswissenschaftlicher Forschung verdrängt.

c. Eindimensionale Interdisziplinarität

Dem vermeintlich entgegenstehend ist in den letzten Jahren durchaus eine Renaissance der Grundlagenforschung in der Rechtswissenschaft zu beobachten.[12] Insbesondere im Öffentlichen Recht werden zunehmend neuere Ansätze aus der Politikwissenschaft und der politischen Philosophie rezipiert. Diese betreffen dabei vor allem die Demokratietheorie,

12 Vgl. dazu unter anderem Lüdemann, Jörn: »Grundlagenforschung im Öffentlichen Recht«, in: Andreas Funke / Julian Krüper / ders. (Hg.): *Konjunkturen in der öffentlich-rechtlichen Grundlagenforschung*. Tübingen: Mohr Siebeck 2015, S. 1–15, S. 4ff., der hier nicht nur treffend die grundsätzlich prekäre Stellung der Grundlagenforschung im Angesicht der »dogmatischen Monokultur« (S. 4) erkennt, sondern darüber hinaus die These formuliert, dass die »Rezessions- und Depressionsphase der Grundlagenforschung« überwunden sei, und man sich zur Zeit der Veröffentlichung »in einer Phase des konjunkturellen Aufschwungs« (S. 4) der Grundlagenforschung befände, die er sodann mit einem Überblick über die institutionell verfasste Forschungslandschaft illustriert.

die – wie auch schon bei den rechtswissenschaftlichen Klassikern, den am Weimarer Methodenstreit beteiligten und aus ihm hervorgegangenen Verfassungstheoretikern des 20. Jahrhunderts – die Grundbegriffe des demokratischen Rechtsstaates, auf die auch die Juristen in der Arbeit mit dem Recht und am Recht immer wieder zurückkommen, konzeptionell untermauert.[13] Begriffe wie »das Volk« sind zentral für die Verfassung und docken an Wissensbestände an, die nicht im engeren Sinne juristisch, sondern vor allem demokratietheoretisch sind.[14]

Neben der Integration von Ansätzen aus der Politikwissenschaft und der politischen Philosophie in die Fachdiskurse im Öffentlichen Recht, lässt sich eine ähnliche Geste auch im Strafrecht beobachten, wo beispielsweise an Diskurse der (Medizin-)Ethik angeknüpft wird. Insbesondere bei der Diskussion strafrechtlicher Fragen, deren Regelungsbereich das menschliche Leben selbst ist, wie beispielsweise in der Reproduktionsmedizin oder der Sterbehilfe, greifen Rechtswissenschaftler und

13 Ein aktuelles, und mehr als einschlägiges Beispiel für einen solchen Grenzgang zwischen politischer Theorie und Öffentlichem Recht wäre Volkmann, Uwe: *Demokratie und Vernunft. Zugleich ein Beitrag über den Zusammenhang von politischer Theorie und Verfassung*. Tübingen: Mohr Siebeck 2024.

14 Wie sehr diese Erkenntnis in weiten Teilen der etablierten Rechtswissenschaft immer noch verkannt wird, zeigt zum Beispiel das folgende Zitat von Martin Morlok und Lothar Michael zum Konzept der Volkssouveränität: »Die Volkssouveränität, die als politische Forderung mit theoretischer Unterfütterung in die Welt kam, lässt sich auch als Rechtsprinzip verstehen.« (Morlok, Martin und Lothar Michael: *Staatsorganisationsrecht*. 6. Auflage, Baden-Baden: Nomos 2022, Rn. 133). Zwar erkennen Morlok und Michael vorliegend die politiktheoretische Dimension des Begriffs an, versuchen aber dann sogleich eine scharfe Trennlinie zwischen der politiktheoretischen Semantik und dem Status der Volkssouveränität als Rechtsbegriff im Sinne des Art. 20 II GG zu ziehen. Den Fokus auf die konkrete grundgesetzliche Ausgestaltung der Volkssouveränität zu legen, ist für ein Lehrbuch zum Staatsorganisationsrecht durchaus angemessen, das Vorgehen illustriert allerdings einen für Juristen typischen Reflex: Es ist die Idee, dass bei der Behandlung eines Begriffs als reines »Rechtsprinzip« – zum Beispiel im Vorgang der Rechtsauslegung – dessen interdisziplinären Bezüge und dessen Fundierung in außerjuristischen Wissensbeständen außer Acht gelassen werden könnten. Methodisch wird der Begriff somit isoliert bzw. durch seine Konzeption als ›reines Rechtsprinzip‹ isolierbar gemacht. Dies unterstreicht noch einmal, wie gewagt und innovativ die oben skizzierten neueren interdisziplinären Forschungsansätze, die Schnittstellen zwischen politischer Philosophie und Verfassungsrecht ausloten, vom Standpunkt des konventionellen juristischen Diskurses sind. Sie kehren ein Stück weit die von Morlok und Michael vorgenommene Operation in ihrer Chronologie um, und beschäftigen sich auf der Grundlage des »Rechtsprinzips« mit dessen politiktheoretischen Hintergründen und Potentialen.

Praktiker immer wieder auch auf bio- und medizinethische Argumente zurück.

Zuweilen nehmen sogar die Gerichte selbst rechtsphilosophische Überlegungen in ihre Urteilsbegründungen auf. So entwickelt das Bundesverfassungsgericht sowohl die Menschenwürde aus Art. 1 I GG vor dem Hintergrund der Zweck-an-sich-Formel (alternativ »Selbstzweckformel«) Immanuel Kants als auch die im Recht auf freie Entfaltung der Persönlichkeit implizierte allgemeine Handlungsfreiheit im Sinne des Art. 2 I GG unter Rückgriff auf Kants Begriff des allgemeinen Rechtsgesetzes.[15]

Diese Phänomene lassen sich folgendermaßen reflektieren. Als Erstes widerlegt diese Beobachtung nicht die im vorherigen Abschnitt diagnostizierte Rezeptionslücke. Es handelt sich bei den oben genannten Beispielen weniger um die Rezeption wissenschaftlicher Forschung aus Nachbardisziplinen, die das Recht selbst als Untersuchungsgegenstand hat, sondern vielmehr um die Integration von außerjuristischen Argumenten, sprich eben solchen aus anderen wissenschaftlichen Disziplinen, in den juristischen Diskurs. Das impliziert, dass die Ansätze selbst in einem genuin juristischen Feld entwickelt werden, was die Rezeption bereits a priori determiniert. Der Rahmen des juristischen Diskurses wird bei diesem Vorgehen niemals verlassen.

Anders ausgedrückt: Es handelt sich um eine eindimensionale Interdisziplinarität. Im Vordergrund steht die Verwendung von außerrechtlichem Wissen, das die Rechtsnormativität inhaltlich und innerhalb der formalen Grenzen des Rechts informieren soll. Die interdisziplinären Bezüge beschränken sich somit darauf, wo das durch sie vermittelte Wissen entweder zur Auslegung des geltenden Rechts dienlich ist, oder wo es zum Leitfaden für Gesetzesreformen werden könnte.

Die kulturwissenschaftliche Rechtstheorie in der hier zur Diskussion gestellten Form beschränkt sich nicht darauf, lediglich Argumente für den juristischen Diskurs der Rechtsanwendung und Reformpolitik bereitzustellen, sondern strebt eine grundsätzliche Reflexion eben dieses juristischen Diskurses an, indem sie die Medialität des modernen, kontinentaleuropäischen Rechts analysiert, kritisiert und normative Alternativen aufzeigt.

2. *›Kultur‹ in der Rechtswissenschaft: Rechtspolitik und Verfassungstheorie*

In diesem Sinne lehnt die Kulturtheorie des Rechts die zwei Kulturbegriffe ab, die sich gegenwärtig im rechtswissenschaftlichen Diskurs

15 Vgl. Kalscheuer, Fiete: »Kant und die allgemeine Handlungsfreiheit«, in: *Juristische Ausbildung* 2018 (Bd. 40, Nr. 1), S. 15–19, S. 15.

ausmachen lassen. Dies ist zum einen der Kulturbegriff der sogenannten »Kritischen Rechtswissenschaft« und zum anderen der der Verfassungstheorie.

a. Kulturbegriff der Diversität: Kritische Rechtswissenschaft

Der Kulturbegriff der Kritischen Rechtswissenschaft zielt auf einen rechtspolitischen Vermittlungsprozess von Gesellschaft und Recht, in dem die Gesellschaft als etwas Politisches begriffen wird, das sich vor allem durch kulturelle Diversität auszeichnet.[16] Diese kulturelle Diversität wird – so die These der Kritischen Rechtswissenschaft – vom Recht nicht erkannt bzw. aktiv negiert. Eine kritische Rechtspolitik müsse daher in der Reform des Rechts bestehen, damit dieses die kulturelle Diversität reflektiert.[17] Dadurch wird der liberal-demokratische Minderheitenschutz gestärkt, das Recht wird inklusiver und eine Form von integrativem Rechtspluralismus könnte entstehen. Anwendungsfelder einer solchen Rechtskritik sind insbesondere feministische, postkoloniale und interreligiöse sowie interkulturelle Diskurse.[18]

16 Zur Aktualität des Begriffs der »Kritischen Rechtswissenschaft« im deutschen Diskurs vergleiche nur die jüngst veranstalteten Ringvorlesungen an den Universitäten Münster und Hannover unter den Titeln »Recht kritisch denken« (SoSe 2024, Lehrstuhl für Internationales Öffentliches Recht und internationalen Menschenrechtsschutz, Prof. Nora Markard) und »Recht – kritisch: Alternative Zukünfte denken« (WiSe 2024/25, Gastprofessur für Öffentliches Recht, Rechtsphilosophie, Geschlechter- und Diversityforschung, Prof. Berit Völzmann); »›Recht kritisch denken‹. Ringvorlesung im Sommersemester 2024«, herausgegeben von der Professur Nora Markard an der Universität Münster, https://www.jura.uni-muenster.de/de/institute/imr/ringvl-zur-kritischen-rechtswissenschaft/ringvl-zu-kritischer-rechtswissenschaft-recht-kritisch-denken/ (zul. abgerufen am 26.11.2025) und »Ringvorlesung. ›Recht – kritisch. Alternative Zukünfte denken‹«, herausgegeben von der Gastprofessur Berit Völzmann an der Leibniz-Universität Hannover, https://www.jura.uni-hannover.de/en/veranstaltungen/fuer-studierende/ringvorlesung-recht-kritisch-alternative-zukunft-denken (zul. abgerufen am 26.11.2025).

17 Vgl. »Kritische Rechtswissenschaft«, in: *Wissen*, herausgegeben von der Professur Susanne Baer an der Humboldt-Universität zu Berlin, https://www.rewi.hu-berlin.de/de/lf/ls/bae/wissen/kritische-rechtswissenschaft (zul. abgerufen am 26.11.2025); »Aus kritischer Perspektive darf das Recht bestehende Differenzen und Ausgrenzungen in der Gesellschaft nicht ignorieren, sondern muss sie zur Kenntnis nehmen, um zu ›gerechten‹ Entscheidungen zu gelangen«.

18 Vgl. ebd.; »So hat etwa die feministische Rechtswissenschaft (in der Schweiz: legal gender studies, in den USA: critical legal feminism, feminist legal studies) aufgezeigt, dass Normen häufig von einem männlichen

Politisch betrachtet sind dies ehrenwerte Anliegen. Aus wissenschaftlicher Perspektive kann sich eine Kulturtheorie des Rechts mit einem solchen Ansatz allerdings nicht zufriedengeben. In Anlehnung an die Ausführungen des vorherigen Abschnitts bleibt auch hier die Interdisziplinarität gewissermaßen eindimensional, worunter vor allem der von der Kritischen Rechtswissenschaft in Anschlag gebrachte Kulturbegriff leidet. Kultur als Diversität erkennt zwar die diskursive Konstruiertheit kultureller Kategorien und hinterfragt die darin angesiedelten Machtstrukturen, allerdings wird das Recht dabei selbst kaum als rein kulturelle Kategorie begriffen. Die Medialität des Rechts gilt auch hier als gesetzt und wird keiner Fundamentalkritik unterzogen, sondern es geht lediglich darum, diversitätsspezifische kulturelle Kategorien durch kritische Rechtspolitik in Rechtsnormativität zu übersetzen. Eine radikale kulturelle Gebundenheit des Rechts kennt die Kritische Rechtswissenschaft nicht.

b. Kulturbegriff der Homogenisierung: Volk und pouvoir constituant in der Verfassungstheorie

Wo der Kulturbegriff der Kritischen Rechtswissenschaft ein eher junges Phänomen innerhalb der rechtswissenschaftlichen Debatte ist, blickt der Kulturbegriff der Verfassungstheorie, der in seiner Verbindung mit den Begriffen des Volkes und des pouvoir constituant Kultur als etwas Homogenisierendes bzw. Einheitsstiftendes deutet, auf eine lange Tradition innerhalb der deutschen Rechtswissenschaft zurück. Dreh- und Angelpunkt ist dabei der Volksbegriff. Im demokratischen Staat ist er in Gestalt des pouvoir constituant Urgrund der Verfassungsordnung. Als ursprüngliche politische Kraft kommt dem Volk die verfassungsgebende Gewalt zu und somit gleichsam die Geltungsbegründung der gesamten Rechtsordnung. Diese Rangordnung verkörpert dabei das Primat des Politischen gegenüber dem Recht, das bereits Carl Schmitt beschrieben hat. Schmitts Lehre vom pouvoir constituant greift die Unterscheidung zwischen verfassungsgebender Gewalt (*pouvoir constituant*) und verfasster, das heißt von der Verfassung gesetzter, Gewalt (*pouvoir constitué*) des französischen Abbé Emmanuel Joseph Sieyès auf, die dieser in seiner 1789 erschienen Schrift *Qu'est-ce que le tiers état?* (Dt.: Was ist der dritte Stand?) vorträgt.[19] Sowohl bei Schmitt als auch bei Sieyès re-

und heterosexuellen Normalsubjekt ausgehen und damit die Interessen bestimmter Menschen privilegieren, gleichzeitig unser Denken in einer binärgeschlechtlichen Ordnung vorprägen. Vergleichbare Kritiken sind im Rahmen der critical race theory und queer legal theory entstanden«.

19 Vgl. Sieyès, Emmanuel Joseph: »Was ist der Dritte Stand?« (frz. 1789), in: ders.: *Politische Schriften. 1788–1790*, herausgegeben von Eberhard Schmitt und Rolf Reichardt, 2. Auflage, München: Oldenbourg 1981, S. 117–195, S. 167.

feriert der Begriff des pouvoir constituant auf die Nation. Wo dieser bei Sieyès anfänglich noch zwischen »naturrechtliche[r] Tradition der Freiheit des Individuums [...] und eine[r] stärker den Mythos einer ursprünglichen Einheit der Nation akzentuierenden Linie«[20] oszilliert und sich erst später der Begriff der Nation »als *eine* Körperschaft«[21] deren »Einheit, die zuerst da sei, die der Ursprung von allem sei und deren Wille immer gesetzlich sei, weil sie das Gesetz selbst sei«[22] durchsetzt, geht Schmitt bereits von Anfang an von einem »kollektivistische[n] Nationsverständnis«[23] aus, aus dem sich für ihn die Notwendigkeit der »Einheit der Staatsgewalt«[24] ableitet. Das Volk als Nation, das allein die verfassungsgebende Gewalt ausübt, ist für Schmitt eine durchweg homogene Entität. Als Souverän ist sein Wille die ursprüngliche Staatsgewalt. Dies untermauert Schmitt durch die im Zuge der Vorrangstellung des Politischen vor dem Recht bereits angesprochene konsequente Trennung von politischen und rechtsstaatlichen Elementen der Verfassung. In der Sphäre des Politischen verortet er die Staatsgewalt, sprich den Volkswillen, wohingegen die Gewaltenteilung – die es bei Sieyès durchaus im positiven Sinne gibt – etwas Rechtsstaatliches sei, das eben diese ursprünglich einheitliche Staatsgewalt nachträglich zersetze.[25] Die Demokratie realisiert sich für Schmitt demnach ausschließlich im Politischen. Sämtliche (rechtsstaatlichen) Begrenzungen der Staatsgewalt, das heißt des Volkswillens, zum Beispiel durch Minderheitenschutz und subjektive Rechte, sind für Schmitt antidemokratisch. Demokratie ist für ihn somit die ungehemmte Verwirklichung des homogenen, kollektiven Volkswillens. Daraus ergibt sich ein Dezisionismus, der keinerlei (Selbst-)Begrenzung mehr kennt. Anders als Sieyès, der durchaus die Auffassung eines liberalen Rechts- und Verfassungsstaates vertritt, ist Schmitt ein Verfechter des Gegenteils. Sämtliche liberal-rechtsstaatlichen Begrenzungen lehnt er zugunsten des Dezisionismus ab.

Der Kulturbegriff kommt bei Schmitt latent dort ins Spiel, wo der pouvoir constituant als Volk mit dem Begriff der Nation verbunden wird. Das Recht ergibt sich für Schmitt aus dem Willen des Volkes. Die Geltung des Rechts ist somit für Schmitt eine politische Kategorie. Diese Denkfigur ist bis heute einschlägig. Die Rechtsordnung ist rückgebunden an den Willen des Volkes. Die praktische Möglichkeit der Existenz eines solchen Kollektivsubjekts wie dem ›Volk‹ und dessen vermeintliche Fähigkeit, so etwas wie einen Willen zu besitzen, werden dabei meist nicht

20 Vesting, Staatstheorie, Rn. 216.
21 Ebd., Rn. 216.
22 Ebd., Rn. 216.
23 Ebd., Rn. 49.
24 Ebd., Rn. 104.
25 Vgl. ebd., Rn. 104.

weiter reflektiert. Dieser Ansatz demonstriert die Unfähigkeit der gängigen Rechtstheorien, das Außerrechtliche jenseits der Politik als konstitutive Bedingung des Rechts zu denken. Es ist in der Verfassungstheorie dann gerade der Kulturbegriff der Homogenisierung, der diese Lücke füllt und über den die Existenz des Volkes als politische Entität erklärt wird. Bei Schmitt ist dies das kollektivistische Verständnis der Nation, das mithilfe eines essentialistischen Kulturbegriffs das Volk als Gemeinschaft der Volksgenossen konzipiert, indem sich in Anlehnung an Rousseau der Wille aus dem Gemeinschaftsbewusstsein ergibt, dem sich die Einzelwillen unterzuordnen haben.[26]

Eine weniger essentialistische, aber im Kern gleich strukturierte Antwort bietet später der Schmitt-Schüler und ehemalige Bundesverfassungsrichter Ernst-Wolfgang Böckenförde an. In seiner unter dem Begriff »Böckenförde-Diktum« berühmt gewordenen Formel hält der Verfassungsrechtler fest:

> »*Der freiheitliche, säkularisierte Staat lebt von Voraussetzungen, die er selbst nicht garantieren kann*« und weiter: »Das ist das große Wagnis, das er, um der Freiheit willen, eingegangen ist. Als freiheitlicher Staat kann er einerseits nur bestehen, wenn sich die Freiheit, die er seinen Bürgern gewährt, von innen her, aus der moralischen Substanz des einzelnen und der Homogenität der Gemeinschaft, reguliert.«[27]

Vom Standpunkt der Kulturtheorie des Rechts klingt diese Aussage zunächst vielversprechend, stellt sie doch fest, dass es – kulturelle – Voraussetzungen gibt, die den Staat konstituieren und die selbst keine politischen oder rechtlichen sind. Nach eben diesen Voraussetzungen des Staates und des Rechts fragt die Kulturtheorie des Rechts. Bei Böckenförde steht diese Frage allerdings unter falschen Vorzeichen. Das oben zitierte Diktum ist für ihn die Antwort auf die »Frage nach den bindenden Kräften«[28]. Der Begriff der »bindenden Kräfte« verweist dabei erneut auf eine einheitsstiftende Funktion der Kultur. Der Staat ist ein Gemeinwesen, welches eine

26 Bei Rousseau gilt der »Gemeinwille« (volonté générale) in seiner ausschließlichen Fixierung auf das »Gemeininteresse« dem »Gesamtwillen« (volonté de tous) gegenüber, der die »Summe von Sonderwillen« darstellt und auf das »Privatinteresse« ausgerichtet ist, als vorzugswürdig, Rousseau, Jean-Jacques: *Vom Gesellschaftsvertrag. Oder Grundsätze des Staatsrechts* (frz. 1762), herausgegeben von Hans Brockard, Stuttgart: Reclam 2013, S. 32. Rousseau weiter: Der ›erklärte allgemeine Wille des Volkskörpers‹ ist »ein Akt der Souveränität und hat Gesetzeskraft«, ebd., S. 29.

27 Böckenförde, Ernst-Wolfgang: »Die Entstehung des Staates als Vorgang der Säkularisation« (1967), in: ders.: *Recht, Staat, Freiheit. Studien zur Rechtsphilosophie, Staatstheorie und Verfassungsgeschichte.* Frankfurt a.M.: Suhrkamp 1991, S. 92–114, S. 112.

28 Ebd., S. 112.

»Homogenitätsgrundlage«[29] braucht. Diese in Einklang mit individuellen Freiheiten zu bringen ist für Böckenförde das zentrale Problem. Die »Homogenitätsgrundlage« bleibt dabei Ausgangspunkt der Betrachtung. Dies zeigt sich, wenn man sich den im Diktum grundgelegten Freiheitsbegriff anschaut. Anders als Schmitt sieht Böckenförde subjektive Rechte nicht in der Absolutheit als etwas durchweg Negatives, sondern trägt mit seiner Honorierung der Beschränkung der Staatsgewalt durch die Grundrechte (Art. 1 III GG) einem wesentlichen Element der Verfassungsidentität des Grundgesetzes Rechnung.[30] Nichtsdestotrotz findet sich auch bei Böckenförde eine große Skepsis gegenüber dem Individualismus und der persönlichen Freiheit, die er als Gefährdung der »Homogenitätsgrundlage« betrachtet. Hier gerät Böckenförde wieder in die Nähe Schmitts. Die im obenstehenden Diktum formulierte Lösung besteht in einer spezifischen über die Gemeinschaft vermittelten Freiheitskonzeption. Die Freiheit kommt den Individuen nicht aus ihnen selbst heraus zu, sondern wird ihnen als »Bürgern«, das heißt in ihrer politischen Existenz, vom Staat »gewährt«. Zusätzlich regulieren sich diese Freiheiten über die »Homogenität der Gemeinschaft«. Es sind also gerade nicht die individuellen Praktiken der Freiheit der Ausgangspunkt des Rechtsdenkens, sondern nach wie vor ein Kulturbegriff, der homogenisieren und kollektivieren soll. Was bei Schmitt essentialistisch gedacht die Nation als Gemeinschaft der Volksgenossen war, die sich über eine gemeinsame, als kollektives Schicksal gedeutete Geschichte, einen Lebensraum, dazugehörige Traditionen und eine gemeinsame Sprache definiert, wird nun bei Böckenförde als ein bestimmtes Wertebewusstsein konzipiert. In beiden Fällen sind es kulturelle Kategorien, die herangezogen werden, um das Kollektivsubjekt »Volk« zu begründen und seine Existenz zu legitimieren.

Bereits an anderer Stelle habe ich dargelegt, dass der Volksbegriff lediglich als interdiskursives Phänomen begriffen werden kann, und dass darin eine unauflösliche Spannung liegt, die den Begriff für einen politischen Diskurs untauglich werden lässt.[31] Für sich stehend ist der Begriff semantisch ein ›leerer Signifikant‹ (Laclau), der erst durch den

29 Ebd., S. 112.

30 Der Begriff der Verfassungsidentität ergibt sich aus der Identitätsgarantie des Art. 79 III GG und bezieht sich auf die von ihr geschützten Kernbereiche des Grundgesetzes. Diese bestehen aus den in den Artikeln 1 und 20 GG festgelegten Grundsätzen und erfassen damit auch die Grundrechtsbindung der staatlichen Gewalt aus Art. 1 III GG, bzw. subsidiär über Art. 20 III GG. Die Grundrechtsbindung ist somit Bestandteil der Verfassungsidentität, vgl. Kirchhof, Paul: »§ 21 Die Identität der Verfassung«, in: Josef Isensee / ders. (Hg.): *Handbuch des Staatsrechts. Bd. 2. Verfassungsstaat.* 3. Auflage, Heidelberg: C. F. Müller 2004, S. 261–316, Rn. 86.

31 Vgl. Schimchen, Philip: »Zur Problematik des Volksbegriffes«, in: Andreas H. Apelt / Eckhard Jesse / Evelyna Schmidt (Hg.): *1989–2019. Wir sind das Volk. Wer ist das Volk?* Halle: Mitteldeutscher Verlag 2020, S. 141–147.

Interdiskurs mit Wissensbeständen des Kulturellen, der Geschichte, des Politischen und des Rechts ein Signifikat hervorbringen kann.[32]

Dies zeigt sich auch an seiner Verwendung in der zeitgenössischen Verfassungstheorie. Im Sinne des oben beschriebenen Kulturbegriffs der Diversität gibt es eine Ablehnung der kulturessentialistischen Bestimmungen, wie sie bisher im Mittelpunkt der Verfassungstheorie standen. Kultur wird hier vor dem Hintergrund eines gesellschaftlichen Pluralismus verstanden. Als Verfassungstheorie, die versucht die verfassungsrechtlichen Begriffe des demokratischen Rechtsstaates theoretisch auszubauen, kommt sie dennoch nicht umhin, auf den Begriff des Volkes zu rekurrieren. Damit dieser Begriff kein leerer Signifikant bleibt, werden auch hier semantische Interdiskurse konstruiert, die auf kulturelle Kategorien verweisen. Ein einheitsstiftendes und somit homogenisierendes Moment, das gleichzeitig der beobachteten kulturellen Diversität Rechnung trägt, wird dann zum Beispiel als »Einheit in Vielfalt« verstanden. Die kulturellen Differenzen werden zelebriert – ein großer Unterschied zu Schmitt und Böckenförde –, worin dann allerdings bereits die Zusammenführung unter einem alternativen Wertebewusstsein besteht. Werte wie Toleranz, die das Zusammenleben ermöglichen, fungieren hier als einheitsstiftendes Element. Zuweilen wird dies auch auf eine Deutung des Grundgesetzes als Wertekatalog ausgeweitet, der den gesellschaftlichen Zusammenhalt als eine Art Minimalkonsens bestimmt. Ein Rechtstext selbst fungiert hier als kulturell wirksamer Wissensbestand. Dies war zum Beispiel bei einer Renaissance des Verfassungspatriotismus in den 2010er Jahren zu beobachten, wo im Zuge der Migrations- und Asyldebatten nach dem einheitsstiftenden Kern einer multikulturellen Gesellschaft gesucht wurde.[33] Zum Volk gehören dann alle, die sich den Werten des Grundgesetzes als kulturellem Text verpflichtet fühlen und es ist ganz im Sinne Böckenfördes ein Wertekatalog, der als ›bindende Kraft‹ fungiert. Der Kulturbegriff der Homogenisierung besteht in der Verfassungstheorie demnach selbst dann noch fort, wenn vom essentialistischen Volksbegriff abgewichen wird und die gesellschaftliche Pluralität zum Ausgangspunkt der Betrachtung wird. Einheitsstiftung durch kulturelle Zugehörigkeit bleibt das Motto der Ver-

32 Vgl. ebd.

33 Verfassungspatriotismus hier im Sinne von Habermas, der schreibt: »Eine liberale politische Kultur bildet nur den gemeinsamen Nenner eines *Verfassungs*patriotismus, der gleichzeitig den Sinn für die Vielfalt und die Integrität der verschiedenen koexistierenden Lebensformen einer multikulturellen Gesellschaft schärft.« (Habermas, Jürgen: »Staatsbürgerschaft und nationale Identität (1990)«, in: ders.: *Faktizität und Geltung. Beiträge zur Diskurstheorie des Rechts und des demokratischen Rechtsstaats* (1992). Frankfurt a.M.: Suhrkamp 1998, S. 632–660, S. 642f.); und zur Aktualisierung im Zuge der Migrationsgesellschaft vgl. Müller, Jan-Werner: *Verfassungspatriotismus*. Berlin: Suhrkamp 2010.

fassungstheorie. Eine Kulturtheorie des Rechts kann sich damit nicht begnügen, da auch dieser Kulturbegriff unterkomplex ist.

3. *Zwischenfazit: Kulturloses Recht als Fiktion der Rechtswissenschaft*

Betrachtet man abschließend die Bestandsaufnahme zum Verhältnis von Rechts- und Kulturwissenschaft in Deutschland, so erklärt sich die These vom ›kulturlosen Recht‹ als Fiktion der Rechtswissenschaft. Konstruiert man das Recht ausschließlich als innerrechtliche oder politische Kategorie, so lassen sich seine über Jahrzehnte verfestigten Eigenlogiken, die insbesondere durch den in der Dogmatik forcierten Zusammenschluss von Wissenschaft und Praxis fortwährend bestärkt werden, problemlos aufrechterhalten. Es ist dann ein System mit systematischer Geschlossenheit, das seine charakteristischen Operationen vornimmt und Umweltkontakte dabei weitgehend ausblendet. Die Integration außerjuristischer Wissensbestände erfolgt dann lediglich punktuell dort, wo sie sich formal in die juristischen Operationen eingliedert. Eine Engführung von Recht und Kultur lässt hingegen erkennen, dass das Recht selbst vor allem ein kulturelles Element ist. Als solches ist es bereits a priori mit seiner Umwelt verbunden und die Interaktion mit außerjuristischem Wissen wird zur Grundlage seiner Existenz. Die Fiktion eines kulturlosen Rechts, also eines Rechts, das rein politisch und rechtlich ist und seine außerjuristische Bedingtheit nicht in sich selbst reflektiert, erhält den juristischen Modus Operandi.

II. Die Alternative: Recht als Kultur

Die Alternative ist ein Verständnis des Rechts als Kultur. Vor dem Hintergrund eines kulturwissenschaftlichen Kulturbegriffs wird das Recht als ein Element der netzwerkartig strukturierten Kultur verstanden, in der es in dezentralen Praktiken als normative auf Handlungen bezogene Wissensordnung geformt wird, und in einem Kreislaufschema selbst wiederum auf diese Praktiken einwirkt. Politische Kategorien wie das Volk, dessen Wille und die Souveränität werden auf diese Weise dekonstruiert und durch eine Beschreibung der Genese und Transformation des Rechts in verstreuten kulturellen Prozessen ersetzt.

1. *Die institutionsgebende Macht (Descombes)*

Ein Beispiel dafür ist das Konzept der institutionsgebenden Macht bei Vincent Descombes. Descombes kritisiert, dass das Recht und die Politik in der Rechtstheorie als voraussetzungslose Kategorien im Sinne einer systematischen Geschlossenheit behandelt werden. Er betont, dass diesen Kategorien notwendigerweise kulturelle Prozesse vorausgehen, die er in Anlehnung an Cornelius Castoriadis als »institutionsgebende Macht« bezeichnet. Descombes entwirft den Begriff in Abgrenzung zu dem der verfassungsgebenden Gewalt. Er schreibt:

> Angenommen eine Gruppe von Personen versammelt sich und sagt: ›Wir sind das Volk X, wir setzen folgende Verfassungsregeln fest.‹ Wer sind diese Personen? Von welcher Autorität sprechen sie? Was repräsentiert dieses ›wir‹? Wenn sie von den verschiedenen Komponenten des Volkes X schon förmlich delegiert wurden, befinden wir uns schon in einer späteren Phase der politischen Geschichte dieses Volkes, denn es hat bereits die Mittel entwickelt, seinen Gemeinwillen dadurch auszudrücken, daß es einzelnen Personen die notwendige Autorität verlieh, um die Verfassungsregeln zu erlassen.[34]

Die Existenz einer verfassungsgebenden Gewalt als politische Entität setzt somit das Vorhandensein einer kulturellen Infrastruktur voraus. Andernfalls würde ein kollektiver Akteur durch ein reines *fiat* beschließen, »sich selbst *ex nihilo* zu schaffen und sich selbst eine Autorität über das Leben einer Menge von Menschen zu verleihen«[35]. Die »Ausübung einer verfassungsgebenden Macht« wäre dadurch insofern »von etwas Willkürlichem befleckt«[36], als die Autorität aus »einer normativen Selbstsetzung«[37] des pouvoir constituant hervorginge. Diese Auffassung hält Descombes aus mehreren Gründen für problematisch. So sei das Argument laut Descombes zirkulär, solange es ausschließlich in der politischen Sphäre gedacht werde. Dabei würde die Zugehörigkeit zum politischen Körper durch die Verfassung bzw. die Gesetze geregelt, die dieser ja erst im Begriff ist zu beschließen.[38] Die normative Selbstsetzung des pouvoir constituant wäre somit unumgänglich, solange dieser als etwas ausschließlich Politisches gedacht wird. Der Grund dafür, dass die Zirkularität und damit verbunden die normative Selbstsetzung und die willkürliche Autorität in der Praxis meist unhinterfragt hingenommen würden, besteht für Descombes darin, dass »politische Autoritäten und das Gesetz im Sinne von etwas Übernatürlichem und nicht etwas Menschlichem«[39] behandelt würden.

34 Descombes, Vincent: *Das Rätsel der Identität* (frz. 2013). Berlin: Suhrkamp 2013, S. 227.
35 Ebd., S. 227.
36 Ebd., S. 228.
37 Ebd., S. 227.
38 Vgl. ebd., S. 227; es wäre zu diskutieren, ob dieses Argument nicht ein Stück weit unterkomplex ist, und sich mithilfe der Unterscheidung von *pouvoir constituant* und *pouvoir constitué* auflösen ließe.
39 Descombes, Das Rätsel der Identität, S. 228.

Dieses Moment der Externalisierung, das Descombes in seinem Text lediglich anreißt, kann mit der britischen Sozialanthropologin Mary Douglas konkreter beschrieben werden. So geht Douglas davon aus, dass Institutionen in ihrer Gründungsphase eines stabilisierenden Prinzips bedürfen. Dieses besteht für sie darin, dass die Institutionen, die eigentlich nichts weiter als soziale Konventionen sind, als etwas Naturgegebenes dargestellt werden. Die Gründung der Institutionen in der Sphäre des Sozialen, und damit eben auch des Konstruierten und Veränderbaren, wird somit gezielt in eine Sphäre der Unveränderbarkeit und der Unterordnung verlagert. Dadurch wird die Geltung der Institutionen externalisiert und ihre Stabilität gefestigt.[40]

Descombes, der hier in dieselbe Richtung wie Douglas zu gehen scheint, fordert in diesem Zusammenhang, die Urszene der Verfassungsgebung zu »*vermenschlichen*«[41]. Damit werde der pouvoir constituant in der Terminologie von Douglas wieder als eine in der Sphäre des Sozialen bzw. Kulturellen verankerte Institution erkennbar. Genau dies versucht Descombes im Folgenden zu zeigen, indem er die These aufstellt, dass der verfassungsgebenden Macht eine institutionsgebende Macht vorausgehen müsse.[42] Denn nur wenn die Gesellschaft bereits Institutionen besitze, sei die Verfassungsgebung überhaupt möglich. Descombes beschreibt diesen Zusammenhang wie folgt:

> Wenn es möglich ist, eine Versammlung von Bürgern zusammenzubringen und ein gemeinsames Nachdenken über die einzuschlagende Politik zu veranstalten, dann deshalb, weil es schon ein Gesellschaftsleben gibt, nämlich das einer Gesellschaft, die schon Institutionen besitzt.[43]

Für Descombes beinhaltet die institutionsgebende Macht die Voraussetzungen der Gesetzgebung, die der Gesetzgeber selbst nicht schaffen kann.[44] Dies erinnert in der Formulierung zunächst an das Böckenförde-Diktum, zielt inhaltlich allerdings auf das genaue Gegenteil ab. Unter diesen Voraussetzungen, die der Gesetzgeber bzw. der Staat selbst nicht schaffen kann, sind hier insbesondere die Kulturtechniken zu verstehen wie beispielsweise die Sprache, in der die Gesetze abgefasst werden, und die Medien, in denen sie fixiert und kommuniziert werden. Genauso gehören aber auch die Sitten, Gebräuche und Ideen einer Gesellschaft zur institutionsgebenden Macht. Descombes scheint hier von einem ›pragmatischen Regelverständnis‹ auszugehen, bei dem die (rechtlichen) Regeln und Normen in enger Beziehung zu ihrem praktischen Gebrauch und den

40 Vgl. Douglas, Mary: *Wie Institutionen denken* (engl. 1986). Frankfurt a.M.: Suhrkamp 1991, S. 79ff.

41 Descombes, Das Rätsel der Identität, S. 228.

42 Vgl. ebd., S. 230.

43 Ebd., S. 230.

44 Vgl. ebd., S. 231.

gesellschaftlichen Wissensbeständen stehen.[45] Die Sitten, Gebräuche und Ideen sind für Descombes in diesem Zusammenhang eine wichtige Bedingung dafür, dass die Gesetze »kein toter Buchstabe bleiben«[46], sondern auch tatsächlich eine praktische Machtwirkung auf die Subjekte entfalten können. Hier löst Descombes sich dann erneut von einer Theorie, die die kulturellen Voraussetzungen lediglich als einfach abzuhakende und als gegeben zu betrachtende Kriterien staatlicher Herrschaft begreift; vielmehr geht es bei der ›kulturellen Infrastruktur‹ um eine kontinuierliche, subjektivierende Wirkung.

In diesem Sinne ist es Descombes zufolge ebenfalls »unmöglich, die *Gesamtheit* der institutionsgebenden Macht in der *Einzelperson* eines Gründers (was auch immer seine Autorität sein mag), zu verorten«[47]. Solche Versuche, die institutionsgebende Macht »als persönliches Attribut eines Individuums« oder eines kollektiven Akteurs aufzufassen, führen laut Descombes immer dazu, »ihm einen magischen oder übernatürlichen Charakter zu geben«[48]. Descombes erklärt unter Rückgriff auf Castoriadis, dass hingegen *alle* »›Urheber‹ der Evolution der Sprache, der Familie, der Sitten etc.‹«[49] und somit der institutionsgebenden Macht seien. Alle schreiben an diesem ›kulturellen Text‹ mit. Die Kultur bzw. die institutionsgebende Macht – tatsächlich fallen das, was das Forschungsparadigma ›Recht als Kultur‹ unter Kultur versteht, und die institutionsgebende Macht hier zusammen – ist demnach ein diffuses Netzwerk, an dem alle permanent beteiligt sind. Descombes bringt seine These daher abschließend auf die folgende prägnante Formel:

> Anstelle einer mythischen Vorstellung der Gründung unserer Gemeinschaft in einer wundersamen ursprünglichen Selbstsetzung, ist es besser, als Paradigma die Art und Weise zu nehmen, wie jeder die institutionsgebende Macht ausübt und dadurch die unzähligen Gebräuche, die die Kultur bilden, reproduziert und auch modifiziert.[50]

Descombes führt damit aus, dass es weniger einige ausgewählte kollektive Identitäten begründenden Narrative sind, die die institutionsgebende Macht verkörpern, sondern gerade deren Fragmentiertheit, die sich in den »unzähligen Gebräuchen« der Kultur zeigt. Die Kultur wird nicht zur bloßen Begründungsfigur des *demos* und seiner verfassungsgebenden Gewalt, sondern sie wird selbst zum Ort der Transformation und Genese des Rechts. Die Ausübung der institutionsgebenden Macht durch den

45 Vgl. zum pragmatischen Regelverständnis in der Normentheorie: Vesting, Thomas: *Rechtstheorie*. 2. Auflage, München: C. H. Beck 2015, Rn. 60ff.
46 Descombes, Das Rätsel der Identität, S. 231.
47 Ebd., S. 229.
48 Ebd., S. 229.
49 Ebd., S. 230.
50 Ebd., S. 231.

Einzelnen, von der Descombes schreibt, darf dann gerade nicht als kollektive Form gelesen werden, sondern als individuelle Exploration und Potenz des Subjekts im Feld der unzähligen Möglichkeiten.[51]

2. *Kultur als Netzwerk*

a. Geographische und politische Großgebilde vs. Ethnographie

Darauf aufbauend lassen sich zwei unterschiedliche Kulturbegriffe systematisieren. Zum einen die Definition, die unter ›Kultur‹ ein »geographisches und politisches Großgebilde«[52] versteht und insbesondere dessen einheitsstiftende Funktion betont. Ein einschlägiges Beispiel dafür ist das Konzept der Nation, »deren Einheit durch bestimmte Sprachen, Mentalitäten, Kunst- und Lebensformen verbürgt ist«[53]. ›Kultur‹ als »Allgemeinbegriff« bezeichnet dann das, »was das große Ganze jeweils zusammenhält«[54]. Auf diese Form des Kulturbegriffs stützt sich – wie oben gezeigt – die Verfassungstheorie und mit ihr ein großer Teil der Rechtswissenschaft.

Dass all diese »Großgebilde« bereits auf eine ›institutionsgebende Macht‹ angewiesen sind, zeigt hingegen Descombes. An dieser Stelle kommt der ›ethnographische Kulturbegriff‹ ins Spiel, wie er für die zeitgenössische Kulturwissenschaft einschlägig ist.[55] Unter diesem wird alles als Kultur verstanden, »was im Zusammenleben von Menschen der Fall ist«[56]. Die Praktiken, Interaktionen und Bedeutungszusammenhänge werden somit selbst zum Kernbestandteil dessen, was ›Kultur‹ ausmacht. Ein solcher Kulturbegriff nimmt keine hierarchische Trennung zwischen

51 Der Vollständigkeit halber sei erwähnt, dass Castoriadis, von dem Descombes den Begriff der institutionsgebenden Macht übernimmt, die Autonomie des Subjekts ausschließlich als eine auf das Kollektive abgestimmte Praxis liest, und dass er Autonomie nur in einer Verbundstruktur von Kollektivem und Individuellem denkt (vgl. Castoriadis, Cornelius: »Macht, Politik, Autonomie« (frz. 1988), in: ders.: *Ausgewählte Schriften. Bd. 1. Autonomie und Barbarei*, herausgegeben von Michael Halfbrodt und Harald Wolf, Lich: Verlag Edition AV 2006, S. 135–167, S. 163f.). Die Akzentuierung bei Descombes lässt allerdings in jedem Fall die oben dargestellte Interpretation zu, die vor dem Hintergrund der weiteren in dieser Arbeit vorzunehmenden Ausführungen überzeugender erscheint.

52 Assmann, Aleida: *Einführung in die Kulturwissenschaft. Grundbegriffe, Themen, Fragestellungen*. 2. Auflage, Berlin: Erich Schmidt Verlag 2008, S. 13.

53 Ebd., S. 13.

54 Ebd., S. 13.

55 Vgl. ebd., S. 13f.

56 Ebd., S. 13.

Hoch- und Populärkultur vor und verleiht auch keinen singulären identitätsstiftenden Narrativen eine herausgehobene Stellung.[57] Vielmehr hebt er die Bedeutung der Alltagskultur hervor, die aus einem Netzwerk wissensgenerierender, dezentraler Praktiken besteht. Dabei spielt insbesondere die »ständig wachsende Zwischenwelt aus Technik und Medien«[58] eine wichtige Rolle. Im Anschluss an Bernhard Waldenfels ist Kultur dann alles, »was Menschen aus sich und den Dingen machen und was ihnen dabei widerfährt«[59]. Grundlage der Kultur sind in diesem Sinne praktische, medientechnische Prozesse der Selbst-Transformation.

b. Postmoderne: Fragmentierung, Selbsttransformation, Subjektivität

Ein ethnographischer bzw. kulturwissenschaftlicher Kulturbegriff begreift Kultur somit immer als etwas Fragmentiertes. Die Kulturtechniken der Einheit und Geschlossenheit, der unbedingten Kohärenz und des inhärenten Sinns werden damit selbst zu bloßen Diskurseffekten und verlieren ihren Status als Fundament der Kultur. Ein solcher Kulturbegriff muss dann sowohl das rationale, erkennende und vernünftige Subjekt der Aufklärung als Zentrum der Welterkenntnis als auch die großen Erzählungen der modernen Massenkultur aufgeben.

Es ist insbesondere die Postmoderne, in der die der Kultur inhärente Fragmentiertheit und Brüchigkeit zum gesellschaftlichen Organisationsparadigma wird. Fragmentierung und Unvollständigkeit erscheinen dann nicht mehr als ein temporärer, zu überwindender Zustand, sondern als die Basis der gesellschaftlichen Wissensproduktion, indem sie unabschließbare, praktische Prozesse der Transformation ermöglichen.

Diese Fragmentierung und unabschließbare Prozessualität erfasst auch das Selbst. An die Stelle der Identität tritt die Subjektivität, die als Verbindung von Wissen und Praxis, eine Perspektive bildet, aus der sich das Handeln des Subjekts ergibt. Die Identität als Kategorie – mehr oder weniger – stabiler Zuordnung von Seinsweisen, Eigenschaften und Individuen, ist im Angesicht der fragmentarisierenden Vernetzung des Subjekts mit unzähligen es umgebenden informationellen Knotenpunkten nicht mehr haltbar. Die – zumindest temporäre – Stabilität der Identität wird abgelöst durch die Dynamik der Subjektivität.[60]

57 Vgl. ebd., S. 13.

58 Ebd., S. 13.

59 Ebd., S. 13; vgl. Waldenfels, Bernhard: *Verfremdung der Moderne. Phänomenologische Grenzgänge.* Göttingen: Wallstein Verlag 2001, S. 98.

60 So im Ergebnis auch Zima, Peter V.: *Theorie des Subjekts. Subjektivität und Identität zwischen Moderne und Postmoderne.* 4. Auflage, Tübingen: A. Francke Verlag 2017, S. 43.

c. Recht im Netzwerk

Infolgedessen führt das Zusammendenken von Recht und Kultur zu einer Konzeption des Rechts, die dieses in Netzwerken denkt. Recht ist dann nicht mehr auf einen Gesetzgeber als Zentralinstanz festgelegt und folgt auch nicht mehr einem einheitsstiftenden Narrativ. Recht wird dann polyzentrisch, dynamisch und bottom-up organisiert.[61] Die Stabilität, die das Recht insbesondere über seine ex-ante-Perspektive im Medium der Schriftlichkeit versucht herzustellen und fortwährend zu erhalten, weicht dann einer beständigen Selbsttransformation, die nicht in einem demokratisch-partizipatorischen Prozess besteht, sondern in transgressiven Netzwerkpraktiken. Eben solchen Praktiken und ihrem Rechtsbegriff geht die vorliegende Arbeit nach.

III. Spezifischer Zugriff: Recht als Praxis

Dezentrale kulturelle Praktiken sind der Ort der Genese und Transformation des Rechts. Das ist die Kernthese des hier zu entwerfenden Paradigmas ›Recht als Praxis‹. Praxis wird dabei als das Fundament jedweder Wissensordnung, und somit auch des Rechts, begriffen. Das Recht wird dann primär als praktische Wissensordnung und nicht mehr als Ergebnis institutioneller, rationalisierender, politischer Verfahren verstanden. Ein solches Verständnis des Rechts begreift dieses als integralen Bestandteil einer sozialen Epistemologie und erkennt die Verwurzelung des Rechts in den kontingent evolvierenden praktischen Lebensformen. Darauf aufbauend stellt sich die Frage nach einer Medialität des Rechts, die nicht mehr als Antithese zu den praktischen Evolutionsprozessen des Rechts fungiert, sondern die produktiv mit der fragmentarischen Selbsttransformation des Rechts interagiert. Recht ist dann ein Teil von Subjektivität und wird in dieser geformt, genauso wie es als praktische Wissensordnung auch die Subjektivität mitformt.

Im Sinne einer methodischen Vorüberlegung präsentiert die folgende Gliederung ›Alternativüberschriften‹ für die einzelnen Kapitel. Während die Hauptüberschriften explizit die für den Rechtsbegriff zu erarbeitenden Kategorien benennen (Wissen, Praxis, Medientechnik, Netzwerke, Lebensformen und gesellschaftliche Selbstorganisation), fokussieren sich die Alternativüberschriften auf die theoretisch-methodische Anlage der einzelnen Kapitel. Im Vordergrund steht dann der Foucault'sche Praxisbegriff, der als methodischer Rahmen der Theorie des Rechts als

61 In diesem Kontext ist selbstredend auf die Arbeiten Karl-Heinz Ladeurs zum Recht der Netzwerkgesellschaft zu verweisen, deren ausführliche Erörterung allerdings in den Hauptteil dieser Arbeit verschoben wird.

Praxis dient (§ 2), die medientechnologische Beschleunigung der in den kulturellen Prozessen der Wissensgenerierung angelegten fragmentarischen Selbsttransformation in der Netzwerkgesellschaft als Spezifikum postmoderner Rechtssubjektivitätsbildung (§ 3) und die Verbindung von Kulturtheorie und Liberalismus über die Deutung der Genese des Rechts in Freiheitspraktiken und damit jenseits des Staates, wodurch hybride Formen der gesellschaftlichen Handlungskoordination entstehen (§ 4).

1. Foucault als methodischer Rahmen (§ 2)

Die Arbeiten des französischen Philosophen und Kulturhistorikers Michel Foucault bilden den methodischen Rahmen der vorliegenden Theorieentwicklung. Insbesondere sein postsouveräner Machtbegriff, die Verknüpfung von Recht und Subjektivität, sowie sein Praxisbegriff stellen maßgebliche Parameter der Theorie dar, die auch im weiteren Verlauf als ihre Grundpfeiler dienen.

Foucault entwirft seinen Machtbegriff gezielt als Alternative zum politisch-juridischen Machtbegriff. Er schreibt: »Macht dachte man entweder im Rahmen rechtlicher Modelle (Wodurch wird Macht legitimiert?) oder im Rahmen institutioneller Modelle (Was ist der Staat?).«[62] Sein Machtbegriff ist hingegen deutlich kulturwissenschaftlicher ausgerichtet. Für Foucault ist Macht nicht etwas, das ein Souverän als Zentralinstanz besitzt, sondern eine dezentral wirkende, subjektivierende Kraft, die von Dingen, Oberflächen, Techniken und Wissensbeständen ausgeübt wird. Macht jenseits politisch-juridischer Kategorien zu denken, korrespondiert dabei mit der bereits in Abschnitt II. aufgestellten These, dass auch das Recht nicht als politisch-juridische Figur gedacht werden kann, sondern auf seine ›kulturelle Infrastruktur‹ hin befragt werden muss. Das Recht ohne die Kategorien Legitimation, Institution und Staat zu denken, ist die Transferleistung, die vorliegend mithilfe von Foucaults Begriffen erreicht werden soll. Die ›Macht des Rechts‹ folgt dann nicht mehr aus einer politisch-juridischen Struktur, sondern aus der Subjektivierung.

Recht und Subjektivität sind demnach zusammenzudenken. Der Begriff »Subjektivierung« beschreibt dabei spezifische Verbindungen von »Wissen« und »Praxis«, die das Subjekt konstituieren. Die Normativität des Rechts wird dabei vom Rechtssubjekt in Praktiken selbst erst hervorgebracht, während das Recht als Wissensbestand gleichzeitig die Praktiken des Subjekts formiert. Es ergibt sich ein Kreislaufschema, in dem

62 Foucault, Michel: »Subjekt und Macht« (frz. 1982), in: ders.: *Dits et Ecrits. Schriften in vier Bänden. Bd. 4 1980–1988*, herausgegeben von Daniel Defert und François Ewald, Frankfurt a.M.: Suhrkamp 2005, S. 269–294, S. 270.

sich Recht, Wissen und Praxis, als weit gedachte Rechtssubjektivität gegenseitig gestalten. Das Recht wird dann in erster Linie als normative, auf Handlungen bezogene Wissensordnung und weniger als institutionell verfasstes, formalisiertes Verfahren verstanden. Wissen ist dabei eine praktische Kategorie. Praktiken generieren, transformieren und reproduzieren Wissen, und darüber vermittelt auch das Recht.

Der Foucault'sche Praxisbegriff folgt aus dem Subjektivierungsbegriff. Mithilfe von Christoph Menke lassen sich zwei Pole des Foucault'schen Praxisbegriffs identifizieren: die Disziplin und die Ästhetik der Existenz.[63] Während die Disziplin eine Form der Subjektivierung darstellt, in der das Subjekt die in den Dispositiven angelegten Praktiken mit hoher Genauigkeit reproduziert und dadurch als Normwissen stabilisiert, beschreibt die Ästhetik der Existenz einen spielerischen und experimentellen Modus der Selbsttransformation des Subjekts, die unter Einsatz seiner ›ontologischen‹ Freiheit, anders zu handeln, als es die Dispositive ihm vorgeben, entsteht. In der Ästhetik der Existenz subjektiviert sich das Subjekt selbst, um Zugang zu einer Seinsweise zu erlangen, die Wahrheit als ethisches Selbstverhältnis hervorbringt. Denkt man das Recht von der Praxis aus, dann ist die Disziplin die ›Machtquelle‹ des Rechts; die Normbefolgung wird nicht aus der Strafe und Sanktion generiert, sondern aus der disziplinierenden Machtwirkung des gesellschaftlichen Normativitätswissens. Die ästhetisch-existentielle Praxis bildet die normative Alternative dazu und zeigt einen Modus, in dem die Wissensstrukturen des Rechts durch experimentelle, kreative und selbsttransformative Praktiken gestaltet werden. Dieser Zusammenhang von ästhetisch-existentieller Praxis und Recht bildet die Grundlage für die weiteren Betrachtungen in dieser Arbeit.

Mit Foucault wird ferner ein Poststrukturalist zum zentralen Stichwortgeber der Theorie des Rechts als Praxis. In diesem Sinne stellt die Theorie des Rechts als Praxis eine poststrukturalistische Rechtsphilosophie dar. Dies ist insofern bemerkenswert, als der Poststrukturalismus eine Rezeptionslücke im an deutschen juristischen Fakultäten gelehrten rechtsphilosophischen Kanon bildet. In den Fällen, wo er überhaupt erwähnt wird, nimmt er im Vergleich zu anderen Theorieklassikern eine Randstellung ein. Der poststrukturalistische Rahmen der Theorie zeigt sich darüber hinaus auch in den weiteren Teilen der Arbeit, beispielsweise an dem Einbeziehen von Gilles Deleuze' Vitalismusbegriff und an der Deutung der poststrukturalistisch geprägten Konzepte von Immanenz und Kontingenz vor dem Hintergrund des Netzwerkdenkens.

63 Vgl. Menke, Christoph: »Zweierlei Übung. Zum Verhältnis von sozialer Disziplinierung und ästhetischer Existenz«, in: Axel Honneth / Martin Saar (Hg.): *Michel Foucault. Zwischenbilanz einer Rezeption. Frankfurter Foucault-Konferenz 2001*. Frankfurt a. M.: Suhrkamp 2003, S. 283–299.

2. *Postmoderne Spezifika der Rechtssubjektivitätsbildung (§ 3)*

Daran schließt sich der Versuch an, den mit Foucault beschriebenen und für die Moderne allgemeingültigen Verweisungszusammenhang zwischen Recht und Subjektivität historisch zu präzisieren. Die Hypothese ist dabei, dass sich die mit Foucault beschriebenen Dynamiken in der sogenannten »Netzwerkgesellschaft« (M. Castells) in besonders radikaler Weise beobachten lassen. Nicht nur folgt die gesellschaftliche Organisation den netzwerkartigen Strukturen des Wissens, die in der Kultur ohnehin stets vorhanden sind, sondern sie intensiviert diese durch eine Art ›Überstruktur‹, die aus den Medientechnologien der Netzwerke besteht. Damit wird die Netzwerkgesellschaft zu einem Beispiel für die Erläuterung der Rolle der Medientechnik im Prozess der Subjektivitätsbildung. Die medientechnologische Ebene ist in Foucaults Subjektivitätsbegriff noch unterbestimmt. Sie wird hier als die Möglichkeitsbedingung von Praktiken gedacht und gleichsam als das Produkt kreativer Praktiken. Die Medientechnologie beeinflusst durch ihre Struktur als Speicher- und Verbreitungsmedium ebenfalls die Struktur des Wissens, die in diesem Fall eine netzwerkartige ist. Die Medientechnik fungiert auf diese Weise als Teil der Selbstermächtigung im Prozess der Subjektivitätsbildung.

Das kontinentaleuropäische Rechtsverständnis erweist sich hier als anachronistisch. Seine Wissensstruktur ist eine fundamental andere als die der Netzwerkgesellschaft. Es denkt Recht und Subjektivität gerade nicht zusammen und negiert ein Verständnis einer in den Lebensformen entstehenden Rechtssubjektivität. Die Medialität des kontinentaleuropäischen Rechts setzt auf eine schriftliche, ex-ante Präskription. Ihre Wissensstruktur ist statisch und vorschreibend. Die Wissensstrukturen der Netzwerkgesellschaft – und mit ihnen die ihrer Medien, auf die auch das Recht verwiesen ist –[64] sind hingegen dynamisch und flexibel. Das müsste auch das Recht leisten können. Es muss sich demnach in Medien ausdrücken, die seine Strukturen dynamisch und flexibel werden lassen. Genauso unterscheidet sich das Verständnis des praktischen (Rechts-)Subjekts. Dieses ist im kontinentaleuropäischen Recht das Subjekt der Aufklärung, das rational und autonom handelt und für sein Handeln Verantwortung übernimmt. Der philosophische Stichwortgeber des »Rechts als Praxis« ist dagegen die Lebensphilosophie, die insbesondere in ihrer an Nietzsche und Bergson anknüpfenden Ausformung bei Deleuze erhellend wirkt. An die Stelle des aufklärerischen Subjekts tritt hier ein relationales Subjekt, das in die es umgebenden netzwerkartigen, evolvierenden Wissensstrukturen eingebunden ist. Das Recht ist dabei

64 Den fundamentalen Verweisungszusammenhang von Medien und Recht erläutert ausführlich Vesting, Thomas: *Die Medien des Rechts I–IV*. Weilerswist: Velbrück Wissenschaft 2011–2015.

verwiesen auf eine vitale Normativität, die durch experimentelle Praxis in den Lebensformen generiert wird, die ihrerseits als offene, kontingent evolvierende Möglichkeitsräume zu verstehen sind. Während das kontinentaleuropäische Recht keinen Modus besitzt, um mit dieser vitalen Normativität zu interagieren, wird die vitale Normativität zur Grundlage des Rechtsdenkens in der Netzwerkgesellschaft. Die Rechtssubjektivitätsbildung der Netzwerkgesellschaft orientiert sich somit an den Begriffen der Medientechnologie, der Netzwerke und der Lebensformen. In ihrer Fragmentierung und praktischen Selbsttransformation radikalisiert sie die Fundamentalstruktur der Kultur im Geiste der Postmoderne.

3. *Kulturtheorie des Rechts und Liberalismus (§ 4)*

Der letzte Teil der Arbeit vervollständigt die in den vorherigen Teilen erprobte Linie, das Recht konsequent als praktische Wissensordnung zu denken. Davon ausgehend wird die Frage nach der Funktion des Rechts gestellt, und inwiefern eine Abkehr vom Verständnis des Rechts als staatlich-institutionelles, formalisiertes Verfahren und eine Hinwendung zum Begriff des Rechts als praktischer Wissensordnung dieser Funktion zuträglich sein kann. Die Funktion des Rechts besteht dabei primär in der Handlungskoordination. Denkt man Wissen als eine praktische Kategorie, das heißt als etwas, das nicht in rationalen Prozessen deliberativ geplant wird, sondern das sich kontingent evolvierend in netzwerkartigen Prozessen herausbildet und dabei als implizites Wissen nicht explizit beobachtet werden muss, dann ist ein auf einen solchen Wissensbegriff verwiesenes Recht in der Lage, eine flexiblere und unvermittelte Handlungskoordination zu ermöglichen. Vermittelt über die aus der Praxis hervorgehende Instantaneität des Wissens ergibt sich im Sinne des Netzwerkparadigmas ein sich selbst flexibel regulierender Raum. Eine Serie von Handlungen erzeugt dabei die Regeln ihrer eigenen Regulierung. Die Aufgabe des Rechts besteht darin, diese Regeln durch modulare Verfahren operationalisierbar zu machen und so effizientere Formen der Handlungskoordination zu ermöglichen. Diese modularen Verfahren greifen auf die Medientechnologien der Netzwerkgesellschaft und ihren Begriff der dezentralen Wissensproduktion zurück, die damit zu einer technologisch vermittelten dezentralen Rechtswissensproduktion wird. Die Erarbeitung dieser Theorie eines Rechts, das seine Funktion primär in der Handlungskoordination versteht und auf einer kognitiven Infrastruktur basiert, erfolgt mithilfe der Texte von Friedrich August Hayek und Karl-Heinz Ladeur.

Die Analysen zur Genese, Transformation und Funktion des Rechts führen zu dem Schluss, das Recht sowohl als Produkt als auch als Medium der gesellschaftlichen Selbstorganisation zu denken. Einerseits entsteht es in dezentralen Praktiken der gesellschaftlichen Selbstorganisation, andererseits besteht seine Funktion darin, als Infrastruktur gesellschaftliche Selbstorganisation zu ermöglichen und Praktiken zu koordinieren. Die gesellschaftliche Selbstorganisation als Teil der Rechtsordnung zu begreifen – so wie es der Titel von Kapitel § 4 in den Mittelpunkt der Argumentation rückt –, impliziert eine tieferliegende methodologische Frage, und zwar die nach der Verbindung von Kulturtheorie des Rechts und Liberalismus. Mit dem Verständnis des Rechts als einem Medium der gesellschaftlichen Selbstorganisation geht nicht nur eine konsequente Rückführung des Rechts in die Sphäre der Kultur einher, indem das Recht als eine von Menschen in interaktiven Praxiszusammenhängen produzierte Bedeutungsform gelesen wird, sondern auch eine starke Betonung der inneren Verknüpfung von Freiheit und Recht. Gesellschaftliche Selbstorganisation als evolvierender, offener und praktischer Prozess der Genese impliziten Wissens setzt Freiheit voraus. Es sind demnach subjektive Freiheitspraktiken, die im kulturellen Geflecht netzwerkartig miteinander interagieren und so soziale Ordnungen produzieren. Gesellschaftliche Selbstorganisation ist in diesem Sinne als in den Lebensformen verankerter Liberalismus zu verstehen und nicht als institutioneller, demokratischer Prozess. Es ist weder die egalisierende Verfahrensrationalität demokratischer Partizipationspolitiken, noch eine über den *demos* dem Souveränitätsdenken verpflichtet bleibende direkte Demokratie. Der Nexus Freiheit, Kultur und Recht wird dabei vor allem durch vier Punkte zusammengehalten: 1) Die Betonung des Bedeutungsverlusts des Staates in den Prozessen der Genese und Transformation der Rechtsnormativität; 2) das erkennende, rationale Subjekt als Zentrum der Erkenntnis und der rechtlichen Gestaltung seiner Umwelt wird abgelehnt und durch ein in dezentrale Evolutionsprozesse verwobenes, relationales Subjekt der Selbstermächtigung ersetzt; 3) das Potential der Transformation hängt an Freiheitssphären, die als Möglichkeitsräume fungieren und 4) der Rekurs auf einen lebensphilosophischen Antirationalismus als Gegenentwurf zur rationalistischen Deliberation.

§ 2 Wissen, Praxis, Recht: Anschlüsse an Foucault

Die Arbeiten Michel Foucaults bilden den methodischen Rahmen der Theorie des Rechts als Praxis. In seinem Begriff der Subjektivität zeigt sich eine Verbindung der Komponenten »Wissen« und »Praxis«, die für den Begriff des Rechts in der Moderne grundlegend ist. Nicht nur präsentiert Foucault einen kulturwissenschaftlichen Wissensbegriff, der Wissen als sozialimmanentes, diskursives und kontingentes Konstrukt begreift, sondern bindet diesen auch dezidiert an die subjektivitätsstiftende Praxis zurück. Das Recht als auf Handlungen bezogene normative Wissensordnung wird dann vermittelt über die gesellschaftlichen Wissensbestände zum Subjekt der Praxis.

Als solches hängt es vor allem an Foucaults antisouveränem Machtbegriff, der Macht als dezentral subjektivierende Kraft denkt, die im kulturellen Geflecht operiert. Macht wird so außerhalb des Zirkels von Legitimation und Souveränität gedacht. Wendet man diesen Machtbegriff auf das Recht an, so ergibt sich ein Rechtsbegriff, der die Genese und Transformation des Rechts in einer Reihe dezentraler, subjektivierender Praktiken verortet und nicht im Willen eines staatlichen Gesetzgebers als Zentralinstanz.

Die Fundierung des Rechts in der Subjektivität lässt sich mit Foucault dabei auf zwei Arten denken: einmal ausgehend von seinem Begriff der Disziplin und einmal ausgehend von seinem Begriff der Ästhetik der Existenz. Im Feld der Disziplin wird das Recht als Teil der Dispositive verstanden. Die Dispositive sind Verschränkungen von Wissen, Macht und Institutionen und erzeugen eine disziplinierende Machtwirkung gegenüber den Subjekten. Im Dispositiv interagiert das Recht als normative, auf Handlungen bezogene Wissensordnung mit anderen gesellschaftlichen Wissensbeständen. Die Machtwirkung, die das Recht gegenüber seinen Subjekten entfaltet, hängt damit nicht an den staatlichen Institutionen und den Instrumenten der Strafe und Sanktion, sondern an einem Modus der internalisierten Selbstüberwachung, die der Macht-Wissen-Komplex in den Subjekten erzeugt, und der von Foucault als »Disziplin« bezeichnet wird. Die Macht des Rechts realisiert sich somit weder in seinem institutionellen Durchsetzungsapparat, noch in normativen Geltungsfiguren im Sinne Kelsens und Kants und ebenso wenig im Willen des Souveräns, wie es Carl Schmitt beschreibt. Die Macht des Rechts, verstanden als praktische Normbefolgung, hängt vielmehr an der disziplinierenden Machtwirkung der gesellschaftlichen Wissensbestände, mit denen es interagiert. Dabei reproduziert und stabilisiert eine disziplinäre Praxis die besagten Wissensbestände und die Rechtsnormativität.

Demgegenüber steht die ästhetisch-existentielle Subjektivität, die als normative Alternative zur Disziplin fungiert. Als solche zeigt sie eine gestalterische Perspektive auf: Unter Einsatz seiner ›ontologischen Freiheit‹, anders zu handeln, als es ihm das Dispositiv vorgibt, tritt das Subjekt in eine ›Praxis der Freiheit‹ ein, in der es unmittelbar eine neue Subjektivität als ethisches Selbstverhältnis kreiert. Das ästhetische Moment dieser Praxis besteht in ihrem Spiel- und Experimentalcharakter, der die Praxis der Freiheit als kreativen, teleologisch nicht festgelegten und transformativen Möglichkeitsraum begreift. In ihm wird neues Wissen durch Praxis geschaffen; er lässt sich daher auch als Raum liberaler Subjektivitätsbildung verstehen. Durch die Verwobenheit des Rechts mit gesellschaftlichen Wissensbeständen und Praktiken erfasst die ästhetisch-existentielle Transformation auch die Rechtsnormativität. Rechtssubjektivität ist dann nicht mehr top-down als etwas vom positiven Recht als objektiver Ordnung Gestiftetes zu denken, sondern als etwas, das bottom-up in kulturellen Subjektivitätsbildungsprozessen geformt wird.

I. Rechtstheorie mit Foucault

Eine Rechtstheorie im Anschluss an Foucault zu konstruieren, heißt zunächst, sich den Stand der Rezeption Foucaults in der Rechtswissenschaft vor Augen zu führen (1.), Foucaults Rechtsbegriff zu rekonstruieren (2.) und das Zusammenspiel von Recht und Subjektivität als ihren methodischen Einsatz zu erkennen (3.).

1. Foucault in der Rechtswissenschaft

Die Kernthesen zur Rezeption Foucaults in der Rechtswissenschaft bestehen zum einen in einer lediglich punktuellen Rezeption, die den Weg für eine auf Foucault basierende ganzheitliche Theorie des Rechts verstellt, und der scheinbaren Inkompatibilität des Foucault'schen Machtbegriffs mit dem Machtbegriff der Souveränität, wie ihn die Rechtswissenschaft verwendet. Die Substitution des souveränen Machtbegriffs mit dem antisouveränen Machtbegriff Foucaults ist die Grundlage der Theorie des Rechts als Praxis.

a. Punktuelle Rezeption: Strafe und Überwachung

Michel Foucault ist einer der wichtigsten Stichwortgeber der modernen Geistes- und Sozialwissenschaften. Seine Konzepte wurden von den verschiedensten Disziplinen wie beispielsweise der Literaturwissenschaft, der Geschichtswissenschaft und der Philosophie aufgegriffen und weiterentwickelt. Auch wenn dabei anzumerken ist, dass die Foucaultrezeption in den Kulturwissenschaften zunächst deutlich ausgeprägter war als beispielswiese in der Philosophie oder der Politikwissenschaft, zählen Foucaults Ideen heute zum festen Bestandteil der Theoriekanones all dieser geistes-, gesellschafts- und kulturwissenschaftlichen Fächer.[1] Durch die Interdisziplinarität seines Denkens sind seine Überlegungen für eine Vielzahl von Untersuchungsgegenständen gleichsam gewinnbringend. Das Spektrum reicht dabei von der Literaturtheorie, über die Wissenschaftstheorie bis hin zur Gesellschaftstheorie.

Auffällig ist dabei, dass Foucault in der (deutschsprachigen) Rechtswissenschaft kaum Beachtung findet. Es lässt sich hier von einer Rezeptionslücke sprechen, die einerseits vor dem Hintergrund seiner Klassikerstellung in den benachbarten Disziplinen und andererseits vor dem Hintergrund der Tatsache, dass das Recht durchaus des Öfteren in Foucaults Werk Erwähnung findet, auf den ersten Blick überraschen mag. Die Rezeption Foucaults in der Rechtswissenschaft ist lediglich punktueller Natur. Die Beiträge beschränken sich dabei vielfach auf die Themen »Theorien des Strafens«, »Geschichte der Strafpraktiken« und »Überwachungsgesellschaft«. Dadurch entstehen zwei Probleme: Zum einen wird das Foucault'sche Werk nicht in seiner Breite rezipiert, sondern auf die in *Überwachen und Strafen* entwickelten Konzepte reduziert. Spätere Überlegungen zur Ethik und ›Sorge um sich‹ bleiben dann in der Rechtswissenschaft unberücksichtigt. Zum anderen beschränkt sich die Arbeit mit Foucaults Texten lediglich auf einige wenige Rechtsgebiete (vorwiegend das Strafrecht). Foucaults Werk bietet hingegen ein umfangreiches Begriffsinstrumentarium, mit dessen Hilfe sich eine ganzheitliche Theorie des Rechts entwerfen lässt. Eine solche Rechtstheorie nach Foucault, die sich mit den Grundlagen des Rechts in ihrer Gesamtheit befasst, soll in der vorliegenden Arbeit entwickelt werden.

b. Der antisouveräne Machtbegriff als Herausforderung für die Rechtswissenschaft

Als Ausgangspunkt hierfür dient eine Hypothese, die versucht die Rezeptionslücke der Rechtswissenschaft in Bezug auf Foucault zu erklären. Foucaults antisouveräner Machtbegriff, der Macht als dezentrale, subjektivierende Kraft denkt, widerspricht der Grundlage des kontinentaleuropäischen Rechtsdenkens, das Recht nur im Verbund von Souveränität

1 Zur Rezeption Foucaults in den Kulturwissenschaften vgl. Kammler, Clemens und Rolf Parr (Hg.): *Foucault in den Kulturwissenschaften. Eine Bestandsaufnahme.* Heidelberg: Synchron Wissenschaftsverlag 2007.

und Legitimation denken kann. Eine Rechtstheorie, die auf einem solchen Foucault'schen Machtbegriff aufbaut, stellt somit unweigerlich das zentrale Axiom des Rechtsdenkens, das Souveränitätsparadigma, in Frage, das vom Begriff des Rechtssatzes bis zum Vorgang der Rechtsanwendung in alle Felder der Rechtspraxis ausstrahlt.

Exkurs: Legitimation, Souveränität und Recht

Unter dem Begriff des Souveränitätsparadigma, das in dieser Arbeit als ein Axiom kontinentaleuropäischer Rechtsphilosophie und -theorie verstanden wird, ist die vermeintlich unauflösliche Verbindung von Legitimation, Souveränität und Recht zu verstehen. Es geht dabei um eine spezifische Denkfigur, die den rechtsphilosophischen Kanon von der Neuzeit bis in die Gegenwart durchzieht und auch in den positiven Rechtsordnungen als Prinzip nachweisbar ist. Recht wird dabei auf der Grundlage von Legitimation und Souveränität gedacht. Durch eine spezifische Quelle der Legitimation wird ein Gesetzgeber instituiert und mit Souveränität ausgestattet, dem es anschließend obliegt, Recht zu setzen. Der souveräne Gesetzgeber besitzt somit ein Gesetzgebungsmonopol. Mit anderen Worten: Recht ist ausschließlich das, was der Gesetzgeber bestimmt. Außerdem ist das Recht über die Souveränität des Gesetzgebers indirekt an eine Legitimationsquelle rückgebunden. Die Legitimationsquelle der Souveränität ist dann gleichsam auch die Legitimation des Rechts.
Einschlägige Beispiele für Legitimationsquellen in den unterschiedlichen Theorieströmungen sind unter anderem der Gesellschaftsvertrag (Kontraktualismus), das Volk (Demokratietheorie), die Verfassung (Rechtspositivismus), alternativ dazu: die Grundnorm (Kelsen), die verfassungsgebende Gewalt (Schmitt) oder der herrschaftsfreie Diskurs (Habermas).

Anschließend an die Überlegungen zum Foucault'schen Machtbegriff und zum Souveränitätsparadigma kann die Rezeptionslücke verschiedentlich erklärt werden. Dem einen mögen Foucaults Ideen auf dieser Grundlage schlicht inkompatibel mit der Rechtswissenschaft erscheinen, andere mögen aufgrund praktischer Umstände und Sachzwänge ihren Mehrwert für die Rechtswissenschaft nicht erkennen, und wiederum andere mögen vielleicht sogar dem in der Forschung längst überholten Bild von Foucault als einem ›Antiaufklärer‹ oder ›Antihumanisten‹ anhängen und versuchen, die Rechtsphilosophie Kant'scher Tradition gegen Foucault zu behaupten.

All dies wären – so sie denn jemand vertritt – keine guten Gründe eine rechtswissenschaftliche Auseinandersetzung mit Foucault zu scheuen. In der oben dargestellten Diskontinuität, die eine Einführung des Foucault'schen Machtbegriffs in die Rechtstheorie und -philosophie für eben diese bedeuten würde, liegt das Potential einer radikalen Transformation des Rechtsdenkens. Diese Transformation würde einerseits zu einer realistischeren Beschreibung der Dynamiken des Rechts führen, und andererseits eine normative Perspektive für das Recht der Gegenwart eröffnen. Sie soll in der vorliegenden Arbeit erprobt werden.

2. *Foucaults Rechtsbegriff*

Wenn man eine Rechtstheorie mit Foucault entwickeln will, liegt es nahe, sich zunächst anzuschauen, wie Foucault selbst den Begriff des Rechts in seinen Schriften verwendet. Zwar taucht dieser an zahlreichen Stellen auf, allerdings lässt sich nirgendwo ein substantieller und mehrdimensionaler Rechtsbegriff erkennen. Bis zuletzt bleibt sein Begriff des Rechts eindimensional. Die Philosophin Petra Gehring erklärt diesen Zusammenhang in einem 2007 veröffentlichten Aufsatz, indem sie drei Ebenen des Foucault'schen Rechtsbegriffs skizziert: 1) das Recht als Epochensignatur der Souveränitätsmacht, 2) seine damit einhergehende Verengung auf die Dimension des Strafrechts und 3) seinen Charakter als methodische Negativfolie.[2] Dabei sind alle drei Facetten des Foucault'schen Rechtsbegriffs eng miteinander verbunden.

a. Recht als ›Negativfolie‹: Souveränitätsmacht und Gouvernementalität

Foucault bindet die Idee des Rechts vor allem an den Begriff der Souveränitätsmacht. Dabei handelt es sich um die Beschreibung einer bestimmten historischen Machtform im Kontext von Foucaults machtanalytischen Arbeiten aus den 1970er Jahren. Die Souveränitätsmacht ist für Foucault eine vormoderne Form der Macht, deren Blüte er auf das europäische Mittelalter datiert. Im Zentrum dieses Machttyps steht der Souverän und der Erhalt seiner Souveränität. Zur Bewahrung der Unversehrtheit des souveränen Körpers dient dem Souverän das Recht.[3] Dieses Recht ist vor allem das Recht des Souveräns über Leben und Tod

2 Vgl. Gehring, Petra: »Foucaults ›juridischer‹ Machttyp, die Geschichte der Gouvernementalität und die Frage nach Foucaults Rechtstheorie«, in: Susanne Krasmann / Michael Volkmer (Hg.): *Michel Foucaults »Geschichte der Gouvernementalität« in den Sozialwissenschaften. Internationale Beiträge*. Bielefeld: transcript 2007, S. 157–179, S. 157f. u. 171.

3 Vgl. Foucault, Michel: *Überwachen und Strafen. Die Geburt des Gefängnisses* (frz. 1975). 17. Auflage, Frankfurt a. M.: Suhrkamp 2019, S. 64.

seiner Untertanen. Durch das Recht hat er die Macht, »sterben zu *machen* und leben zu *lassen*«[4], das heißt, das Recht repräsentiert sich in der Triade von Leben in Gehorsam, Entzug des Lebens oder Begnadigung. In Foucaults Verständnis des Rechts in der Souveränitätsmacht kommt diesem dementsprechend vor allem ein instrumenteller Wert zu (der Schutz des souveränen Körpers bzw. die Wiederherstellung seiner verletzten Würde). Der dieser Analyse zugrunde liegende Rechtsbegriff zeichnet sich demnach durch eine Fokussierung auf die strafrechtliche Dimension des Rechts aus. Recht in der Souveränitätsmacht ist für Foucault Strafrecht.[5]

Zu Beginn des 17. Jahrhunderts kommt es allerdings zu einer ›tiefgreifenden Transformation der Machtmechanismen‹[6]. Foucault zufolge überschreitet das Abendland in diesem Moment die »›biologische Modernitätsschwelle‹«[7], was zur Folge hat, dass die Souveränitätsmacht von der Bio-Macht abgelöst wird. In der Epoche der Bio-Macht stehen nicht mehr der Souverän und sein Recht als Instrument der Abschöpfung im Zentrum der Macht, sondern ein neues Regime, welches das Leben verwaltet und in produktiver Weise steigert.[8] Die Macht ist dabei nicht mehr zentralisiert, sondern ergibt sich aus einem vielschichtigen Dispositiv, das eine Verbindung aus diskursiv erzeugtem Wissen, der Macht und den Institutionen ist (ausführlicher in § 2 III.1.). Die Macht wirkt dabei diskret auf die Subjekte und ist dezentral organisiert.[9] Durch Anreize und Wissen diszipliniert sie die Subjekte. Das (Straf-)Gesetz ist nicht mehr ihr (primäres) Mittel des Zugriffs auf das Leben der Bevölkerung.[10] In diesem Sinne diagnostiziert Foucault einen Bedeutungsverlust des Rechts in der Moderne.

Was Foucault hier macht, ist das Recht als methodische »Negativfolie«[11] zu nutzen. Foucault erhebt das Recht gerade nicht zu einem ernstgenommenen Untersuchungsgegenstand, sondern er nutzt es vor allem als Komplement der Disziplinar- und Bio-Macht, um deren Erklärung es ihm eigentlich zu gehen scheint. Durch diese Negativfolie erzeugt Foucault Kontraste, die den machtstrukturellen Paradigmenwechsel deutlicher hervortreten lassen. Dieses Vorgehen ist bereits in der von Foucault verwendeten Methode, der Genealogie, angelegt. Die Genealogie impliziert ein Geschichtsverständnis der Diskontinuitäten und

4 Foucault, Michel: *Der Wille zum Wissen. Sexualität und Wahrheit I* (frz. 1976). Frankfurt a. M.: Suhrkamp 1977, S. 162.
5 Vgl. Gehring, Foucaults ›juridischer‹ Machttyp, S. 158.
6 Vgl. Foucault, Der Wille zum Wissen, S. 163.
7 Ebd., S. 170.
8 Vgl. ebd., S. 163 u. 171.
9 Vgl. Foucault, Überwachen und Strafen, S. 283.
10 Vgl. Foucault, Der Wille zum Wissen, S. 171.
11 Gehring, Foucaults ›juridischer‹ Machttyp, S. 171.

der (Epochen-)Umbrüche.[12] Insofern ist Foucaults Gegenüberstellung der epochalen Machtstrukturen als Komplemente methodisch folgerichtig. Das Recht wird hier, wie Gehring schreibt, zur vormodernen »Epochensignatur«[13].

b. Recht und Subjektivität als ›Antithese‹ bei Foucault

Nicht zuletzt aufgrund dieser theoretischen Figuration gelingt es Foucault nicht, das Recht mit den von ihm beschriebenen modernen Formen der Macht, die ihrerseits auf die Subjektivität ausgerichtet sind, zusammenzudenken. In dem Moment, wo er sich der Analyse der Gouvernementalität zuwendet, schwindet scheinbar sein Interesse an der Analyse des Rechts. Recht und Subjektivität stehen sich bei Foucault augenscheinlich antithetisch gegenüber. In seiner genealogischen Konzeption sind sie epochal voneinander getrennt (Vormoderne und Moderne) und auch systematisch sind sie gegensätzlich ausgerichtet. Während das Recht bzw. das Gesetz mit den Ideen der Souveränität, der Zentralität und der Statik verknüpft ist, ist das Verständnis der Subjektivität an den Begriff des Dispositivs und an die Begriffe der Dezentralität, der Dynamik und der Flexibilität gekoppelt.

3. Recht und Subjektivität

An dieser Stelle erfolgt der methodische Zugriff. Die Kernthese der hier im Anschluss an Foucault entworfenen Rechtstheorie besteht darin, Recht und Subjektivität zusammenzudenken. Recht wird dann jenseits der Souveränität gedacht. Als etwas in der Subjektivität Verankertes ist es dezentral, dynamisch und flexibel. Das Recht in der Moderne wird dementsprechend nicht mehr durch die Kategorien Souveränität, Wille und Formalität konstituiert, sondern durch sich beständig selbst transformierende Praktiken und Wissensbestände. Während das Recht in der Subjektivität entsteht, ist das Recht als Wissensbestand gleichsam auch an der Subjektivitätsbildung beteiligt. Recht und Subjektivität stehen somit in einem permanenten wechselseitigen Austauschverhältnis.

12 Vgl. Foucault, Michel: »Nietzsche, die Genealogie, die Historie« (frz. 1971), in: ders.: *Dits et Ecrits. Schriften in vier Bänden. Bd. 2 1970–1975*, herausgegeben von Daniel Defert und François Ewald, Frankfurt a.M.: Suhrkamp 2003, S. 166–191, S. 172 u. 180.

13 Gehring, Foucaults ›juridischer‹ Machttyp, S. 157.

a. Foucaults Subjektivierungsbegriff: methodologische Vorüberlegungen

Bevor diese These weiter ausdifferenziert werden kann, ist ein kurzer Wechsel auf die methodologische Ebene erforderlich. Der Einsatz des Foucault'schen Subjektivierungsbegriffs birgt die Herausforderung, dass Foucault ihn in den unterschiedlichen Phasen seines fast dreißigjährigen Schaffens wiederholt variiert. In einem 1984 geführten Gespräch behauptet er, dass das Verhältnis von Subjekt und Wahrheit das zentrale Thema seines Werks sei, und insinuiert damit eine werkgeschichtliche Kontinuität.[14] Dabei stimmt es zwar, dass sich dieses Thema von den frühen Analysen des Wahnsinns in den 1960er Jahren bis zur Ethik und *parrhesia* im Spätwerk der 1980er Jahre durchzieht, allerdings kann man trotz dessen keineswegs von einer einheitlichen Theoriebildung sprechen. Vielmehr zeichnet sich das Foucault'sche Werk dadurch aus, fortwährend Variationen dieses Themas zu entwerfen. Diese Variationen lassen sich beschreiben als eine beständige (Weiter-)Entwicklung früherer Konzepte. Nur äußerst selten vollzieht Foucault radikale Brüche und wendet sich gänzlich neuen Betrachtungsweisen zu. Eher trifft es die Metapher eines Flusses, in dem sich sein Denken befand. So führt die Archäologie des Wissens über die Betrachtung der Machteffekte des Wissens zum Macht-Wissen-Komplex und dem Dispositivbegriff, der anschließend um die Achse der Freiheit ergänzt und aufgebrochen wird, worauf schließlich die Technologien des Selbst aufbauen. Die Variationen sind in diesem Sinne eher Akzentverschiebungen innerhalb seiner Konzepte. Das führt dazu, dass die Begriffe innerhalb von Foucaults Werk fluid werden.

Diese Fluidität der Begriffe macht sich die vorliegende Arbeit zunutze, indem sie mit zwei unterschiedlichen Subjektivierungsbegriffen aus dem Werk Foucaults operiert: der »Disziplin« und der »Ästhetik der Existenz«. Sie sind die sowohl zeitlich als auch systematisch am weitesten auseinanderliegenden Subjektivierungsbegriffe bei Foucault. Wie genau sie inhaltlich voneinander abzugrenzen sind, und welche Synergieeffekte sich für die Rechtstheorie aus dem Zusammenspiel beider Subjektivierungsbegriffe ergeben, wird in Abschnitt III. vertieft.

14 Vgl. Foucault, Michel: »Die Ethik der Sorge um sich als Praxis der Freiheit« (frz. 1984), in: ders.: *Dits et Ecrits. Schriften in vier Bänden. Bd. 4 1980–1988*, herausgegeben von Daniel Defert und François Ewald, Frankfurt a.M.: Suhrkamp 2005, S. 875–902, S. 875.

II. Wissen

Wissen und Praxis sind die beiden Kardinalkategorien des Foucault'schen Subjektivierungsbegriffs. Um die Begriffe der Macht und der Subjektivität zu verstehen, muss man zuerst den Foucault'schen Wissensbegriff verstehen. Als kulturwissenschaftlicher Wissensbegriff ist dieser gleichzeitig auch der Wissensbegriff der vorliegenden Arbeit. Wissen ist stets sozialimmanent und diskursiv konstruiert, sowie kontingent. Es umfasst ebenfalls das gesellschaftliche Normativitätswissen, welches dann gleichermaßen als sozialimmanent, kontingent und diskursiv konstruiert verstanden werden muss. Damit geht eine Ablösung der Normativität von transzendentalen Begriffen und eine Rückführung in die Machtdynamiken der Gesellschaft einher.

1. Diskurs

Zentral für den Wissensbegriff ist der Diskursbegriff. Das Wissen, und damit auch der Diskurs, ist bis zuletzt eines der Hauptfelder von Foucaults Arbeiten. Dabei ist die Begriffsentwicklung dynamisch. So finden sich neben Ergänzungen im Mittel- und Spätwerk wie beispielsweise dem Dispositivbegriff, der Wissen und (außerdiskursive) Macht verbindet, auch bereits im Werk der 1960er Jahre verschiedene Diskursbegriffe. Zentrale Texte zur systematischen Erarbeitung des Diskursbegriffs sind die beiden Monographien *Die Ordnung der Dinge* (frz. 1966) und *Archäologie des Wissens* (frz. 1969), sowie Foucaults Antrittsvorlesung am Collège de France im Jahr 1970 mit dem Titel *Die Ordnung des Diskurses*. Während sich *Die Ordnung der Dinge* vor allem der Analyse von historischen Praxisbeispielen widmet, ist die *Archäologie des Wissens* als Theorie- bzw. Methodendiskussion konzipiert. Die *Archäologie des Wissens* ist Foucaults Versuch, die internen Konstruktions- und Stabilisierungsmechanismen der Diskurse zu erforschen. Diskurse strukturieren das Sagbare und sind von Machteffekten durchdrungen. Ihnen liegt demnach bereits eine Verknüpfung von Wissen und Macht zugrunde.

Angelehnt an den Beitrag von Rolf Parr zum »Diskurs« im *Foucault-Handbuch* (2020) soll im Folgenden der Diskursbegriff systematisiert werden. Parr unterscheidet drei Ebenen des Diskurses bei Foucault: »*1. Die interne Formation von Diskursen*«, »*2. Ausschließung und Verknappung als äußere Formationsmechanismen von Diskursen*« und »*3. Der Anschluss der Diskurse nach außen*«.[15]

15 Parr, Rolf: »Diskurs«, in: Clemens Kammler / ders. / Ulrich Johannes Schneider (Hg.): *Foucault-Handbuch. Leben – Werk – Wirkung*. 2. Auflage, Stuttgart: J. B. Metzler 2020, S. 274–277, S. 274ff.

a. Interne Formation

Ansätze zur internen Formation von Diskursen finden sich insbesondere in der *Archäologie des Wissens*. Dabei gibt es den Diskursbegriff sowohl im Singular als auch im Plural. ›Der Diskurs‹ bezeichnet das »allgemeine[] Gebiet aller Aussagen«[16]. Die Gesamtheit der Aussagen bildet somit *den* Diskurs. Daneben – oder besser gesagt *darin* – gibt es verschiedene spezifische Diskurse (Spezialdiskurse). Hierbei handelt es sich um »individualisierbare Gruppe von Aussagen«[17], die einen bestimmten Bereich betreffen beispielsweise, um Foucaults eigene Beispiele zu verwenden, den Wahnsinn oder die Sexualität. Wie der Literaturwissenschaftler Jürgen Link später richtig ergänzte, können diese Spezialdiskurse auch miteinander interagieren, wodurch ein Interdiskurs entsteht.[18]

Ferner handelt es sich bei den Diskursen laut Foucault um eine intern »regulierte Praxis«[19]. Archäologie bedeutet für Foucault somit, »die Gesamtheit der Bedingungen, nach denen sich« diese regulatorische »Praxis vollzieht«[20], zu untersuchen. Dass die Diskurse bereits intern reguliert sind, das heißt, dass diskursinterne Machteffekte bestimmen, was sich innerhalb der Diskurse durchsetzt, und was nicht, ist eine wichtige Beobachtung auf die im weiteren Verlauf der vorliegenden Arbeit mehrfach zurückzukommen sein wird.

b. Äußere Formationsmechanismen

Die Diskurse sind aber nicht nur intern machtdurchdrungen, sondern auch nach außen hin. So fungieren die Ausschließung und die Verknappung als äußere Formationsmechanismen von Diskursen. Durch sie wird reguliert, wer überhaupt an den Diskursen teilnehmen kann bzw. in ihnen grundsätzlich Gehör findet, und wer von vornherein ausgeschlossen bleibt. In seiner Antrittsvorlesung *Die Ordnung des Diskurses* (frz. 1970) bestimmt Foucault drei Prozeduren der äußeren Abschirmung und

16 Foucault, Michel: *Archäologie des Wissens* (frz. 1969). 5. Auflage, Frankfurt a.M.: Suhrkamp 1992, S. 116.

17 Ebd., S. 116.

18 Vgl. Link, Jürgen: »Dispositiv und Interdiskurs. Mit Überlegungen zum ›Dreieck‹ Foucault – Bourdieu – Luhmann«, in: Clemens Kammler / Rolf Parr (Hg.): *Foucault in den Kulturwissenschaften. Eine Bestandsaufnahme.* Heidelberg: Synchron Wissenschaftsverlag 2007, S. 219–238, S. 228ff. u. 233f. (Sexualitätsdispositiv als Foucault'sches Beispiel für Interdiskurse).

19 Foucault, Archäologie des Wissens, S. 116.

20 Ebd., S. 297.

Kontrolle der Diskurse: Erstens die »Prozeduren der *Ausschließung*«[21], die sich beispielsweise in Form des Verbots realisieren. Das Verbot teilt sich dabei seinerseits in drei Typen auf: das »Tabu des Gegenstandes«, das »Ritual der Umstände« oder ein »bevorzugtes oder ausschließliches Recht des sprechenden Subjekts«.[22] Neben den Verboten bilden auch Grenzziehungen einen Teil der Prozeduren der Ausschließung. So sind beispielsweise »die Entgegensetzung von Vernunft und Wahnsinn«[23] und der »Gegensatz zwischen dem Wahrem und dem Falschen«[24] typische moderne Ausschließungsmechanismen.

Eine weitere Prozedur ist das »Prinzip der Verknappung des Diskurses«[25]. Dadurch werden die Diskurse reglementiert und das Ereignishafte und Unberechenbare aus ihnen verbannt.[26] Diskurse zu verknappen heißt demnach, bestimmte Aussagen aus ihnen herauszuhalten und somit den Diskurs durch entsprechende Reglementierung auf die Aussagen zu beschränken, die zu seinen internen Regeln passen.

Die dritte Prozedur betrifft die Regulierung des Zugangs zu den Diskursen. Durch die »Verknappung diesmal der sprechenden Subjekte«[27] über formale Qualifikationen oder Rituale wird kontrolliert, wer überhaupt an den Diskursen teilnehmen kann bzw. wessen Stimme in den Diskurs eingehen kann. So werden beispielsweise die Äußerungen eines ausgebildeten Psychiaters im Diskurs über den Wahnsinn mehr Gewicht haben als die eines Subjekts, dem die formale Qualifikation einer Ausbildung im Bereich der Psychiatrie fehlt.

Alle drei Prozeduren zeigen dabei auf, wie eng die diskursive Wissensproduktion an Machteffekte gebunden ist. Ab *Die Ordnung des Diskurses* interessiert Foucault sich demnach nicht mehr nur für die »intradiskursive Formation«, sondern auch für die »sozialen Verarbeitungsformen von Wissen«[28].

c. Anschluss an nicht-diskursive Praktiken

Neben den extradiskursiven Formationsmechanismen, deren Wirkung vornehmlich *abschirmend* ist, stellt sich im Hinblick auf das Außen der Diskurse die Frage nach dem *Anschluss* der Diskurse an nicht-diskursive

21 Foucault, Michel: *Die Ordnung des Diskurses* (frz. 1970). 15. Auflage, Frankfurt a.M.: Fischer Taschenbuch 2019, S. 11.
22 Ebd., S. 11.
23 Ebd., S. 11f.
24 Ebd., S. 13.
25 Ebd., S. 20.
26 Vgl. ebd., S. 17.
27 Ebd., S. 26.
28 Parr, Diskurs, S. 275.

Praktiken. Wie Parr richtig feststellt, ist dieser Bereich in Foucaults diskurstheoretischen Schriften aus systematischer Perspektive zunächst unterentwickelt.[29] In seinen späteren Schriften löst Foucault dieses Problem über die Einführung des Dispositivbegriffs.[30] Dabei sind die Dispositive Verbindungen von diskursiv produziertem Wissen und davon ausgehender, nicht-diskursiver Macht. Die Gegenstands- und Regelungsbereiche der Dispositive sind im Regelfall Spezialdiskurse sowie deren interdiskursive Korrelate. Daran anschließend lässt sich auch die Rolle der Diskurse bei der »Ausbildung kollektiver und individueller Subjektivitäten« und die dadurch generierten »Subjekteffekte«[31] beschreiben. Es sind demnach gerade die Anschlüsse der Diskurse an nicht-diskursive Praktiken, die im Mittelpunkt dieser Arbeit über das Zusammenspiel von Recht und Subjektivität stehen. Das Wissen reguliert die Praxis und die (transformative) Praxis erschafft Wissen. Als auf Handlungen bezogene Wissensordnung ist das Recht somit Teil dieses Subjektivitätsbildungsprozesses.

d. Wissen und Diskurs

Das Verhältnis zwischen gesellschaftlicher Wissensproduktion und dem Diskurs beschreibt Foucault wie folgt. Er geht davon aus, »dass unser Wissen von der Welt immer diskursiv vermittelt ist.«[32] Die Diskurse sind somit die Orte, an denen die gesellschaftlichen Wissensbestände gebildet werden. Dabei bringen die Diskurse ihre Gegenstände erst hervor.[33] So existieren Kategorien und Grenzziehungen wie normal/anormal oder vernünftig/wahnsinnig nicht von Natur aus, sondern werden erst durch diskursive Dispositionen geschaffen. Wissen wird in diesem Sinne bei Foucault radikal sozialimmanent konstruktivistisch gedacht. Radikal, weil das Wissen in seiner *Gesamtheit* sozialimmanent diskursiv konstruiert wird. Sozialimmanent, weil der Vorgang der Wissenskonstruktion ein soziales Phänomen ist, das kein metaphysisches Außen kennt. Und konstruktivistisch, weil Wissen keinen externen Wahrheitsanspruch besitzt, sondern historisch, das heißt zeitlich, gebunden hervorgebracht wird.

Nicht zuletzt wendet sich Foucault mit diesem Wissensbegriff gegen den die Moderne bestimmenden humanistischen Glauben daran, dass der Mensch als Subjekt der Erkenntnis Urheber des Wissens sei. Friedrich Balke schreibt dazu:

29 Vgl. ebd., S. 275.
30 Vgl. ebd., S. 275.
31 Ebd., S. 276.
32 Ebd., S. 274.
33 Vgl. ebd., S. 274.

> Mit Descartes tritt die Philosophie in eine neue Epoche des Verhältnisses von Wahrheit und Subjektivität [ein]. Foucault definiert den ›cartesianischen Moment‹ als jenen Augenblick, ›wo das, was den Zugang zur Wahrheit gewährt, die Erkenntnis und die Erkenntnis allein ist‹.[34]

Foucault selbst hingegen vertrete das Konzept einer »erkenntniskritische[n] Wahrheit«[35]. Bereits darin zeigt sich der Ansatz eines moderne-kritischen Denkens, wie es sich bei Foucault durch sein ganzes Schaffen zieht. In diesem Sinne erklärt sich auch der Schlusssatz der *Ordnung der Dinge*, »daß der Mensch verschwindet wie am Meeresufer ein Gesicht im Sand«[36]: Das Zentrum des Wissens ist nicht mehr der Mensch als zur Erkenntnis fähiges Subjekt, sondern es sind die Diskurse. Dabei entkoppelt Foucault den Wissensbegriff nicht nur vom Erkenntnisbegriff, sondern auch vom Wahrheitsbegriff – zumindest in der Form, wie ihn die moderne Philosophie klassischerweise verstanden hat. Stephan Günzel beobachtet daher bei Foucault eine radikale »Historisierung der Wahrheit«[37]. Diesem Befund ist zuzustimmen. So schreibt Foucault in seinem Aufsatz *Nietzsche, die Genealogie, die Historie* (frz. 1971): »Die Wahrheit ist ein Irrtum, der nicht mehr widerlegt werden kann, weil die Geschichte ihn so hartgesotten hat, dass er sich nicht mehr verändern lässt.«[38] ›Wahrheit‹ wird somit zum Diskurseffekt und dadurch indirekt zum Produkt der Macht. Die zuvor angesprochene interne Regulierung der Diskurse und deren Abschirmung nach Außen durch die Mechanismen der Ausschließung und Verknappung sorgen als Machteffekte dafür, die diskursive Wahrheitskonstitution zu beeinflussen. An anderer Stelle spricht Foucault davon, dass es darum gehe, zu untersuchen, »wie innerhalb von Diskursen, die an sich selbst weder wahr noch falsch sind, Wahrheitswirkungen zustande kommen«[39]. Auch hier erscheint Wahrheit nur noch als Diskurseffekt. Die Diskursivierung der Wahrheit ist

34 Balke, Friedrich: »Selbstsorge/Selbsttechnologie«, in: Clemens Kammler / Rolf Parr / Ulrich Johannes Schneider (Hg.): *Foucault-Handbuch. Leben – Werk – Wirkung.* 2. Auflage, Stuttgart: J. B. Metzler 2020, S. 331–337, S. 333; auch wenn Balke sich hier vornehmlich auf Foucaults Begriff der Wahrheit als Selbstverhältnis im Sinne der *parrhesia* bezieht, ist der hier zitierte Ansatzpunkt der Foucault'schen Kritik dessen ganzes Werk hindurch gleichbleibend und kann somit auch an dieser Stelle verwendet werden.

35 Ebd., S. 333.

36 Foucault, Michel: *Die Ordnung der Dinge. Eine Archäologie der Humanwissenschaften* (frz. 1966). Frankfurt a. M.: Suhrkamp 1974, S. 462.

37 Günzel, Stephan: »Wahrheit«, in: Clemens Kammler / Rolf Parr / Ulrich Johannes Schneider (Hg.): *Foucault-Handbuch. Leben – Werk – Wirkung.* 2. Auflage, Stuttgart: J. B. Metzler 2020, S. 343–347, S. 343.

38 Foucault, Genealogie, S. 170.

39 Foucault, Michel: »Gespräch mit Michel Foucault« (frz. 1977), in: ders.: *Dits et Ecrits. Schriften in vier Bänden. Bd. 3 1976–1979*, herausgegeben

gleichsam auch ihre Historisierung; und zwar in dem Sinne, dass die Diskurse zeitlich gebunden sind: Sie keimen auf, transformieren sich und zerfallen anschließend wieder. Dies spiegelt sich auch in Foucaults Methodik wider; sind doch sowohl die Archäologie als auch die Genealogie historisch orientierte Methoden. In dieser Historisierung verbirgt sich somit auch eine Metaphysikkritik: ›Wahrheit‹ – ob für den Menschen erkennbar oder nicht – besitzt keine überzeitliche Existenz. Somit reguliert auch nicht eine a priori angenommene, externe Wahrheit das gesellschaftliche Wissen, und auch lässt sich nicht davon sprechen, dass sie es normativ tun sollte, sondern die das Wissen regulierende ›Wahrheit‹ entsteht erst posterior im Diskurs und wirkt anschließend in diesen zurück.

2. *Normativitätswissen als gesellschaftlicher Wissensbestand*

Ausgehend von Foucaults Diskurs-, Wissens- und Wahrheitsbegriff muss auch das gesellschaftliche Normativitätswissen als Teil der diskursiv erzeugten gesellschaftlichen Wissensbestände gedacht werden. Gesellschaftliches Normativitätswissen – sei es moralisch, religiös, politisch oder humanistisch – ist in diesem Sinne nichts anderes als sozialimmanent, diskursiv produziertes Wissen. Analog zur oben beschriebenen Problematik der Wahrheit findet auch das gesellschaftliche Normativitätswissen keine metaphysische, naturrechtliche oder anthropologische Fundierung. Wie jedes Wissen ist es damit im Sinne der oben beschriebenen Diskurs- und Wissenstheorie bloß eine historische Erscheinungsform. Insofern ist es zeitlich gebunden und veränderbar und daher gerade nicht transzendental und unveränderlich. Auch hierin zeigt sich Foucaults Geste der radikalen Historisierung. Damit geht es weniger um ›die Moral‹ oder ›den wahren Glauben‹, sondern es geht um spezifische historische Moral*vorstellungen* und Moral*verständnisse*, und somit um das sozialimmanent, diskursiv erzeugte *Wissen* über Moral. Deshalb wird in der vorliegenden Arbeit auch vom gesellschaftlichen Normativitätswissen anstatt von Moral gesprochen. Zum einen verweist der Begriff darauf, dass es in einer Gesellschaft mehr Normativitätswissen als bloß das moralische gibt und zum anderen verweist er auf die spezifische ›Wissensartigkeit‹ der Moral und allen sich im Sinne der obenstehenden Foucault'schen Theorie daraus ergebenden Implikationen. Vor diesem Hintergrund lassen sich auch metaphysische, politische oder anthropologische Begründungsversuche von spezifischem gesellschaftlichem Normativitätswissen selbst als Elemente des sie konstituierenden Diskurses verstehen. So können auch philosophische Erklärungsversuche

von Daniel Defert und François Ewald, Frankfurt a. M.: Suhrkamp 2003, S. 186–213, S. 197.

oder Theorien als kulturell wirksame Erzählungen zu Legitimationsnarrativen von Wissen werden. Dann erfüllen sie die von Douglas beschriebene und bereits einleitend angesprochene Funktion der Verschleierung der sozialimmanenten Konstruktion und ersetzen sie durch ein Narrativ der (Natur-)Gegebenheit.

3. Macht und Kontingenz statt Normativität und Legitimation

Die bloße Sozialimmanenz müsste allerdings noch nicht zwangsläufig bedeuten, dass das Normativitätswissen auch kontingent, das heißt historisch faktisch und dennoch arbiträr, ist. So stellt Martin Saar treffend fest, dass sowohl Foucault als auch Habermas im Zusammenhang mit ihren Diskurstheorien von einer sozialimmanenten Normativität sprechen,[40] die jedoch unterschiedlich gelagert ist. Im Hinblick auf deren Kontingenz bietet sich an dieser Stelle ein kurzer Exkurs zur Foucault-Habermas-Kontroverse an, um zu zeigen, worin der – zugespitzt formuliert – ›antiphilosophische‹ Impuls von Foucaults Theorie besteht. So fokussiert sich Foucault auf eine Machtanalytik des Normativitätswissens, die danach fragt, was *ist*, das heißt, deren Ziel eine adäquate Beschreibung der gesellschaftlichen Realität ist (deskriptiv), und die nicht – wie philosophisch üblich – danach fragt, wie es sein *sollte* (normativ) bzw. ausgehend von der Beschreibung der Realität versucht normative Maßstäbe zu setzen. Sowohl Habermas als auch Foucault wählen die Sozialimmanenz als Ausgangspunkt ihrer Betrachtungen und als Antwort auf eine die zweite Hälfte des 20. Jahrhunderts dominierende postmetaphysische Entwicklung der Philosophie. Mit seiner Unterscheidung von Faktizität und Geltung fragt Habermas – typisch für die Frankfurter Schule –[41] zunächst sozialanalytisch nach dem, was *ist*. Das ist die Ebene der faktischen Normen (*Faktizität*). Darauf aufbauend fragt Habermas anschließend welche Normen denn gelten, das heißt in einem normativen Sinne tatsächlich legitim *Geltung* beanspruchen dürfen.[42] Die Antwort, die Habermas darauf gibt, ist, dass eben jene Normen *gelten*, die

40 Vgl. Saar, Martin: »Immanente Normativität«, in: Rainer Forst / Klaus Günther (Hg.): *Normative Ordnungen*. Berlin: Suhrkamp 2021, S. 139–161, S. 142ff. u. 147ff.

41 Zum Verhältnis von Theorie, Realität, Beschreibung, Kritik und Normativität in der Kritischen Theorie vgl. Horkheimer, Max: »Traditionelle und kritische Theorie« (1937), in: ders.: *Gesammelte Schriften. Bd. 4. Schriften 1936–1941*, herausgegeben von Alfred Schmidt, Frankfurt a.M.: Fischer Taschenbuch Verlag 1988, S. 162–216.

42 Zur Unterscheidung von Faktizität und Geltung vgl. Habermas, Jürgen: *Faktizität und Geltung. Beiträge zur Diskurstheorie des Rechts und des demokratischen Rechtsstaates* (1992). Frankfurt a.M.: Suhrkamp 1998.

sozialimmanent, diskursiv nach den Regeln der Diskursethik zustande gekommen sind. Regeln der Diskursethik sind beispielsweise, die gleichberechtigte Teilhabe am Diskurs und dass potentiell alle der Norm zustimmen könnten.[43] Habermas geht es demnach darum, die Quelle der Legitimation der Normativität vom Metaphysischen ins Sozialimmanente im Allgemeinen und ins Diskursive im Besonderen zu verschieben.[44] Dass er dabei die diskursethischen Maßstäbe ex nihilo setzen muss und diese keine philosophische Letztbegründung finden, ist eine theoretische Schwachstelle von Habermas' Konzept. Schließlich sind die Maßstäbe der Diskursethik selbst Normativitäten. Mit Foucault müsste man sagen, dass diese diskursethischen Maßstäbe selbst mit Macht ausgestattete diskursive Wahrheitseffekte sind.

Anders als Habermas geht es Foucault in seiner Diskurstheorie nicht um die Begründung der Legitimation der Normen. Während Habermas' Philosophie darauf ausgerichtet ist, mit der Diskurstheorie ein philosophisches und nicht zwingend praktisch existierendes Verfahren zur Begründung und Legitimierung von Normen zu finden, analysiert Foucault lediglich, wie die diskursive Formation von Normen in der Gesellschaft tatsächlich abläuft. Sein Ergebnis dabei ist – wie oben ausgeführt –, dass der Diskurs sowohl intern als auch nach außen hin von regulatorischen Machtmechanismen durchdrungen ist. In diesem Sinne ist der Diskurs ein »Gut, das von Natur aus der Gegenstand eines Kampfes und eines politischen Kampfes ist.«[45] Diese Machtdurchdrungenheit ist das Wesen des Diskurses. Vom Standpunkt Foucaults aus wäre es daher geradezu absurd – und sei es auch nur fiktiv –, wie Habermas einen herrschaftsfreien Diskurs anzunehmen oder anzustreben. Die Historizität der Diskurse und ihre Machtdurchdrungenheit ergeben dabei die Kontingenz des Normativitätswissens. Was der Vergleich von Foucaults und Habermas' Diskurstheorie zeigt, ist, dass die Kategorie der Legitimität der Normen im Foucault'schen Modell obsolet geworden ist. Legitimation spielt für Foucault bei seiner Theoriebildung auch aufgrund seines spezifischen Machtbegriffs, der sich gerade durch das Überwinden der Kategorien Souveränität und Legitimation auszeichnet, keine Rolle. Nicht zuletzt dadurch ist sein Denken zugleich innovativ und provokativ für die politische Philosophie, die bisher immer nach der Legitimität von Normen und Macht gefragt hat.

43 Vgl. Habermas, Jürgen: »Wie ist Legitimität durch Legalität möglich?«, in: *Kritische Justiz* 1987 (Bd. 20, Nr. 1), S. 1–16, S. 10f.

44 Dass Habermas' Denkbewegung tatsächlich vom ursprünglich als metaphysisch Gedachtem ins Soziale geht und er dabei versucht, dem Recht dessen ursprünglich metaphysisches bzw. transzendentales Moment der »Unverfügbarkeit« zu erhalten, zeigt sich beispielsweise im Aufsatz »Wie ist Legitimität durch Legalität möglich?«, vgl. ebd., S. 9.

45 Foucault, Archäologie des Wissens, S. 175.

Als Fazit zum Normativitätswissen lässt sich damit Folgendes festhalten: Das in den Gesellschaften existierende Normativitätswissen ist als gesellschaftlicher Wissensbestand sozialimmanent durch von Machteffekten durchdrungene Diskurse konstruiert. In dieser Eigenschaft ist es historisch veränderbar. Seine normative Festlegung ist kontingent. Dies wird im Folgenden der die weitere Arbeit bestimmende Einsatz sein. Die Veränderbarkeit durch praktisches Tätigwerden führt im letzten Schritt zu einer Theorie der liberalen Transformation.

III. Disziplinäre und ästhetisch-existentielle Praxis als Grundlage des modernen Rechts

Mit dem Begriff der Praxis wird in diesem Abschnitt die zweite Komponente des Foucault'schen Subjektivitätsbegriffs in den Blick genommen. Dabei werden mit der Disziplin und der Ästhetik der Existenz zwei konträre Fluchtpunkte im Werk Foucaults anvisiert, die das Ergebnis seiner einleitend erläuterten beständig fluktuierenden Begriffsbildung sind. Im Kontext der Disziplin erschließt sich vor allem der Machtbegriff Foucaults, während bei der Ästhetik der Existenz die praktische Selbsttransformation des Subjekts im Vordergrund steht. Beide Subjektivierungsbegriffe sind zentral für ein Verständnis des Rechts in der Moderne. Denkt man Recht und Subjektivität zusammen, so verläuft die Genese und Transformation des Rechts über die zwei Stränge der Disziplin und der Ästhetik der Existenz. Foucaults These vom Bedeutungsverlust des Rechts in der Moderne stellt sich dann als dessen Fundierung in spezifischen Formen der subjektivitätsbildenden Praxis dar.

1. Disziplin und Normbefolgung

Begreift man das Recht in seiner Gestalt als normative, auf Handlungen bezogene Wissensordnung als ein Element der Dispositive, so erklärt sich die ›Macht des Rechts‹ nicht mehr aus einem normativen Geltungsbegriff im Sinne Kants und Kelsens, sondern durch die Normbefolgung, die ihren Ausgangspunkt in der aus der Machtwirkung des Wissens hervorgehenden disziplinären Praxis findet. Entscheidend ist dann nicht mehr der Sanktionsmechanismus des Rechts in Form der Strafe, sondern ein durch entpersonalisierte und dezentrale Wissens- und Machtstrukturen evozierter Modus der internalisierten Selbstüberwachung.

a. Dispositiv

Foucault geht davon aus, dass Macht in modernen Gesellschaften dezentral und produktiv statt zentralistisch und abschöpfend organisiert sei.[46] Damit weist er ein Machtverständnis zurück, wie es von weiten Teilen der zeitgenössischen politischen Philosophie und Rechtstheorie auch heute noch vertreten wird, und zwar das einer Macht, die sich im Zirkel von Legitimation und Souveränität, und somit zentralistisch, denken lässt und deren Wirkung vor allem im Sanktionieren besteht. Diese Form der Macht mit ihrer Kombination von Souveränität und Sanktion bezeichnet Foucault als vormoderne »Souveränitätsmacht«. In der Moderne hingegen sind nicht mehr Souveränität und Sanktion die Kernbestandteile der Macht, sondern ein dezentrales Netzwerk, dessen Ziel die Kontrolle und Steigerung der Kräfte ist. Foucault bezeichnet dieses als »›Mikrophysik der Macht‹«[47]. Als »Vielfalt von oft geringfügigen, verschiedenartigen und verstreuten Prozessen«[48] wirkt dieses Netzwerk beständig und allgegenwärtig auf das Handeln der Subjekte ein. Dabei wirkt die Macht diskret.[49] Ihre Wirkweise ist kein Akt, sondern ein Kontinuum, das die gesamte Gesellschaft erfasst. Darin zeigt sich ihre Verbindung zur netzwerkartigen Struktur der Kultur. Durch Anreize und Impulse diszipliniert die Macht die Subjekte so, dass sie die gewünschten Handlungen ausführen. Die Anwendung der Strafe wird dadurch obsolet.

Dabei spielen die Dispositive als Verschränkungen von Wissen, Macht und Institutionen eine wichtige Rolle. Sie stellen die Form des Anschlusses der Diskurse nach außen, das heißt an die extra-diskursiven Praktiken, dar. Die ersten von Foucault eingeführten Beispiele für solche Dispositive sind das panoptische Dispositiv in *Überwachen und Strafen* und das Sexualitätsdispositiv in *Der Wille zum Wissen*. Die Dispositive korrespondieren dabei mit dem, was Foucault als »Macht/Wissen-Komplex[]«[50] bezeichnet. Das panoptische Dispositiv wird im Folgenden exemplarisch skizziert.

46 Vgl. Foucault, Überwachen und Strafe, S. 250; »Man muß aufhören, die Wirkungen der Macht immer negativ zu beschreiben, als ob sie nur ›ausschließen‹, ›unterdrücken‹, ›verdrängen‹, ›zensieren‹, ›abstrahieren‹, ›maskieren‹, ›verschleiern‹ würde. In Wirklichkeit ist die Macht produktiv; und sie produziert Wirkliches«.

47 Foucault, Überwachen und Strafen, S. 178.

48 Ebd., S. 177.

49 Vgl. ebd., S. 283.

50 Ebd., S. 39.

b. Disziplinarmacht

In *Überwachen und Strafen* beschreibt Foucault die subjektivierende Struktur der Disziplinargesellschaft anhand des Panopticons. Beim Panopticon handelt es sich um eine Gefängnisarchitektur, die der britische Philosoph Jeremy Bentham entwarf. Im Panopticon sind die übereinander gebauten Gefängniszellen im Kreis angeordnet und zur Mitte des Kreises hin geöffnet. In der Mitte des Kreises ist ein Wachturm positioniert, in dessen Spitze sich eine Aufseherkabine befindet. Während diese von außen für die Insassen nicht einsehbar ist, kann der Aufseher hingegen mühelos alle Insassen im Blick behalten. So entsteht bei den Insassen das Gefühl, dass sie dauerhaft »dem Blick des Aufsehers ausgesetzt«[51] sind. Dabei ist es letztlich unerheblich, ob der Aufseher den Insassen in jenem Moment überhaupt ansieht oder ob er sich überhaupt in der Kabine befindet. Die Funktion des Aufsehers ist ein »[S]ehen, ohne gesehen zu werden«[52]. Die eigentliche Machtwirkung des Apparates liegt nicht in der konkreten Person des Aufsehers, sondern transzendiert mit der Zeit in die architektonische Anlage selbst. Foucault spricht hier von einer »Anlage, in der die Techniken des Sehens Machteffekte herbeiführen«[53]. Dabei handele es sich um die »Problematik einer Architektur, die [...] der inneren, gegliederten und detaillierten Kontrolle und Sichtbarmachung ihrer Insassen«[54] diene. Die Insassen internalisieren infolgedessen den überwachenden Blick des Aufsehers und erschaffen so eine Form der Selbstüberwachung. Diese Form der internalisierten (Selbst-)Überwachung ist der Kern der disziplinären Subjektivierung. In diesem Schema wird »die Macht automatisiert und entindividualisiert«[55]. Sie liegt infolgedessen »weniger in einer Person als vielmehr in einer konzertierten Anordnung von Körpern, Oberflächen, Lichtern und Blicken«[56]. Wo bei Foucaults Lehrer Louis Althusser – von dem er auch den Begriff des »assujettissement« übernimmt –[57] noch die sprachliche Äußerung eines anwesenden Polizisten als Anrufung des Subjekts fungiert, verlagert sich diese bei Foucault in die kulturellen Oberflächen selbst.[58]

51 Ebd., S. 257.
52 Ebd., S. 221.
53 Ebd., S. 221.
54 Ebd., S. 222.
55 Ebd., S. 259.
56 Ebd., S. 259.
57 Zum Verhältnis von Foucault und Althusser vgl. Bogdal, Klaus-Michael: »Louis Althusser«, in: Clemens Kammler / Rolf Parr / Ulrich Johannes Schneider (Hg.): *Foucault-Handbuch. Leben – Werk – Wirkung*. 2. Auflage, Stuttgart: J. B. Metzler 2020, S. 213–215.
58 Vgl. Althusser, Louis: »Ideologie und ideologische Staatsapparate« (frz. 1970), in: ders.: *Louis Althusser. Gesammelte Schriften. 1. Halbband*,

Der entscheidende intellektuelle Einsatz Foucaults in *Überwachen und Strafen* ist es, sich nicht auf die obenstehende Analyse der Machtwirkungen im Panopticon zu beschränken, sondern die Hypothese zu formulieren, dass die grundlegenden Machttechnologien der modernen (Disziplinar-)Gesellschaften in ihrer Struktur denen des Panopticons folgen.[59] In den modernen Gesellschaften herrsche ein Panoptismus, der die sich in ihr befindenden Subjekte durch Praktiken, Architekturen und Wissensdiskurse in den Zustand einer allgegenwärtigen Überwachung versetze, der sich in der automatischen Internalisierung derselben manifestiere. Dadurch werden ihre Kräfte kontrolliert und gesteigert.[60] Foucault bezeichnet dies in *Überwachen und Strafen* als die »›politische Anatomie‹«[61].

Darin deuten sich bereits zwei Kerngedanken an, die Foucault in den Folgejahren weiter ausarbeitet. Zum einen das hier zu besprechende Konzept der Subjektivierung, bei dem durch Machteffekte die Handlungskorridore der Subjekte eingeschränkt werden (Kontrolle der Kräfte) und zum anderen die neoliberale Produktivitäts- und Effizienzlogik (Steigerung der Kräfte), die Foucault in seinen Vorlesungen zur Gouvernementalität (1977–79) vertieft. Mit Foucault kann demnach unter (disziplinärer) Subjektivierung die Befähigung der Subjekte zu bestimmten Handlungen und die dadurch gleichzeitig erfolgende Beschränkung ihrer Handlungsoptionen verstanden werden.[62] Diese Definition findet sich im Vortrag »Subjekt und Macht« von 1982 und ergibt sich bereits aus den in und seit *Überwachen und Strafen* vertretenen Überlegungen. Die internalisierte Überwachung führt dazu, dass die Subjekte ganz ohne Zwangseinwirkung oder direkte Aufforderung durch eine andere Person oder Autorität bestimmte Handlungen ausführen und andere wiederum unterlassen. Dabei hebt Foucault zunehmend die Bedeutung des Wissens für die internalisierte Selbstüberwachung hervor. Beispielsweise durch Statistiken erzeugtes Wissen über Normalität und die bereits im Rahmen der Diskurstheorie angesprochenen Grenzziehungen zwischen Wahnsinn und Vernunft, Normalität und Anormalität, wirken disziplinierend auf die Subjekte. Die Grenzziehungen sind dabei nicht mehr als

herausgegeben von Frieder Otto Wolf, Hamburg: VSA Verlag 2010, S. 37–102, S. 88.

59 Vgl. Foucault, Überwachen und Strafen, S. 267; »Das panoptische Schema ist dazu bestimmt, sich im Gesellschaftskörper auszubreiten«.

60 Vgl. ebd., S. 177.

61 Ebd., S. 176.

62 Vgl. Foucault, Michel: »Subjekt und Macht« (frz. 1982), in: ders.: *Dits et Ecrits. Schriften in vier Bänden. Bd. 4 1980–1988*, herausgegeben von Daniel Defert und François Ewald, Frankfurt a. M.: Suhrkamp 2005, S. 269–294, S. 285; auch Raimondi, Francesca: »Subjektivierung«, in: Dagmar Comtesse et al. (Hg.): *Radikale Demokratietheorie. Ein Handbuch*. Berlin: Suhrkamp 2019, S. 622–632, S. 625ff.

präskriptive Normen zu denken, sondern als durch Verfahren der Erfassung flexibel konstituiert.[63]

c. Wissen als Machtquelle des Rechts

Die Macht des Rechts in der Moderne, das heißt insbesondere die Normbefolgung, ist von eben dieser disziplinären Subjektivierung aus zu denken. Als Teil der Dispositive ist das Recht in eine gouvernementale Regierungspraxis eingebunden, die nicht von seinem institutionellen Apparat abhängt, sondern von seinem Status als auf Handlungen bezogene normative Wissensordnung. Dadurch befähigt es die Subjekte zu bestimmten Handlungen und beschränkt sie gleichzeitig in ihren Handlungsoptionen. Durch diese Betrachtungsweise wird die Wichtigkeit zweier in der Rechtstheorie gemeinhin als für das Recht zentral erachteten Paradigmen in Frage gestellt: 1) der institutionelle Rechtsdurchsetzungsapparat als Garant für die Normbefolgung und 2) die Autonomie der Rechtsnormativität gegenüber anderem Normativitätswissen.

Der institutionelle, staatliche Apparat, der hinter der Rechtssetzung und der Rechtsdurchsetzung steht, ist selbstredend ein Faktum und verfügt bei gesetzeswidrigem Handeln über die Gewalt der Sanktion. Dies soll an dieser Stelle keineswegs bestritten werden. Die These zielt vielmehr darauf, dass die Rolle dieses Apparates für die praktische Befolgung von Normen nicht überschätzt werden darf. Eine Rechtswirklichkeit, die ihren Gesetzesgehorsam allein aus der Gewalt ihres institutionellen Rechtsdurchsetzungsapparates zöge, wäre nicht nur in höchstem Maße repressiv, sondern perspektivisch instabil. Es muss daher etwas anderes geben, was die praktische Befolgung von Normen begründet, und das ist die dem Recht inhärente Beziehung zum gesellschaftlichen Normativitätswissen.

Diese Geste, die Rechtsnormativität in die Nähe anderer normativer gesellschaftlicher Wissensbestände zu rücken, wird von Rechtswissenschaftlern zumeist kritisch beäugt. So sei die Rechtsnormativität ihnen zufolge allein Ausdruck des Willens eines autonomen, souveränen, (staatlichen) Gesetzgebers (Schmitt'sche Strömung).[64] Sie beansprucht somit eine Autonomie gegenüber den anderen Formen des gesellschaftlichen

63 Vgl. dazu als einschlägige Anschlussperspektive Link, Jürgen: *Versuch über den Normalismus. Wie Normalität produziert wird.* Opladen: Westdeutscher Verlag 1996.

64 So etwa Carl Schmitt, dessen Konzeption des Dezisionismus bis heute in der Rechtstheorie und Staatsrechtslehre nachwirkt, vgl. Schmitt, Carl: *Politische Theologie. Vier Kapitel zur Lehre von der Souveränität* (1922). 11. Auflage, Berlin: Duncker & Humblot 2021, S. 16 u. 36ff.

Normativitätswissens und hängt allein vom souveränen Willen ab. Alternativ wird als Maßstab für die ›Geltung‹ das korrekte Durchlaufen der verfassungsrechtlichen Verfahren der Gesetzgebung herangezogen (Kelsen'sche Richtung). Diese Gesetzgebungsvorschriften sind ihrerseits selbst wieder Rechtsnormen, sodass die Rechtsnormativität aus dem Rechtssystem selbst generiert wird. Derartige Begründungsfiguren verbleiben innerhalb des Rechtssystems und vermögen es nicht, die praktische Befolgung von Normen plausibel zu machen. Das wollen sie erklärtermaßen allerdings auch gar nicht. Für die Geltung von Rechtsnormen ist es laut Kelsen unwichtig, ob diese tatsächlich praktisch befolgt werden.[65] Sein und Sollen sind starr voneinander getrennt, wobei die Rechtsnormativität sich ausschließlich auf der Ebene des Sollens bewegt. Dass eine Norm gilt, heißt bei Kelsen nur, dass eine andere Norm besagt, dass sie gelten soll. Juristisch gesehen ist dieser Befund zwar richtig, rechtssoziologisch allerdings untauglich; denn natürlich ist auch eine verfassungskonform verabschiedete Norm weiterhin in Kraft, wenn sie niemand befolgt, allerdings muss man dann die Frage stellen, worin noch der Mehrwert einer solchen ›leeren Geltung‹ besteht.

In letzter Konsequenz führen beide Begründungsversuche der Autonomie der Rechtsnormativität, der vom souveränen Willen ausgehende und der rechtspositivistische, vom Standpunkt der Praxis aus zu einer naiven Privilegierung der Rechtsnormativität. In den (post-)modernen Wissensgesellschaften steht die Rechtsnormativität niemals isoliert für sich, sondern interagiert in Form von vielschichtigen Kontaktflächen mit den anderen sie umgebenden normativen gesellschaftlichen Wissensbeständen. In dieser Funktion wird das Recht zu einem Teil der Dispositive, die als gouvernementale Regierungsregime die Subjekte disziplinieren. Im Grundsatz lässt sich dies für die Normbefolgung auf eine – vereinfachende – Beobachtung reduzieren: In Gesellschaften, in denen die Rechtsordnung durch ein Berufsjuristentum hochgradig ausdifferenziert ist, hat der Normadressat im Sinne des im Rechtsstaatsgebot implizierten Prinzips der Rechtssicherheit zwar in der Theorie die Möglichkeit, vor seiner Handlung zu wissen, ob diese der Rechtsnormativität entspricht oder nicht, in der Praxis hingegen werden die juristisch nicht geschulten Individuen in der Regel nicht wissen, ob ihre Handlung rechtskonform ist, oder nicht. Schließlich handelt der überwiegende Teil der Gesellschaft beständig rechtskonform. Es scheint somit eine Art ›intuitives Verständnis‹ vom Recht zu geben, was bei den Juristen, meistens auf den Kontext der Rechtsanwendung reduziert, als ›Rechtsgefühl‹ bezeichnet wird.

65 Vgl. Kelsen, Hans: *Reine Rechtslehre. Mit einem Anhang. Das Problem der Gerechtigkeit. Studienausgabe der 2. Auflage 1960*, herausgegeben von Matthias Jestaedt, Tübingen: Mohr Siebeck 2017, S. 346 [Studienausgabe] bzw. S. 196 [Originalausgabe].

Dieses ›intuitive Verständnis‹ vom Recht findet seinen Ursprung in den gesellschaftlichen Wissensbeständen, in den Grundwerten wie beispielsweise Freiheit, Gleichheit und Demokratie, und in den sich daraus ableitenden konkreten situationsbezogenen Handlungsmaßstäben. Dieses ›intuitive Verständnis‹ vom Recht ist nicht anthropologisch. Es kommt dem Menschen nicht von Natur aus zu, sondern entsteht im Zusammenspiel mit den Wissensdiskursen seiner Kultur. Das intuitive Verständnis der Menschen vom Recht ihrer Gesellschaft, auf das jede Rechtsordnung in ihrer faktischen Stabilität zurückgeworfen ist, ist also unmittelbar mit den gesellschaftlichen Wissensdiskursen verbunden.

d. Beispiel: Maßnahmen gegen Covid-19

Um zu zeigen, dass die Menschen vor allem so handeln, wie sie es vor dem Hintergrund der sich in ihnen als Subjekt spezifisch konkretisierenden gesellschaftlichen Wissensordnung für richtig erachten, wird im Folgenden ein Beispiel herangezogen. Dieses Beispiel illustriert, dass es nicht die Strafe ist, die die Befolgung der Normen begründet, sondern die Überzeugung der normativen Richtigkeit vor dem Hintergrund des gesellschaftlichen Wissens.

Als im Winter 2019/20 die Corona-Pandemie ausbrach, wurden auch in Deutschland die persönlichen Freiheiten der Bürgerinnen und Bürger massiv eingeschränkt. Die Verletzung der diese Einschränkungen vornehmenden Gesetze und Rechtsverordnungen zog in den meisten Fällen eine ›Sanktion‹ als Rechtsfolge nach sich.[66] Ausschlaggebend dafür, dass sich die Mehrheit der Zivilbevölkerung an die Gesetze gehalten hat, war aber nicht die für ihre Verletzung vorgesehene Sanktion, sondern das bei

66 Bewusst wird an dieser Stelle auf den Begriff der Strafe verzichtet und stattdessen der rechtswissenschaftlich neutralere Begriff der Sanktion verwendet, um deutlich zu machen, dass die entsprechenden Gesetze und Rechtsverordnungen nicht unbedingt in den Bereich des Strafrechts fallen müssen, sondern auch als Ordnungswidrigkeiten im Verwaltungsrecht angesiedelt sein können. Mehr als um das Rechtsgebiet geht es im obenstehenden Text aber um die Struktur der Rechtssätze innerhalb des Corona-Managements. Die Struktur dieser Rechtssätze entspricht der klassischen Konditionalstruktur, bestehend aus Tatbestand und Rechtsfolge. Sie weist daran anschließend eine binäre Codierung auf, die sich in der Unterscheidung von »Recht« (befolgen) und »Unrecht« (missachten) ausdrückt, und in der sich ferner der Sanktionscharakter offenbart. Im Sinne Luhmanns geht es dabei weniger um die konkrete Form des Rechtssatzes, sondern um ein allgemeines Konditionalschema bzw. -programm des Rechts, vgl. Luhmann, Niklas: *Das Recht der Gesellschaft* (1993). 6. Auflage, Frankfurt a. M.: Suhrkamp 2013, S. 195ff.

den Bürgern vorhandene Wissen darüber, dass die im Gesetz normierten Vorgaben inhaltlich sinnvoll und im juristischen, sowie vor allem außerjuristischen Sinne zweckmäßig zur Bekämpfung der Pandemie waren.[67] Es war also die Kongruenz von Rechtsnormativität und gesellschaftlichem Normativitätswissen (Medizinethik, Solidarität, Verantwortung usw.) und die subjektivierende Macht dieses Normativitätswissens, die die Subjekte – teils entgegen ihrer persönlichen individuellen Interessen – dazu bewegt hat, den gesetzlichen Vorgaben Folge zu leisten. Die rechtlichen Maßnahmen zur Eindämmung der Corona-Pandemie sind auch deshalb ein treffendes Beispiel, um zu zeigen, wie das Recht die subjektivierende Macht des Normativitätswissens kolonisiert, weil erstens die Rechtsnormativität inhaltlich ständig auf die dynamischen gesellschaftlichen Wissensbestände reagiert hat (beispielsweise auf neue wissenschaftliche Erkenntnisse zur Verbreitung des Virus, auf Evaluationen der Effizienz bestimmter Maßnahmen zur Eindämmung, auf grundrechtsdogmatische Diskurse, etc.) und zweitens, weil eben diese dynamische Lage des Wissens seinen gesellschaftlichen Konstruktionscharakter und das Moment der Diskursivität offenkundig werden ließ. Dass das Recht in dieser Situation zur Durchsetzung seiner normativen Vorgaben auf die ihm vorgängige Machtbeziehung der subjektivierend-disziplinierenden Macht des Normativitätswissens angewiesen war, zeigt sich insbesondere dann, wenn man den Umkehrschluss in den Blick nimmt, also eben jene Situationen, in denen bekannt war, dass eine bestimmte rechtlich normierte Maßnahme vor dem Hintergrund der gesellschaftlichen Wissensbestände nicht mehr sinnvoll für die Eindämmung des Virus war. In diesen Fällen – man denke beispielsweise an die schnell als unverhältnismäßig erkannten Ausgangsbeschränkungen – fiel die Bereitschaft der Bürger, den gesetzlichen Vorschriften zu folgen, deutlich geringer aus und so wurde zivilgesellschaftlich teils auf eine Änderung des Rechts hingewirkt.

Man kann dieses Beispiel natürlich durch die verfassungsrechtlichen und -theoretischen Begrifflichkeiten wie den Grundsatz der Verhältnismäßigkeit, die Erforderlichkeit von Grundrechtseingriffen, und die Demokratie als Verfahren der Gesetzesänderung lesen. In der (juristischen) Sache ist dies sicherlich nicht falsch. Es verschleiert dann aber, dass das Recht an außerrechtliche Wissensbestände andockt und mit ihnen interagiert. Um genau diese These, dass das Recht dies in den

67 Zu diesem Zusammenhang von Strafe, Recht und außerjuristischer Zweckmäßigkeit vgl. Kölbel, Ralf: »›Steuerungskraft des Strafrechts bei der Bewältigung von Krisen‹. Vorläufige kriminologische Anmerkungen am Beispiel der COVID-19-Pandemie«, in: Erol Pohlreich et al. (Hg.): *Strafrecht in der Krise. Erkenntnisse zum gesamten Strafrecht nach zwei Jahren Pandemie.* Baden-Baden: Nomos 2022, S. 221–236, S. 226 (Effektivitätsbedingungen) u. 227 (außerjuristische Zweckmäßigkeit).

Wissensgesellschaften beständig tut, geht es hier allerdings. In Bezug auf die ›Macht‹ operiert man dann mit dem Foucault'schen Begriff, wo die Macht die Disziplin der Subjekte dezentral durch Wissensdiskurse erzeugt, und nicht mit dem Konzept einer im normativen Willen eines legitimierten Souveräns verankerten Macht.

e. Reproduktion und Stabilisation der Normativität durch disziplinäre Praxis

Um das Argument zu vervollständigen, gilt es den letzten Aspekt der Trias »Recht, Wissen, Praxis« zu fokussieren. Die These ist dabei, dass die disziplinäre Praxis die Rechtsnormativität reproduziert und stabilisiert. Es ist dann genau das Gegenmodell zur Beschreibung Hans Kelsens. Die Betrachtung lässt den allein auf Sollenszusammenhänge verweisenden Geltungsbegriff hinter sich und verortet die normative Kraft einer Norm in der Praxis selbst. Das disziplinäre Subjekt reproduziert die in den Dispositiven angelegte Normativität. Sein Handeln ist ein Ausführen, dem die Charakteristika der Genauigkeit, Wiederholung, und Verbesserung der Fähigkeiten zugrunde liegen. Das Subjekt demonstriert damit, dass es »die Normen und Normalitätsgrade einhalten«[68] kann. Eine solche disziplinäre Praxis trägt ihrerseits wiederum zur diskursiven Wissensgenerierung innerhalb der Gesellschaft bei und stabilisiert die Dispositive und mit ihnen die Rechtsnormativität.

2. *Ästhetik der Existenz und liberale Transformation*

Eine solche Deutung des Rechts vor dem Hintergrund des Macht-Wissen-Komplexes läuft Gefahr, deterministisch zu werden. Wenn die Praxis der Subjekte immer nur im Sinne der Disziplin reproduktiv und stabilisierend wirken würde, befänden sich die Subjekte in einem dauerhaften Kontinuum der Normbefolgung. Die These vom Recht in der Wissensgesellschaft lässt sich allerdings auch aus einer Perspektive interpretieren, die die schöpferische und transformative Praxis der Subjekte in den Mittelpunkt stellt. In seinem Spätwerk entwickelt Foucault unter dem Begriff der »Ästhetik der Existenz« einen Subjektivierungsbegriff, der als »normative Alternative«[69] zur »Disziplin« fungiert. In einer offenen, teleologisch nicht festgelegten, experimentellen Praxis entwickelt das

68 Menke, Christoph: »Zweierlei Übung. Zum Verhältnis von sozialer Disziplinierung und ästhetischer Existenz«, in: Axel Honneth / Martin Saar (Hg.): *Michel Foucault. Zwischenbilanz einer Rezeption. Frankfurter Foucault-Konferenz 2001*. Frankfurt a. M.: Suhrkamp 2003, S. 283–299, S. 290f.

69 Ebd., S. 285.

bei-sich-seiende Subjekt eine neue Subjektivität. Sein Einsatz erfolgt im Bewusstsein der Kontingenz des Wissens, das seine Veränderbarkeit zum Ausgangspunkt des praktischen Tätigwerdens macht und Wahrheit als ethisches Selbstverhältnis kreiert. Dieser auf dem ermächtigenden Subjektivierungsbegriff beruhende praktische Einsatz, der zur Veränderung der Wissenssysteme führt, erfasst auch das Recht. Recht ist dann – einmal mehr – ausgehend von der Praxis zu denken. Die Voraussetzung dieser schöpferischen Subjektivität ist ein individueller Freiheitsraum des Subjekts. Werkgeschichtlich ist dieser bei Foucault zum Ende der 1970er Jahre angesiedelt, als der Macht-Wissen-Komplex eine Erweiterung um die Achse der Freiheit erfährt.

a. Freiheit und Transformation

Die Voraussetzung jedweder Transformation ist die Freiheit, *anders* zu handeln. Eine solche Freiheit fehlt dem Subjekt im Macht-Wissen-Komplex. Die Stellung des Subjekts gleicht vielmehr der eines passiven Rezeptors der Macht, sodass man eher von einem Objekt statt von einem Subjekt sprechen könnte. In der Tat tut Foucault dies auch in *Überwachen und Strafen*, wenn er im Zusammenhang mit den Prinzipien der Disziplinarmacht den Insassen als »Objekt einer Information, [und] niemals [als] Subjekt einer Kommunikation«[70] bezeichnet. In der theoretischen Konzeption, die Foucault in den 1970er Jahren vorschlägt, ist das Handeln der Subjekte vollständig durch die Disziplinarmacht determiniert. So schreibt Foucault am Ende von *Überwachen und Strafen* vor dem Hintergrund des Panoptismus, dass in der Moderne die ganze Gesellschaft wie ein Gefängnis funktioniere.[71] Diese geschichtsphilosophisch pessimistisch anmutende Beschreibung bildet das Kernproblem des Macht-Wissen-Komplexes, wie Foucault ihn zu dieser Zeit skizziert.[72] Das Problem ergibt sich bereits aus seiner Herangehensweise, fokussiert Foucault sich in seinen Machtanalysen aus den 1970er Jahren doch vor allem auf die Macht selbst und nicht auf das Subjekt und dessen Potentiale.

Eben auf diese Potentiale verlagert Foucault seinen Fokus in den späten 1970er Jahren. Diesem Thema widmete der Schweizer Historiker

70 Foucault, Überwachen und Strafen, S. 257.

71 Vgl. ebd., S. 295.

72 Zu dieser Einschätzung der geschichtsphilosophischen Implikationen bei Foucault kommt u. a. auch Gehring, Petra: »Foucault'sche Freiheitsszenen«, in: dies. / Andreas Gelhard (Hg.): *Parrhesia. Foucault und der Mut zur Wahrheit*. Zürich: diaphanes 2012, S. 13–31, S. 16f., die davon spricht, dass »die Schilderung sozialer Konfliktlagen« bei Foucault in dieser Werkphase »einen fatalistisch-bitteren Zug« habe.

und Foucault-Forscher Philipp Sarasin 2019 einen Aufsatz mit dem Titel »Foucaults Wende«. In ihm argumentiert er, dass die von Foucault beschriebene »liberale Gouvernementalität auf die Anerkennung der Freiheit der Individuen angewiesen [sei]«[73] und sich diese nicht mehr mit seinen »so sehr totalisierende[n] [...] analytische[n] Werkzeug[en]«[74] aus *Überwachen und Strafen* und *Der Wille zum Wissen* in Übereinstimmung bringen ließe. Die Einführung der dritten Achse, der Freiheit, sei notwendig gewesen, »um verständlich zu machen, wie Menschen handeln.« Denn »[e]infach nur als eine abgeleitete Funktion von Macht ließ sich dieses Handeln für Foucault nicht mehr länger beschreiben.«[75]

Diesen Zugriff kann man beispielsweise an Foucaults 1982 gehaltenen Vortrag »Subjekt und Macht« belegen, in dem er argumentiert, dass, wenn die Disziplinarmacht innerhalb der Machtbeziehungen auf die Handlungsspielräume der Subjekte strukturierend einwirken will, dies logisch voraussetze, dass das Subjekt überhaupt Handlungsspielräume habe.[76] Die Freiheit sei somit in ihrem Wechselspiel mit der subjektivierenden Macht die Möglichkeitsbedingung jeglicher Machtbeziehung.[77]

Auch wenn Foucault die Freiheit Ende der 1970er Jahre noch vor allem vor dem Hintergrund der Gouvernementalität und weniger vor dem einer gestalterischen Praxis denkt, bildet diese »liberale Wende« die Voraussetzung für die spätere Entwicklung der »Ästhetik der Existenz«.

b. Begriff der Ästhetik der Existenz

Die im Spätwerk zu situierende Ästhetik der Existenz ist eng mit dem Begriff der Ethik als Selbstverhältnis verbunden. Im Vordergrund steht die Freiheit des Subjekts, *anders* zu handeln, als es die Dispositive ihm versuchen vorzugeben. Dabei ist sein Handeln jedoch nicht im Sinne einer transitiven, das heißt teleologischen, Freiheit zu denken, sondern als ein intransitives, experimentelles Handeln, durch das neue Subjektivitäten als Selbstverhältnisse entstehen. In diesem Sinne entwirft Foucault die »Ästhetik der Existenz als normative Alternative zu den disziplinierenden Übungen«[78]. In seinem Handeln ist das Subjekt nicht mehr der

73 Sarasin, Philipp: »Foucaults Wende«, in: Oliver Marchart / Renate Martinsen (Hg.): *Foucault und das Politische. Transdisziplinäre Impulse für die politische Theorie der Gegenwart.* Wiesbaden: Springer VS 2019, S. 9–22, S. 11.

74 Ebd., S. 11.

75 Ebd., S. 11f.

76 Vgl. Foucault, Subjekt und Macht, S. 287.

77 Vgl. ebd., S. 287.

78 Menke, Zweierlei Übung, S. 285.

Disziplinarmacht unterworfen, sondern tritt in eine »Praxis der Freiheit«[79] ein. Das ästhetisch-existentielle Subjekt wird nicht mehr von in den Dispositiven verankerten ›Wahrheiten‹ determiniert, sondern in der ›Praxis der Freiheit‹ bringt es selbst Wahrheit hervor, die sich durch die mit ihr verbundene Subjektivität in einer Ethik als Selbstverhältnis manifestiert. Wahrheit und Subjektivität entstehen in der Ästhetik der Existenz als Produkte der Praxis der Freiheit simultan. Dabei sind sie – anders als im Fall der Subjektivierung als Disziplin – der Praxis nicht vorgängig und werden in dieser reproduziert, sondern sie entstehen erst durch die Praxis, sind dieser also nachgeordnet. Die Ästhetik der Existenz ist in diesem Sinne die Umkehrung der Disziplin. Christoph Menke liegt daher richtig, wenn er schreibt, »daß zwischen dem disziplinären und dem ästhetisch-existentiellen Subjekt kein bloßes Verhältnis der Ergänzung, sondern eines der Gegnerschaft besteht«[80].

Im Einsatz seiner ›ontologischen Freiheit‹[81] ist das Subjekt ganz bei sich. Anders als beim strategischen Widerstandskampf des gouvernementalen Subjekts, das in einem Wechselspiel mit der Macht steht und dabei auf ein fortwährendes aufeinander Einwirken, ein dauerhaftes sich gegenseitig *Provozieren* zielt, ist das ästhetisch-existentielle Subjekt vollständig bei sich.[82] In der Ästhetik der Existenz gewinnt das Subjekt seine Subjektivität nicht durch das Gegen-etwas-sein, sondern durch das *Bei-sich-sein* und das *Für-sich-sein*. Die Praxis der Freiheit des ästhetisch-existentiellen Subjekts ist die *praktische* Erkundung eines Selbstverhältnisses. In diesem Sinne ist es eine »Praxis des Selbst«, eine »Einwirkung des Subjekts auf sich selbst, durch die man versucht, sich selbst zu bearbeiten, sich selbst zu transformieren und zu einer bestimmten Seinsweise Zugang zu gewinnen«[83]. Dadurch kreiert das Subjekt im Akt der Praxis erst seine spezifische Subjektivität. Diese ist gekennzeichnet durch die *Sorge um sich*. Das Subjekt sorgt sich um sich, indem es sich bei der »Suche nach einer Ethik der Existenz« reflexiv auf sich selbst zurückbesinnt und versucht, »seinem eigenen Leben eine bestimmte Form zu geben, in der man sich anerkennen und von anderen anerkannt werden konnte.«[84] In diesem Sinne ist die Kreation der Subjektivität als Selbstverhältnis des Subjekts zu sich und seiner Umwelt immer auch

79 Foucault, Die Ethik der Sorge um sich als Praxis der Freiheit, S. 879.

80 Menke, Zweierlei Übung, S. 294.

81 Vgl. Foucault, Die Ethik der Sorge um sich als Praxis der Freiheit, S. 879.

82 Zum Vorgang der gegenseitigen Provokation in den Machtbeziehungen vgl. Foucault, Subjekt und Macht, S. 287.

83 Foucault, Die Ethik der Sorge um sich als Praxis der Freiheit, S. 876.

84 Foucault, Michel: »Eine Ästhetik der Existenz« (frz. 1984), in: ders.: *Dits et Ecrits. Schriften in vier Bänden. Bd. 4 1980–1988*, herausgegeben von Daniel Defert und François Ewald, Frankfurt a. M.: Suhrkamp 2005, S. 902–909, S. 904.

der Versuch einer autonome(re)n Lebensführung. Darin bildet das ästhetisch-existentielle Subjekt erneut einen Gegensatz zum disziplinären Subjekt, das eben gerade keine autonome Lebensführung besitzt, sondern dessen Leben von den Dispositiven geführt wird.[85] Foucault bezeichnet dieses Streben nach einer autonomen Lebensführung im Weg der Sorge um sich als die »Ausarbeitung seines eigenen Lebens als ein persönliches Kunstwerk«[86]. Der Begriff des ›persönlichen Kunstwerkes‹ birgt dabei gleich zwei Anknüpfungspunkte. Zum einen geht es um ein *persönliches* Kunstwerk. Das ästhetisch-existentielle Subjekt entwirft diese Subjektivität *für sich*. Anders als dem widerständigen Subjekt der Machtbeziehungen, das gegen die Disziplinarmacht kämpft und versucht, diese zu transformieren und dadurch im Erfolgsfall für das gesamte Kollektiv (die Gesellschaft) eine neue Subjektivität zu schaffen, besinnt sich das ästhetisch-existentielle Subjekt in seiner Praxis auf sich selbst. Zum anderen weist der Begriff des ›Kunstwerkes‹ in die Richtung des Modus der Herausbildung der ästhetisch-existentiellen Subjektivität. Hier beginnt der Begriff der Ästhetik an Kontur zu gewinnen. Dieser bezieht sich dabei vor allem auf den künstlerischen Herstellungsprozess der Subjektivität. In einem Modus des *Experimentierens*, des *Sich-Ausprobierens*, des die Dinge einfach mal *anders* Machens und dabei bewusst nicht bei den in den Dispositiven bereits angelegten Handlungsformen zu bleiben, sondern diese radikal zu erweitern, formt sich die Subjektivität des ästhetisch-existentiellen Subjekts. So wie der Künstler bei der *Kreation* seines Kunstwerkes mit den historisch gewachsenen Normen ›seiner‹ Kunst spielt, *spielt* auch das ästhetisch-existentielle Subjekt bei der Kreation seines Lebenskunstwerkes. Es experimentiert, es probiert sich aus und ist in diesem Sinne bereits *frei*. Diese ästhetisch-existentielle Praxis der Freiheit ist keine teleologische Praxis. Sie »muss nicht im Sinne irgendeines programmatischen Zieles eine erfolgreiche Praxis sein«[87]. Sie ist *intransitiv*. In der Offenheit ihrer Form ist die Praxis bereits *frei*. Mehr braucht die Praxis der Freiheit des ästhetisch-existentiellen Subjekts nicht. Dabei ist die Offenheit der Praxis jedoch keine »diffuse Öffnung von Situationen, sondern deren [konkrete] Umgestaltung, Freiheit bringt neue Formen hervor«[88], wie Petra Gehring richtig erkennt. Diese neuen Formen entstehen unmittelbar im *Experiment*, im *Spiel* und im *Sich-ausprobieren*. Sie sind die Subjektivitäten des ästhetisch-existentiellen Subjekts.

85 Vgl. Menke, Zweierlei Übung, S. 293.
86 Foucault, Ästhetik der Existenz, S. 904.
87 Gehring, Freiheitsszenen, S. 27.
88 Ebd., S. 27.

c. Transformation der Rechtsnormativität durch die ›Praxis der Freiheit‹

Dieses spezifische Formdenken lässt sich auch auf das Recht übertragen. Die Rechtsnormativität findet dann ihren Ausgangspunkt in experimentellen, offenen und praktischen Prozessen der Subjektivitätsbildung. Die in der ›Praxis der Freiheit‹ bestehende Selbstermächtigung des Subjekts stellt dabei ein ›Ereignis‹ dar, das wissensgenerierende Funktion besitzt. Die Diskurse sind durch die Mechanismen der Verknappung und der Grenzziehung darauf ausgelegt, radikal andere Perspektiven aus sich herauszuhalten. Damit bildet der Diskurs als ›regulierte Praxis‹ eine Antipode zur Ereignishaftigkeit der ästhetisch-existentiellen Praxis. Die Offenheit und der Experimentalcharakter der ästhetisch-existentiellen Praxis widerstreben der Regulierung des Diskurses und der Disziplinierung des Macht-Wissen-Komplexes. Die ›Praxis der Freiheit‹ bricht somit mit der reproduktiven Logik der diskursiven Wissensproduktion und führt zu tektonischen Verschiebungen innerhalb der Wissensordnungen. Als normative, auf Handlungen bezogene Wissensordnung wird auch das Recht von solchen Verschiebungen erfasst. Vermittelt über die gesellschaftlichen Wissensbestände transformiert somit die ›Praxis der Freiheit‹ die Rechtsnormativität. Dies führt zur Konzeption des Rechts als einer Ordnung, die bottom-up gebildet wird. Es ist dann nicht der Gesetzgeber, der als Zentralinstanz durch seinen Willen die Rechtsnormativität in einem Setzungsakt festlegt, sondern die Vielheit dezentraler Subjektivitätsbildungsprozesse, die sie gestaltet.

Daraus ergibt sich auch ein neues Verständnis von Rechtssubjektivität. So wird das Rechtssubjekt traditionell als etwas vom Recht als ›objektiver Ordnung‹ Gestiftetes konzipiert.[89] Das Rechtssubjekt wird also auch hier top-down erst zu einem solchen gemacht. Dieser Modus entspricht gewissermaßen dem, was Foucault mit der Klassifizierung der Subjekte durch die Wissensordnungen – also auch ganz explizit des Rechts – beschreibt. Subjekte werden hier beispielsweise als delinquent oder wahnsinnig klassifiziert.[90] Die Subjektivität geht dabei nicht aus der Praxis des Subjekts selbst hervor, sondern aus ihm äußerlichen Wissens- und Machtstrukturen. Es ist in dieser Hinsicht eine oktroyierte Subjektivität. Das ästhetisch-existentielle Subjekt hingegen kreiert seine Subjektivität im Akt der Praxis unter Einsatz seiner ›ontologischen Freiheit‹

89 Wie Vesting hier bereits kritisch anmerkt vgl. Vesting, Thomas: *Gentleman, Manager, Homo Digitalis. Der Wandel der Rechtssubjektivität in der Moderne*. Weilerswist: Velbrück Wissenschaft 2021, S. 19.

90 Das wahnsinnige Subjekt steht im Mittelpunkt von Foucault, Michel: *Wahnsinn und Gesellschaft. Eine Geschichte des Wahns im Zeitalter der Vernunft* (frz. 1961). 11. Auflage, Frankfurt a. M.: Suhrkamp 1995; und das delinquente Subjekt im Mittelpunkt von Foucault, *Überwachen und Strafen*.

selbst. Die Selbstermächtigung des Subjekts besteht in der von sich ausgehenden Subjektivierung des Selbst, die als transformativer Prozess zu verstehen ist. Denkt man Recht und ästhetisch-existentielle Subjektivität somit zusammen, ergibt sich ein Rechtssubjekt, das gerade deshalb Rechtssubjekt ist, weil es diese spezifische Subjektivität durch Prozesse der Selbsttransformation hervorbringt. Die *Rechtssubjektivität* ist dann vom *Subjekt* und nicht vom *Recht* aus zu denken. Dadurch verliert die Rechtssubjektivität die Statik, die sie im klassischen Modell der Stiftung durch das Recht als objektiver Ordnung charakterisiert, und erfährt eine Hinwendung zur Dynamik sich beständig selbst transformierender Subjektivitätsbildungsprozesse.

d. Netzwerk, Lebensform und Liberalismus als Foucault'sche Kategorien

Der vorherige Abschnitt fiel kürzer aus, als es ihm seiner Sache nach gebührt. Die Frage nach der Transformation der Rechtsnormativität durch die ›Praxis der Freiheit‹ ist der Kern der vorliegenden Arbeit. Gerade weil sie das ist, ist ihrer ausführlichen Beantwortung der Rest der Arbeit gewidmet. Das Feld, das hier mit Foucaults Begriffen eröffnet wurde, bleibt in diesem Sinne der methodische Rahmen für die weitere Argumentation, die sich unter anderem mit den Spezifika der postmodernen Rechtssubjektivitätsbildung und der Verknüpfung zwischen Kulturtheorie und Liberalismus befasst. Dabei wird die Grundidee einer ›Praxis der Freiheit‹ als auf das Recht transformativ wirkenden Kraft mit den Begriffen des Netzwerks, der Lebensform und des Liberalismus verknüpft. All diejenigen, die Foucault als einen genuin linken Theoretiker lesen, werden einige dieser Verbindungen irritieren. Zum Abschluss des methodischen Rahmens ist daher zu zeigen, wie sich die zuvor genannten Begriffe als Foucault'sche Kategorien lesen lassen.[91] Dabei soll nicht den Bezügen vorgegriffen werden, die an den jeweiligen Stellen zu entwickeln sind – etwa bei der Verbindung des Diskurs- und des Netzwerkbegriffs –, sondern es sollen lediglich einige Vorüberlegungen angestellt werden.

Die Brücke zum Netzwerkbegriff ergibt sich vor allem über die Begriffe des Diskurses und des Dispositivs. Beide bilden interne Ordnungen

91 Die vorliegende Arbeit stellt somit mitunter den Versuch dar, die von Thomas Vesting angesprochene Rezeptionslücke im Hinblick auf Aspekte »des liberalen Gesellschaftsdenkens« in Foucaults Spätwerk zu schließen; vgl. Vesting, Thomas: »Rechtssubjektivität und Erzeugung des Neuen als Kulturtechniken des Rechts«, in: Rupert Gaderer / Sigrid Köhler / Florian Schmidt (Hg.): *Recht als Kulturtechnik. Kulturtechniken des Rechts*. Paderborn: Brill-Fink 2024, S. 35–60, S. 46.

heraus, die sich flexibel regulieren. Sie sind Arrangements von unterschiedlichen gesellschaftlichen ›Institutionen‹, die in Austauschprozesse miteinander treten. In Bezug auf Foucaults Affinität zu den Charakteristika des Netzwerkbegriffs zeigt der Soziologe Vincent August, wie Foucault als ein ›Netzwerkdenker‹ verstanden werden kann. Neben den systematischen Verbindungen wie beispielsweise zwischen dem Diskurs- und dem Netzwerkbegriff zeichnet August auch philologisch, unter anderem anhand von Interviews und Aufsätzen Foucaults aus dem zeitlichen Kontext der Veröffentlichung von *Die Ordnung der Dinge* 1966, die Verwendung der Begriffe der Netzwerktheorie, insbesondere der Kybernetik, einer hybriden, postsouveränen Regierungstechnik, in Foucaults Texten nach.[92]

Nun könnte man dem entgegenhalten, dass in Foucaults Theorien Begriffe des Netzwerks zwar eine Rolle spielen, aber ausschließlich als zu kritisierende Mechanismen der Gouvernementalität. Eine solche Position verbindet dann meist die Begriffe des Neoliberalismus und des Netzwerks a priori, was dem Netzwerkbegriff nicht gerecht wird. Vielmehr entfaltet dieser gerade im Spätwerk Foucaults die dargestellte ermächtigende Wirkung im Feld der Subjektivität. Man muss sich dann die Frage nach Foucaults Begriff des Liberalismus stellen, der durchaus als Kontrast zum Begriff des (gouvernementalen) Neoliberalismus fungiert.[93] Während der gouvernementale Neoliberalismus auf die disziplinäre Steigerung und Kontrolle der Kräfte abzielt, ist der Liberalismus als Ethik der Kritik gerade die Behauptung der persönlichen Freiheitssphäre, die sich der gouvernementalen Macht entzieht. Das neoliberale, gouvernementale Regime ist auf eine Logik der Effizienzsteigerung ausgelegt, indem jedes Subjekt zur ›besten Version seiner selbst‹ werden soll. Dieses »unternehmerische Selbst«, wie es der Soziologe Ulrich Bröckling im Anschluss an Foucault nennt, ist ein disziplinäres Subjekt, das die in den Dispositiven angelegten Normativitäten reproduziert und im Sinne einer stetig verbesserten Ausführung der ›Übungen‹ zu einer individuellen und kollektiven Produktivitätssteigerung beiträgt.[94] Dabei reguliert

92 Vgl. August, Vincent: *Technologisches Regieren. Der Aufstieg des Netzwerk-Denkens in der Krise der Moderne. Foucault, Luhmann und die Kybernetik*. Bielefeld: transcript 2021, S. 225ff.; August analysiert hier vor allem den Systembegriff Foucaults vor dem Hintergrund der Kybernetik und erkennt eine Deckungsgleichheit.

93 Dies wird häufig verkannt, wenn Foucaults Liberalismusbegriff lediglich über die Schriften zur Gouvernementalität rekonstruiert wird wie zum Beispiel bei Heidenreich, Felix: »Foucaults Rekonstruktion des Liberalismus und die Rolle des Staates«, in: ders. (Hg.): *Technologien der Macht. Zu Michel Foucaults Staatsverständnis*. Baden-Baden: Nomos 2011, S. 139–156.

94 Vgl. Bröckling, Ulrich: *Das unternehmerische Selbst. Soziologie einer Subjektivierungsform*. Frankfurt a. M.: Suhrkamp 2007, S. 7ff.

die gouvernementale Macht (nahezu) alle seine Lebensbereiche. Der ›Liberalismus als Praxis‹[95] sei Foucault zufolge dann der Weg sich gegen diese Regierung der persönlichen Lebensbereiche zu wehren. So sei der Liberalismus gegenüber den Machtstrukturen kritisch, indem er das Bestreben, »nicht dermaßen regiert zu werden«[96] ausdrücke. Daran zeigt sich das janusköpfige Element des Foucault'schen Liberalismusbegriffs: Einerseits erkennt er die Logik der maximalen Effizienzsteigerung und der endlosen Optimierung, die das Regieren der persönlichen Lebensbereiche erst ermöglicht und damit in gewisser Weise die totalitäre Komponente des Neoliberalismus bildet; andererseits sieht Foucault in der Reformulierung der Grundidee des Liberalismus, dem Schutz des persönlichen Freiheitsraums des Individuums, eine Abwehrmethode gegen die Regierung eben dieser persönlichen Lebensbereiche.

Die ›Praxis der Freiheit‹ als offener, experimenteller Prozess der Subjektivitätsbildung ist somit eng mit dem Foucault'schen Liberalismus verbunden und verkörpert das Gegenbild zum disziplinierten, neoliberalen Subjekt. Als Ästhetik der Existenz steht dieses Foucault'sche Verständnis praktischer Freiheit dem Begriff der Lebensformen nahe, die ihrerseits als pluralistische, offene Räume des kontingenten Evolvierens verstanden werden.[97] Diesen Prozessen der (Rechts-)Subjektivitätsbildung ist das folgende Kapitel gewidmet.

95 Vgl. Foucault, Michel: »Zusammenfassung der Vorlesungen. Die Geburt der Biopolitik« (frz. 1979), in: ders.: *Die Geburt der Biopolitik. Geschichte der Gouvernementalität II*, herausgegeben von Michel Sennelart, Frankfurt a.M.: Suhrkamp 2006, S. 435–444, S. 436.

96 Foucault, Michel: »Was ist Kritik?« (frz. 1978), in: ders.: *Kritik des Regierens. Schriften zur Politik*, herausgegeben von Ulrich Bröckling, Berlin: Suhrkamp 2010, S. 237–257, S. 240.

97 Vgl. Saar, Martin: »Nachwort«, in: Foucault, Michel: *Ästhetik der Existenz. Schriften zur Lebenskunst*, herausgegeben von Daniel Defert und François Ewald, ausgewählt und mit einem Nachwort von Martin Saar, 6. Auflage, Frankfurt a.M.: Suhrkamp 2017, S. 319–343, S. 340 u. 342f.

§ 3 Rechtssubjektivitätsbildung: Medientechnologie, Netzwerk, Lebensform

Rechtssubjektivitätsbildung in der Postmoderne hängt im Wesentlichen von drei Kategorien ab: der Medientechnologie, den Netzwerken und den Lebensformen. Sie alle bilden Fortführungen der Verbindung von Wissen und Praxis im Begriff der Subjektivität. Dabei verläuft die folgende Argumentation auf drei Ebenen. Zum einen dient der erste Teil des Kapitels dazu, zu zeigen, dass der Subjektivitätsbegriff immer eine – bei Foucault noch unterrepräsentierte – medientechnische Ebene umfasst. Dies knüpft an den in der Einleitung präsentierten Gedanken von Bernhard Waldenfels an, dass die Prozesse der Selbsttransformation vor allem als ästhetische Begegnungen mit Medien und Technologien zu verstehen sind. Die Rolle der Medientechnik kann somit vor dem Hintergrund der Ästhetik der Existenz gedeutet werden. Dabei sind Medientechnologien einerseits das Produkt von transgressiven Praktiken und andererseits die Möglichkeitsbedingung derartiger Praktiken, wodurch sie zu Instrumenten der Selbstermächtigung werden. Gleichsam bringen die Medientechniken Verschiebungen in Wissensordnungen hervor. Dies wird auf einer zweiten Ebene anhand der postmodernen Netzwerkgesellschaft illustriert. Die Medientechnik der Netzwerke trägt hier zur Herausbildung dezentraler Praxisformen und dezentraler Wissensproduktion bei. Sie wirkt in diesem Sinne als eine Art »Überstruktur«, die die in der Kultur verankerten Formen der dezentralen Ordnungsbildung beschleunigt. Auf diese Weise werden die Netzwerkmedien zur Grundlage der gesellschaftlichen (Selbst-)Organisation, die auch die Rechtsordnung erfasst. Der Modus dieses Erfassens wird im zweiten Teil des Kapitels skizziert. Die Kernthese dabei ist, dass die Entstehung der Rechtssubjektivität in den Lebensformen selbst stattfindet und dass dem kontinentaleuropäischen Recht ein Modus abhandengekommen ist, mit dieser vitalen Normativität produktiv zu interagieren. Die vitale Normativität, also das netzwerkartig durch teleologisch nicht festgelegte Praktiken in den Lebensformen entstehende Normativitätswissen, ist die Grundlage jeder Rechtsnormativität. Dieser Befund trifft kulturanthropologisch nicht ausschließlich, aber durchaus in gesteigerter Weise auf die Wissens- und Netzwerkgesellschaft zu.

I. Medienanthropologie: Das Beispiel der Netzwerkgesellschaft

In dem Sinne, in dem Medien und Techniken die Hervorbringung neuer Praktiken und dadurch neuen Wissens ermöglichen und in dem Sinne, indem ihre Erfindung selbst das Ergebnis wissensgenerierender Praktiken ist, spielen sie eine besonders zu berücksichtigende Rolle im Feld von Wissen und Praxis und somit auch im Feld der Subjektivität. Wie der niederländische Medienkulturwissenschaftler Mark Deuze unter dem Begriff »*Media Life*« skizziert, ist unsere Lebenswelt unauflöslich mediatisiert. Handlungen und Erfahrungen sind stets medial vermittelt. Die Omnipräsenz dieser medialen Kodierung reicht so weit, dass sie zu einer den Menschen kaum mehr bewussten Selbstverständlichkeit geworden ist. Die mediale Lebenswelt ist ferner in dem Sinne immanent, als sie kein Außen und keinen Ausgang kennt; eine nicht-mediale Lebenswelt ist eine Unmöglichkeit. Medien und Lebenswelt gehen immer Hand in Hand.[1] Vergleichbare Ansätze reichen dabei weit zurück bis in die Anfänge der Sprachphilosophie. Bedient man sich eines weiten Medien- und (Kultur-)Technikbegriffs, lassen sich nicht nur die ›neuen Medien‹ des 20. und 21. Jahrhunderts – gedacht sei hier vom Radio bis zum Smartphone – als Medien verstehen, sondern auch bildhafte Darstellungen und die Sprache als solche.[2] Somit ist jede Form von Kommunikation medial vermittelt und da diese den Kern sozialer Interaktion darstellt, in der sich das Selbst in Auseinandersetzung mit seiner Umgebung formiert, ist jedwede Form der Subjektivitätsbildung medial.

Ein besonders interessantes Beispiel für die Rolle, die Medien und Techniken bei der Subjektivitätsbildung spielen, ist die Netzwerkgesellschaft. Der Begriff geht auf den Soziologen Manuel Castells zurück und beschreibt eine Gesellschaft, die sich bewusst auf dezentrale Handlungs- und Wissensproduktionsformen einlässt.[3] Das Konzept der Netzwerkgesellschaft eignet sich besonders gut zur Diskussion der hier anzustellenden medienanthropologischen Überlegungen, da die medientechnologischen

1 Vgl. Deuze, Mark: »Media Life and the Mediatization of the Lifeworld«, in: Andreas Hepp / Friedrich Krotz (Hg.): *Mediatized Worlds. Culture and Society in a Media Age*. Basingstoke: Palgrave Macmillan 2014, S. 207–220, S. 207.

2 Zum weiten Medienbegriff und zur Hervorbringung von Mensch und Welt durch Medien vgl. Assmann, Aleida: *Einführung in die Kulturwissenschaft. Grundbegriffe, Themen, Fragestellungen*. 2. Auflage, Berlin: Erich Schmidt Verlag 2008, S. 59f.; zur Sprachphilosophie im Besonderen vgl. Willaschek, Marcus: »Sprachphilosophie«, in: Franz Gniffke / Norbert Herold (Hg.): *Philosophie. Problemfelder und Disziplinen*. Münster: LIT 1996, S. 157–177, S. 157f.

3 Vgl. Castells, Manuel: *The Rise of the Network Society*. Cambridge (Mass.): Blackwell 1996, S. 470f.

Voraussetzungen, die jede Form von sozialer und politischer Organisation zwangsläufig impliziert – Stichwort ›institutionsgebende Macht‹ –, in diesem Konzept nicht einfach stillschweigend als gegeben betrachtet werden und sich damit einer tiefergehenden Betrachtung entzögen, sondern sie aktiv zum Bestandteil der Gesellschaftstheorie gemacht werden. Ein weiterer Vorteil der Diskussion der Medienanthropologie am Beispiel der Netzwerkgesellschaft liegt in der engen Verknüpfung von Medientechnologie und Subjektivität. Im gesellschaftlichen Geflecht entsteht hier eine ›Netzwerksubjektivität‹, mit der entsprechende ›Netzwerkpraktiken‹ verbunden sind. Die Netzwerksubjektivität bietet ferner die Grundlage für Formen der gesellschaftlichen Selbstorganisation.

Dezentrale Handlungsformen und dezentrale Formen der Wissensproduktion bilden den Kern der Netzwerksubjektivität. Mit Foucault wurde bereits erläutert, dass Wissen und Praxis als Konstituenten der Subjektivität immer netzwerkartig und dezentral sind. Was im Fall der Netzwerkgesellschaft hinzukommt und die Netzwerksubjektivität zu einer spezifischen Erscheinungsform der allgemeinen Subjektivität werden lässt, ist, dass die Netzwerke der Netzwerkgesellschaft als eine synergetisch-interaktive Überstruktur der Netzwerke der Kultur fungieren. Die in der Theorie der Kultur als Netzwerk angelegte, dezentrale praktische Wissensproduktion wird hier durch die Nutzung bestimmter Medien- und Kulturtechniken verstärkt, indem diese netzwerkartige Kommunikationswege befördert, und so einen Subjektivierungsprozess der Selbstermächtigung in Gang setzt.

1. Dezentrale Handlungsformen

Die dezentralen Handlungsformen der Netzwerkgesellschaft legen den Fokus auf offene und flexible Organisationsformen und Interaktionspotentiale. Im Folgenden werden in drei Abschnitten die wichtigsten Aspekte dezentraler Handlungsformen in der Netzwerkgesellschaft vorgestellt: Organisation vs. Netzwerk (a.), projektbezogene Zusammenschlüsse und Ad-hoc-Modus (b.), sowie Experiment, Intensität und Offenheit (c.).

a. Organisation vs. Netzwerk

Der den folgenden Abschnitten zugrunde gelegte Begriff der Netzwerkgesellschaft basiert vor allem auf der spezifischen Interpretation des Begriffs, die der deutsche Rechtstheoretiker Karl-Heinz Ladeur in seinen Texten entworfen hat. Ladeur beschreibt darin drei historische Entwicklungsstufen der liberalen Gesellschaft: die Gesellschaft der Individuen, die Gesellschaft der Organisationen und die Gesellschaft der Netzwerke.[4] Dabei sind die drei Phasen nicht strikt voneinander getrennt, sondern überlappen sich stellenweise und bilden ein komplexes Mehrebenenmodell.[5] So gibt es auch in der Gesellschaft der Netzwerke noch Elemente der Gesellschaft der Organisationen und der Gesellschaft der Individuen, jedoch beschreibt die aktuelle Phase, in dem Fall die Netzwerkgesellschaft, das dominante gesellschaftliche Organisationsparadigma. Im Folgenden sollen die wichtigsten Handlungsformen der Netzwerkgesellschaft im Kontrast zu denen der Gesellschaft der Organisationen erläutert werden.

Während die Gesellschaft der Organisationen auf zentral koordinierte, hierarchisch strukturierte und kompetenziell abgegrenzte Formen setzt, zeichnet sich die Gesellschaft der Netzwerke durch heterarchische, flexible und sich produktiv auf Ungewissheit einlassende Strukturen aus.[6] Arbeitsteilung wird in der Gesellschaft der Organisationen nicht als durchlässiger, synergetischer Austausch gedacht, sondern als klare Rollenverteilung. Dies zeigt sich zum Beispiel noch heute in den Strukturen vieler etablierter Unternehmen. Sie sind in verschiedene Abteilungen aufgeteilt, bei der jeder Abteilung ein bestimmter Aufgabenbereich obliegt. Auch in sich sind die Abteilungen noch einmal hierarchisch organisiert. Damit das Zusammenspiel der Abteilungen funktioniert, werden die Prozesse außerdem von zentraler Stelle koordiniert und durch Deadlines strukturiert, planbar gemacht und aufeinander abgestimmt. Solche Organisationsformen sind ein Relikt der Gesellschaft der Organisationen und werden in der Netzwerkgesellschaft zunehmend durch flexible, projektbezogene Zusammenschlüsse ersetzt. Die Gesellschaft der Organisationen setzt außerdem auf stabile Gruppenzugehörigkeiten und klare institutionelle Arrangements. Auch dies lässt sich im Kontext ihrer historischen Situierung belegen, wenn man zum Beispiel an die Entstehung und steigende Bedeutung von Gewerkschaften und Parteien im 19./20. Jahrhundert denkt, und sich ihre Fragmentierung und ihren Bedeutungsverlust in der Netzwerkgesellschaft des 21. Jahrhunderts bewusst macht.[7]

4 Vgl. Ladeur, Karl-Heinz: *Recht – Wissen – Kultur. Die fragmentierte Ordnung*. Berlin: Duncker & Humblot 2016, S. 75.

5 Vgl. ebd., S. 75.

6 Vgl. Ladeur, Karl-Heinz: »Der ›Eigenwert‹ des Rechts. Die Selbstorganisationsfähigkeit der Gesellschaft und die relationale Rationalität des Rechts«, in: ders.: *Das Recht der Netzwerkgesellschaft. Ausgewählte Aufsätze*, herausgegeben von Thomas Vesting und Ino Augsberg, Tübingen: Mohr Siebeck 2013, S. 31–54, S. 35 u. 44f.

7 Zur Genese der Parteien und Gewerkschaften in der Gesellschaft der Organisationen vgl. Beyme, Klaus von: *Das politische System der Bundesrepublik Deutschland. Eine Einführung*. 12. Auflage, Wiesbaden: Springer VS 2017, S.

Ein wesentliches Strukturprinzip der Netzwerkgesellschaft ist außerdem, dass sie sich produktiv auf den ungewissen und nicht planbaren Ausgang ihrer Prozesse einlässt.[8] Aus der Erkenntnis heraus, dass Prozesse in der postmodernen Netzwerkgesellschaft komplex sind und ihr Ergebnis von einer Reihe zum Teil externer Faktoren abhängt, lässt sich die Netzwerkgesellschaft bewusst auf den ungewissen und unplanbaren Ausgang ihrer (Arbeits-)Prozesse ein. In dieser Beobachtung lässt sich auch das Motiv der Kontingenz wiedererkennen. Geschichtliche Transformationsprozesse sind nicht linear und teleologisch, sondern kontingent und ungewiss, und Ladeur beschreibt hier eine spezifische Strategie der Netzwerkgesellschaft, mit dieser Ungewissheit und Kontingenz umzugehen. Dazu gehört auch, Prozesse flexibel zu gestalten, um angemessen auf unvorhergesehene Entwicklungen reagieren zu können. Dafür ist eine heterarchische Organisation erforderlich, die es ermöglicht, dezentral und lokal flexibel auf Veränderungen zu reagieren.

Ein Beispiel für einen solchen Prozess der Netzwerkgesellschaft lässt sich im Bereich der Software-Entwicklung bzw. genauer gesagt der Entwicklung von Computerbetriebssystemen finden. In einem Beitrag aus dem Jahr 2022 beschreibt der Kulturwissenschaftler Markus Krajewski die Entwicklung von Unix-Derivaten. Er schreibt dazu:

> Dass die Entwicklung eines derart umfassenden Projekts keineswegs nur linear erfolgt, dass also auf Version 10.11 erwartungsgemäß 10.12 folgt, wird unmittelbar einsichtig, wenn man etwa die Genealogie von verschiedenen Unix-Derivaten betrachtet, wo aus dem ›Unnamed PDP-7 operating system‹ von 1969 so unterschiedliche Systeme wie Solaris, BSD, HP-UX, macOS oder eben Linux hervorgegangen sind.[9]

Anhand dieses Beispiels lässt sich also gerade die Nicht-Linearität von Entwicklungsprozessen illustrieren, sowie die Produktivität, die sich aus einem Einlassen auf die Ungewissheit und den flexibel-reaktiven Umgang

153ff., der ihre Entstehung im Kontext der kollektiven Interessenvertretung in gesellschaftlichen Konfliktfeldern beschreibt; und zum gegenwärtigen Bedeutungsverlust der Parteien und Verbände in der Gesellschaft der Netzwerke bzw. zur Notwendigkeit ihres Strukturwandels vgl. Vesting, Thomas: *Die Medien des Rechts IV. Computernetzwerke.* Weilerswist: Velbrück Wissenschaft 2015, S. 158f. und für die Politikwissenschaft vgl. Decker, Frank: »Parteiendemokratie im Wandel«, in: ders. / Viola Neu (Hg.): *Handbuch der deutschen Parteien.* 3. Auflage, Wiesbaden: Springer VS 2018, S. 3–39, S. 23ff.

8 Vgl. Vesting, Thomas und Ino Augsberg: »›Das Recht der Netzwerkgesellschaft‹. Zu Karl-Heinz Ladeurs Rechts- und Gesellschaftstheorie«, in: Karl-Heinz Ladeur: *Das Recht der Netzwerkgesellschaft. Ausgewählte Aufsätze*, herausgegeben von dens., Tübingen: Mohr Siebeck 2013, S. 1–28, S. 20ff.

9 Krajewski, Markus: »Verzweigen, Kopieren, Verschmelzen. Mediale Praktiken kollektiver Autorschaft«, in: Daniel Ehrmann / Thomas Traupmann (Hg.): *Kollektives Schreiben.* Paderborn: Wilhelm Fink 2022, S. 70–92, S. 70.

mit ihr ergeben kann. Hätte man bedingungslos am Plan einer linearen Entwicklung der Version 10.12 festgehalten, wären die anderen Derivate niemals entstanden. Im Allgemeinen ist die Entwicklung von Code – und damit einer der zentralen Medientechniken der Netzwerkgesellschaft – ein gutes Beispiel für den produktiven Umgang mit Kontingenz, da die Komplexität ihres Gegenstandes eine abschließende vorab Kalkulation des Ergebnisses unmöglich macht und so durch den Verzicht auf eine normative Festlegung Kreativität freigesetzt wird.

b. Projektbezogene Zusammenschlüsse und Ad-hoc-Modus

Um ein solches Potential zu ermöglichen, setzen Unternehmen zunehmend auf projektbezogene Arbeitsprozesse. Start-Ups, Vereine und NGOs, die auf weniger etablierte Strukturen zurückgreifen können, organisieren ihre Abläufe sogar häufig von vornherein projektbezogen. Im Folgenden werden zwei unterschiedliche, sich aber durchaus ergänzende theoretische Beschreibungen dieser Arbeitsform präsentiert: Einmal das projektbezogene Arbeiten in der Theorie Ladeurs und dem gegenübergestellt der Ad-hoc-Modus von Armin Medosch.

Ladeur betont in seiner Theorie die »Bedeutung von projektbezogenen Wissens- und Organisationsformen«[10] für die soziale Epistemologie der Netzwerkgesellschaft. Dabei nimmt er insbesondere Wirtschaftspraktiken in den Blick, die in den letzten Jahren entstanden sind und heute einen unverzichtbaren Teil der globalen Ökonomie darstellen. Durch sogenannte Joint Ventures zwischen konkurrierenden Firmen werde beispielsweise die Grenze zwischen Organisationen durchlässig und durch »firmenübergreifende Wissensstrukturen jenseits der klassischen Wirtschaftsverbände in Form von *consulting* aller Art« entstehen »hybride Formen der Handlungskoordination«.[11] Ladeur beschreibt damit treffend, wie sich Strukturen und Arbeitsweisen in der Wirtschaft im Spiegel kultureller Paradigmenwechsel verändern.

Auch der österreichische Medienkünstler Armin Medosch erkennt diese Fortentwicklung wirtschaftlicher Praktiken im Geiste der Netzwerkgesellschaft. So beobachtet er Bemühungen im Wirtschaftsleben, »Formen der *Top-Down*-Organisation durch *Bottom-up*-Organisation zu ersetzen.«[12] Das Netzwerkparadigma als Schema der

10 Vesting/Augsberg, Das Recht der Netzwerkgesellschaft, S. 18.

11 Ebd., S. 18.

12 Medosch, Armin: »Die Gesellschaft im Ad-hoc-Modus. Dezentral, selbst organisiert, mobil«, in: Christoph Bieber / Claus Leggewie (Hg.): *Interaktivität. Ein transdisziplinärer Schlüsselbegriff.* Frankfurt / New York: Campus 2004, S. 41–66, S. 41.

Bottom-up-Organisation zu deuten, überzeugt und wird auch in der vorliegenden Arbeit so vertreten. Darüber hinaus erkennt Medosch jedoch auch die »Ambiguität« dieser netzwerkartigen Organisationsformen, indem er konstatiert, dass sie »sowohl von den neoliberalen Eliten als auch von ihren Kritikern und Gegnern« verwendet werden.[13] Und auch wenn Medoschs Interesse primär dem basisdemokratischen Potential dieser Organisationsformen gilt – Stichwort *liquid democracy* – und er damit wohl selbst eher auf der Seite der ›Kritiker‹ im oben genannten Zitat zu verorten ist, arbeitet er die Bezüge der Netzwerkgesellschaft zu den kapitalistischen Wirtschaftsformen mit einer bemerkenswerten Sensibilität heraus. In jedem Fall ist die Erkenntnis diskussionswürdig, dass die netzwerkartigen Organisationsformen als eine Infrastruktur fungieren, die von Akteuren aus den verschiedensten politischen Spektren benutzt wird. Durch das Aufzeigen der weiten Verbreitung der netzwerkartigen Organisationsformen unterstreicht Medosch vor allem ihre gesamtgesellschaftliche Bedeutung. Seine Hauptthese ist daher, dass die westlichen Gesellschaften im Begriff seien, einen sogenannten »*Ad-hoc*-Modus als vorherrschendes Organisationsprinzip zu adaptieren«[14]. Mit dem Begriff des Ad-hoc-Modus beschreibt Medosch eben jenes dezentral ausgerichtete, netzwerkartige Bottom-up-Organisationsmodell, dem die »Idee von Selbst-Organisation«[15] zugrunde liegt. Die Gesellschaft im Ad-hoc-Modus ist eine Gesellschaft, »die ihre Regeln selbst erfindet und beständig in Frage stellen kann«[16]. Sie ist somit durch eine Immanenz gekennzeichnet, wie sie vorliegend sowohl bereits im Kontext der Wissenstheorie als auch im Kontext der Netzwerktheorie als wesentlich beschrieben wurde. Insbesondere bei der Bewältigung von Krisen und Umbruchssituationen sind die Organisationsformen des Ad-hoc-Modus zu beobachten.[17] In solchen Momenten gilt es *ad hoc* flexible Strukturen zu schaffen, mit denen angemessen, das heißt situationsbezogen, auf Probleme reagiert werden kann. Nicht zuletzt deswegen ließen sich solche Organisationsformen beispielsweise im Zuge der ›Flüchtlingskrise‹ im Jahr 2015 – ein Wort, das aufgrund seiner negativen, teils rechtspopulistischen Konnotationen hier in Anführungszeichen steht – beobachten. Die zuvor etablierten rechtlichen und politischen Steuerungsinstrumente kamen hier schnell an ihre Belastungsgrenzen und es war nicht zuletzt zivilgesellschaftliches Engagement, das die Unterstützung Geflüchteter gewährleistete. Ein solches zivilgesellschaftliches Engagement wäre ohne die netzwerkartigen Organisationsformen und ihre Kommunikationsmedien

13 Ebd., S. 50.
14 Ebd., S. 41.
15 Ebd., S. 41.
16 Ebd., S. 41.
17 Vgl. ebd., S. 41 u. 50.

unmöglich gewesen. So vernetzte sich eine Vielzahl von Menschen, um Unterbringungsmöglichkeiten und Sachspenden bedarfsgerecht zu organisieren und zu verteilen. Es sind dabei zunächst netzwerkartige Strukturen, aus denen sich mit der Zeit stabile Institutionen herausbilden, wie die Soziologin Verena Schmid am Beispiel lokaler Flüchtlingshilfe zeigt.[18] Daran lässt sich erneut die These der ›institutionsgebenden Macht‹ belegen.

Die Krisenbezogenheit des Ad-hoc-Modus ist ferner interessant, da sie sich mit Ladeurs Ideen zum produktiven Umgang mit der Ungewissheit und der Komplexität zusammenbringen lässt. Auch Ladeur zufolge können komplexe Herausforderungen nur mit einer offenen, experimentellen und flexiblen Herangehensweise bewältigt werden, die die spontane Selbstorganisation der Gesellschaft zum Ergebnis hat.

c. Experiment, Intensität, Offenheit

Solche Handlungsweisen lassen sich vor allem mit drei Begriffen beschreiben: Experiment, Intensität und Offenheit. Die Kulturtechnik des Experiments – sei es naturwissenschaftlich, ökonomisch oder künstlerisch – zeichnet sich dadurch aus, dass die Festlegung auf einen bestimmten Ausgang der Handlung zugunsten einer Ergebnisoffenheit aufgegeben wird. Zwar geht dem eigentlichen Experiment immer eine Hypothese über dessen Ausgang voraus, doch besteht der Kern des Experiments gerade darin, sich darauf einzulassen, dass sich eben jene Hypothese durch die experimentelle Praxis möglicherweise als unzutreffend erweist. Experimentelles Handeln – auch jenseits klassischer naturwissenschaftlicher Konstellationen – bedeutet demnach, sich den ungewissen Ausgang der eigenen Handlung bewusst zu machen und dennoch nicht untätig zu bleiben, sondern genau diese Handlung trotzdem zu unternehmen.[19] Darin lässt sich die Figur des produktiven Umgangs mit der Ungewissheit wiedererkennen, die Ladeur beschreibt. Durch das Experiment werden neue Erkenntnisse gewonnen. Durch eine praktische Handlung wird somit Wissen generiert. Darin besteht das Moment der Produktivität.[20]

Aber auch in den projektbezogenen Handlungsformen und dem Ad-hoc-Modus ist die Figur des Experiments präsent. Ein Experiment ist

18 Vgl. Schmid, Verena: *Dynamiken lokaler Flüchtlingshilfe. Engagement im Spannungsfeld von Staat und Zivilgesellschaft.* Wiesbaden: Springer Fachmedien 2022, S. XIII u. 99ff.

19 Zum Verhältnis von Experiment und Kontingenz vgl. Rheinberger, Hans-Jörg: *Spalt und Fuge. Eine Phänomenologie des Experiments.* Berlin: Suhrkamp 2021, S. 200.

20 Vgl. ebd., S. 16.

immer ein Ausprobieren von etwas, eine praktische Überprüfung einer Hypothese, die je nach Ergebnis flexibel angepasst werden und in einem weiteren Versuch erprobt werden muss. Die Situationsbezogenheit des Ad-hoc-Modus beinhaltet eben jenes flexible Ausprobieren und auf unerwartete Ergebnisse Reagieren. Sei es die Krisenbewältigung im Ad-hoc-Modus oder seien es die projektbezogenen Organisationsformen – stets sorgt die Komplexität der Prozesse für eine Ungewissheit ihres Ausgangs, was ebenfalls bei der Figur des Experiments der Fall ist, indem mit flexiblen Hypothesen auf zu ergründende komplexe Prozesse reagiert wird.

Einen ähnlichen Modus beschreibt der Literaturwissenschaftler Hans Ulrich Gumbrecht in seinem Text *Weltgeist im Silicon Valley. Leben und Denken im Zukunftsmodus*. Darin entwirft er die Begriffe des ›intensiven Lebens‹ und ›riskanten Denkens‹. Das riskante Denken ist »kontraintuitiv[]« und geht das Wagnis ein, »Stabilität infrage [zu] stellen«[21]. Damit bildet es die »Alternative zur Alltagsvernunft«[22]. Den Begriff des intensiven Lebens konstruiert Gumbrecht unter Rückgriff auf Gilles Deleuze' und Félix Guattaris Konzept der ›Intensität‹. Gumbrecht interpretiert den Intensitätsbegriff als »eine – sich außerhalb von Individuen vollziehende – Bewegung, die ausgehend von maximaler Kontingenz und Offenheit [...] über eine mittlere Stufe oder Ebene der konkreten Formen hin zu einer Verdichtung führt, die existenziell wie physisch bedrohlich werden kann«[23]. Die gegenwärtige Konkretion dieser Lebens- und Denkstile sieht Gumbrecht im Silicon Valley. Dabei nimmt er allerdings eine wichtige Einschränkung vor, die auch für die vorliegende Arbeit wesentlich ist. Die experimentelle Offenheit ist keinesfalls ein Freibrief für neoliberale, kapitalistische, negative Freiheit und Verwertungs- bzw. Konsumlogik.[24] Wer sich wie ›Elon Musk, Peter Thiel und Mark Zuckerberg‹ – dies sind die Beispiele von Gumbrecht – ›bestenfalls nur noch mit der Inszenierung‹ der technologischen Entwicklung – man könnte auch sagen mit ihrer Vermarktung und der Selbstvermarktung der vermeintlichen eigenen Pionierstellung – beschäftigt, bedient damit lediglich ein Businessmodell und verkörpert keinesfalls das intensive Leben und das riskante Denken.[25] Das intensive Leben ist lediglich

21 Gumbrecht, Hans Ulrich: *Weltgeist im Silicon Valley. Leben und Denken im Zukunftsmodus*, herausgegeben von René Scheu, Zürich: NZZ Libro 2018, S. 25.

22 Ebd., S. 25.

23 Ebd., S. 27.

24 Ein Argument, das in ähnlicher Form bereits in Bezug auf den Foucault'schen Liberalismusbegriff formuliert wurde.

25 Vgl. Gumbrecht, Weltgeist im Silicon Valley, S. 18; die Reihe der von Gumbrecht benannten Personen gewinnt im Lichte der Entwicklungen um die erneute Wahl Donald Trumps zum US-Präsidenten und dessen Amtseinführung am 20. Januar 2025 an zusätzlicher Brisanz. Neben dem bereits seit

dort zu finden, wo eine Vision verfolgt und ein messianischer Glaube gehegt wird. Gumbrechts Anspielung auf den Begriff des Messianismus, der aus der jüdischen Tradition stammt und später vor allem von Walter Benjamin geprägt wurde und der eine Heilserwartung beschreibt, die sich in einem historischen Moment konkretisiert, der einen Spalt eröffnet, durch den eine andere Welt, eine mögliche Zukunft und die in ihr liegende Befreiung greifbar erscheint, illustriert das notwendige weltverändernde Potential, das dem riskanten Denken und intensiven Leben zugrunde liegt.[26] Gumbrecht führt dieses weltverändernde Potential mithilfe einer spezifischen Interpretation von Hegels ›Weltgeist‹ näher aus. Es geht hierbei um »die räumliche ›Konzentration‹ eines Wirkungszentrums, das ›über die Welt übergreift‹ und in wenigen Jahren den Alltag (fast) aller Menschen und ihre Zukunftsmöglichkeiten nicht weniger tief greifend verändert hat als ihre Zukunftsbedrohungen.«[27] Dies trifft auf das Silicon Valley durchaus zu. So haben die dort entwickelten (Medien-)Technologien den Alltag der Menschen weltweit innerhalb weniger Jahre tiefgreifend verändert. Wie heutzutage im Diskurs über die künstliche Intelligenz und die Wirkung der Algorithmen mehr denn je wahrzunehmen ist, wird vielfach auch die ›Zukunftsbedrohung‹ dieser Technologien diskutiert. Dieser dystopischen Facette der Medientechnologie ist im Angesicht der medienanthropologisch betrachtet stets gegebenen Vereinigung von Mensch und Technik im Akt der Praxis allenfalls skeptisch zu begegnen – die Transgression der imaginierten Grenze von Subjekt und Technik ist kein Novum –, allerdings ist Gumbrechts These beizupflichten, dass das Smartphone und die sozialen Netzwerke die Lebenswelt der Menschen grundlegend verändert haben. Gumbrecht betont in

Längerem rechts-autoritäre Ideologien unterstützenden Peter Thiel, signalisiert *Meta*-Chef Mark Zuckerberg Offenheit für die rechts-autoritären Pläne des US-Präsidenten und Elon Musk nimmt sogar personell eine Protagonistenrolle im Personaltableau Trumps ein und avanciert – zumindest auf inszenatorischer Ebene – zu einer Art Programmatiker und ›Regierungsmanager‹. Gumbrechts Skepsis manifestiert sich demnach heute stärker denn je.

26 Zum Begriff des Messianismus vgl. Liska, Vivian: »Messianism and the Law«, in: Vittoria Borsò et al. (Hg.): *Benjamin – Agamben. Politik, Messianismus, Kabbala*. Würzburg: Königshausen & Neumann 2010, S. 11–12, S. 11. Kritisch ist allerdings anzumerken, dass das Konzept des Messianismus in seiner traditionellen Lesart auf eine ›transzendente Figur‹ setzt, die in die Gegenwart von einem anderen Ort einbricht und die erwartete Erlösung bzw. Befreiung bringt. Dies widerstrebt der Idee der Immanenz, die der hier entworfenen Theorie zugrunde gelegt wird. Erst in jüngerer Zeit wurde der Begriff mit immanenter ›radikaler Politik‹ gegen das repressiv Bestehende in Verbindung gebracht. Aufgrund dieser Problemstellungen wird der Messianismusbegriff hier nicht weiterverfolgt.

27 Gumbrecht, Weltgeist im Silicon Valley, S. 17.

diesem Zusammenhang nochmal, dass es ihm in seiner Argumentation vor allem um die Praxis des Programmierens geht und nicht um den vom ihm als ›flach‹ erachteten Silicon-Valley-Diskurs von einer ›besseren Welt durch Elektronik‹.[28]

Im Kontext des Programmierens zeigt sich auch der Experimentalcharakter besonders deutlich. Es ist eine Praxis des Tüftelns und des Ausprobierens. Wie oben bereits erwähnt, verläuft sie nicht linear und verzichtet auf eine teleologische Festlegung. Auch ihre institutionelle Rahmung ist projektbezogen und flexibel. Sie gliedert sich damit in die oben geschilderten Erläuterungen zur projektbezogenen Kooperation ein.

Die Gesellschaft der Netzwerke und ihre spezifische Netzwerksubjektivität befördern dieses riskante Denken und die experimentelle Praxis. In Abgrenzung zur Gesellschaft der Organisationen löst sie die Bindung des Subjekts an stabile Gruppenzugehörigkeiten auf.[29] So wurde das Subjekt in der Gesellschaft der Organisationen vor allem als Teil verschiedener Gruppen betrachtet, wodurch der Fokus weniger auf seiner individuellen Freiheit und seinen Gestaltungspotentialen lag. Gestaltung war hier nur über Organisationen vorgesehen (Parteien, Gewerkschaften, Berufsverbände, etc.), nicht aber über persönliche Entfaltung.[30] Der experimentelle und explorative Umgang mit der Ungewissheit und die ›loose-ties‹ der projektbezogenen Zusammenschlüsse befördern die individuellen, freien Möglichkeitsräume des Subjekts. Die Netzwerkgesellschaft löst das Subjekt wieder aus der Kollektivierung der Gesellschaft der Organisationen. Dabei stellt sie allerdings keine bloße Rückkehr zur Gesellschaft der Individuen dar. So ist ihr Individualismus kein Rückzug in die Privatheit als Entkopplung von der Gesellschaft. Vielmehr betont sie die Verwobenheit des Subjekts mit seiner Umgebung, die seine Subjektivität in einem Netz entstehen lässt. Es ist eine Sozialität des Ungebundenen.

2. *Dezentrale Wissensproduktion*

Aufbauend auf den dezentralen Handlungsformen entstehen ebenso dezentrale Formen der Wissensproduktion. Das Wissen geht dabei nicht mehr aus einer bestimmten, hierarchisch abgegrenzten und zentral organisierten Quelle hervor, sondern aufgrund der vernetzten

28 Vgl. ebd., S. 17.

29 Vgl. Vesting, Computernetzwerke, S. 154.

30 Vgl. Ladeur, Recht – Wissen – Kultur, S. 77; »Die spontane distribuierte gesellschaftliche Erfahrung, an der eine Vielzahl von Akteuren beteiligt ist, wird mehr und mehr infolge einer Dynamisierung der Wissensproduktion durch das Expertenwissen überlagert, das systematisch in Organisationen (nicht mehr spontan in der Gesellschaft) erzeugt wird«.

Kommunikationswege kann jedes Subjekt Urheber eines sich rasant verbreitenden Wissens werden. Im Laufe dieser netzwerkartigen Verbreitung wird dann auch die Urheberschaft – sollte sie nicht bereits von vornherein durch Anonymität gekennzeichnet sein – immer unbedeutender. Das Wissen transzendiert in das Netzwerk selbst und löst sich von seinem Urhebersubjekt ab. In diesem Sinne sind die Netzwerkstrukturen, die die gegenwärtigen Kommunikationsformen prägen, entscheidend für die Formierung der gesellschaftlichen Wissensbestände und gleichzeitig wird auch die Organisationsform des Wissens selbst durch seine Transzendenz in das Netzwerk von eben diesem Netzwerkparadigma beeinflusst.

Dieser Zusammenhang soll im Folgenden systematisiert werden. Als Erstes ist dabei das Konzept der sogenannten Knotenpunkte zu erläutern. Anschließend wird dieses Konzept am Beispiel der Theorie zur Kulturtechnik der Software-Entwicklung ausdifferenziert.

a. Selbstinstitution des Netzwerks und Knotenpunkte

Die Knotenpunkte stellen ein wesentliches Element für die Erklärung der wissensgenerierenden Funktion der Netzwerke dar. Sie sind das Ergebnis eines komplexen Selbstinstituierungsprozesses des Netzwerks.[31] Stellt man sich eine Menge an Subjekten vor, die in einer Reihe von Sprechakten versucht Kommunikationssituationen zu konstituieren, so lassen sich die Kommunikationsversuche als von den Subjekten ausgehende Vektoren visualisieren. Diese Vektoren durchziehen den Raum, bis sie auf andere Subjekte oder Inhalte treffen, mit denen sie interagieren können. Das Netzwerk existiert somit nicht a priori, sondern wird erst durch Kommunikation instituiert. Dabei sind die potentiellen Kommunikationssituationen dadurch gekennzeichnet, dass das gängige Sender-und-Empfänger-Modell dahingehend zu spezifizieren ist, dass die Empfängerposition zunächst offen bleibt und von einer Vielzahl von potentiellen Subjekten besetzt werden kann, wodurch dynamische und flexible Austauschbarkeiten entstehen.[32] Netzwerkkommunikation ist somit immer auch offene Kommunikation. In diesem von Vektoren durchzogenen potentiellen Kommunikationsraum bilden sich im Laufe der Zeit Punkte,

31 Vgl. Vesting, Computernetzwerke, S. 56f.; »Übergang von einer hierarchisch-zentralistischen zu einer heterarchisch-azentrischen Kultur, von einer von einem einzigen Punkt aus zu einer durch viele große und kleine Knoten und ihre Verbindungen geprägten Kultur«, »Netzwerkbegriff [...] als ein Set von durch Verknüpfungen verbundenen Knoten«; vgl. Castells, Network Society, S. 470.

32 Vgl. Vesting, Computernetzwerke, S. 56f.

an denen eine Vielzahl von Vektoren aufeinandertrifft und somit komplexe Kommunikationssituationen und Wissensakkumulationen entstehen. Diese Kreuzungspunkte sind die oben genannten Knotenpunkte. Sie stellen eine Konzentration von einzelnen Wissens- und Kommunikationsströmen dar, durch die sich das Netzwerk selbst ordnet. Dabei korrespondieren sie mit dem, was in den vorherigen Kapiteln als gesellschaftliche Wissensbestände bezeichnet wurde. Die gesellschaftlichen Wissensbestände grenzen sich von partikularen Wissensbeständen dadurch ab, dass sie innerhalb gesellschaftlicher Diskurse gemeinsame, das heißt geteilte, Anknüpfungspunkte bilden und die Diskurse dadurch strukturieren. Ebenso sind auch die Knotenpunkte ordnungsstiftende Elemente, die die Kommunikation im Netzwerk strukturieren. An dieser Stelle zeigt sich die enge Beziehung zwischen dem Diskursbegriff und dem Netzwerkbegriff. Beides sind Begriffe, die in der vorliegenden Arbeit zur Konturierung des sozialimmanenten und kontingenten Konstitutionsprozesses von Wissensbeständen benutzt werden. Dabei weisen sie auch strukturelle Ähnlichkeiten wie die verzweigte Struktur, das Interaktionspotential der Subjekte, die kontingente und flexible Konstitution und die (Selbst-)Regulierung durch entsprechende Strukturelemente (Machteffekte, Knotenpunkte) auf.

Neben den gesellschaftlichen Wissensbeständen bzw. den Knotenpunkten existieren im Netzwerk ferner auch weitere partikulare Wissensbestände, die mit den transformativen bzw. devianten Praktiken aus den vorherigen Kapiteln korrespondieren und die – sollten sie zu Knotenpunkten werden – ebenfalls zu gesellschaftlichen Wissensbeständen werden können.

b. Knotenpunkte durch Operationen der Bezugnahme

Wesentlich für die Entstehung von Knotenpunkten sind Formen der Bezugnahme. Unter ihnen sind das Zitat, die Referenz, die Variation und die Abgrenzungen die wohl Maßgeblichsten. Durch wiederholte Bezugnahmen bilden sich innerhalb der Diskurse dominante Referenzpunkte heraus. Diese strukturieren die Diskurse und üben bestimmte Machteffekte aus, indem sie das Sagbare vorstrukturieren und seine Grenzen festlegen. Diese Überlegungen schließen hier vollständig an den Foucault'schen Diskursbegriff an.

Die Existenz der Knotenpunkte hängt in diesem Modell somit von ihrer praktischen Benutzung ab. Durch die wiederholten Operationen der Bezugnahme entscheidet sich, ob ein Knotenpunkt als dominanter Referenzpunkt entsteht und wann dieser möglicherweise wieder zerfällt. In diesem Sinne lässt sich von einem Bottom-up-Modell sprechen, in dem kein (Zentral-)Subjekt die Macht darüber hat, die Diskurse zu strukturieren, sondern diese Funktion in die netzwerkförmige und netzwerkbildende Praxis selbst transzendiert.

c. Knotenpunkte und Software-Entwicklung

Eine weitere Annäherung an den Begriff der Knotenpunkte ergibt sich aus einer kulturwissenschaftlichen Analyse der Software-Entwicklung, sprich den sogenannten *software studies*. Nicht nur ist das Softwareprodukt als solches ein wichtiger Bestandteil der Medientechnologie der Netzwerkgesellschaft, indem es zur Wissensproduktion beiträgt, sondern vielmehr ist auch sein Entwicklungsprozess netzwerkartig strukturiert, wie der Medienwissenschaftler Markus Krajewski gezeigt hat. Die Entwicklung von Software folge dem Muster von »Verzweigen, Kopieren und Verschmelzen«[33]. Dabei werde an bestimmten Punkten des Entwicklungsprozesses der bisher entwickelte Code kopiert und vervielfältigt (*copy*-Befehl). Dadurch wird der Code verzweigt (*branch*-Befehl) und die unterschiedlichen Varianten existieren parallel.[34] Aufbauend auf dem Teil des Codes, der *vor* dem (Knoten-)Punkt liegt, entwerfen die verschiedenen Entwicklungslinien jeweils unterschiedliche Fortführungen des bis zum Knotenpunkt gemeinsam entwickelten Codes. So entsteht eine Reihe ›loser Enden‹, die ihrerseits ›mögliche Zukünfte‹ repräsentieren.[35] Schließlich vereint der *merge*-Befehl die konkurrierenden Entwicklungslinien und erzeugt eine Konvergenzbewegung.[36]

Dieses Beispiel aus der Software-Entwicklung ist für die Beschreibung der wissensgenerierenden Funktion der Netzwerke im Allgemeinen aus vier Gründen bedeutend: 1) die Deutung der Selbstinstituierung als evolutionäres Schema, 2) geteilte Referenzpunkte, 3) Konvergenzbewegungen als Anbahnung von (neuen) Knotenpunkten und von diesen ausgehende Divergenzbewegungen als evolvierende Exploration, 4) das Transformationspotential der in den ›losen Enden‹ liegenden Parallelwelten und Zukunftsvisionen.

Als Erstes fällt die netzwerkartige Struktur des Entwicklungsprozesses auf, die vor allem durch verschiedene Knotenpunkte und von diesen abgehende Zweige gekennzeichnet ist. Krajewski bezeichnet diese Struktur auch als »evolutionäres Schema«[37]. Diese Feststellung erinnert an die oben bereits beschriebene Selbstinstituierungsfunktion der Netzwerke. Aus sich selbst heraus wird das Netzwerk durch Interaktionen konstituiert. Dabei

33 Krajewski, Verzweigen, Kopieren, Verschmelzen, S. 88.
34 Vgl. ebd., S. 75.
35 Vgl. ebd., S. 72 u. 78.
36 Vgl. ebd., S. 76.
37 Ebd., S. 72.

stellt auch Krajewskis Modell die Bedeutung von Knotenpunkten als gemeinsame Referenzpunkte heraus. Die in den Knotenpunkten zusammenlaufende Entwicklung wird von allen vom Knotenpunkt ausgehenden Versionen übernommen und dient somit als gemeinsamer Referenzpunkt, der die weitere Entwicklung strukturiert. Krajewski selbst zieht hier die Parallele zur Intertextualitätstheorie, indem er schreibt:

> Fließen doch selbst in den kohärentesten, für sich stehenden Text immer schon vorgängige Bausteine ein wie bestimmte Formulierungen, Erzählmuster oder theoretische Begriffe, implizite Bezugnahmen oder (un-)ausgewiesene Inspirationen, explizit übernommene Denkfiguren oder wörtliche Zitate, die ein Text (re-)kombiniert und zusammen zu etwas Neuem fusioniert.[38]

Auf der einen Seite fließt in jegliche vom Knotenpunkt ausgehende Version all das ein, was vor ihr liegt, und auf der anderen Seite verweist Krajewski auch auf die Formen der Bezugnahme.

Neben den Entwicklungslinien, die zu Knotenpunkten zusammengelaufen sind und die somit als strukturierende Referenzpunkte im vorliegenden Modell den gesellschaftlichen Wissensbeständen entsprechen, existieren die bereits angesprochenen ›losen Enden‹. Sie beinhalten all jene Entwicklungsmöglichkeiten, die sich schlussendlich nicht haben durchsetzen und zu Knotenpunkten werden können. Sie sind die ›Parallelwelten‹, wie Krajewski sie nennt, die die möglichen Zukünfte beinhalten und die als (gesellschaftliche) Transformationsräume betrachtet werden können. Sie entsprechen dem, was einleitend als partikulare Wissensbestände bezeichnet wurde, und bilden somit den funktionalen Gegensatz zu den gesellschaftlichen Wissensbeständen. Wie oben bereits beschrieben, können sie zwar grundsätzlich zu gesellschaftlichen Wissensbeständen werden, werden sie dies jedoch nicht, existieren sie als transformative Praktiken sprichwörtlich ›unter dem Radar‹. Für die Entwicklung des Neuen bildet somit der durch Konvergenzbewegung erreichte (Minimal-)Konsens in Form des Knotenpunktes eine notwendige Grundlage, jedoch keinesfalls eine hinreichende Konstituente, maßgeblich ist vielmehr die von ihm ausgehende Divergenzbewegung, die evolvierend Möglichkeiten des Neuen als Variationen des Bestehenden zur Exploration und Überwindung im Konsens bestehender (System-)Grenzen erprobt. Hierin schließt die dezentrale Wissensproduktion nahtlos an die zuvor vorgestellten dezentralen Handlungsformen an.

Netzwerke generieren Wissensbestände also durch ihre Selbstinstituierungsfunktion. Dabei sind Formen der Bezugnahme und der Verzweigung maßgeblich für die Herausbildung zentraler Bezugspunkte. Durch netzwerkartige Praxis (Interaktion, Bezugnahme) entsteht somit das Netzwerk und das sich in ihm befindliche Wissen.

38 Ebd., S. 85f.

3. Medientechnik der Netzwerke

Punktuell wurde die Rolle der Medientechnik in den Prozessen der Netzwerkgesellschaft bereits angesprochen. Im Folgenden wird diese anhand von grundsätzlichen Überlegungen zu ihrer Funktionalität und anhand von zwei historischen Fallbeispielen vertieft. Dabei wird herausgearbeitet, inwiefern die Medientechnik als entscheidende Konstituente im Feld der Subjektivität fungiert, und wie sie an Subjektivitätsbildungsprozessen der Selbstermächtigung beteiligt ist. Diese Subjektivitätsbildungsprozesse der Selbstermächtigung – und mit ihnen die Medientechnik – sind die Grundlage der gesellschaftlichen Selbstorganisation.

a. Soziale Netzwerke I: Neue Kommunikationsstrukturen im beginnenden 21. Jahrhundert

Die dezentralen Organisations- und Interaktionsformen der Netzwerkgesellschaft setzen bestimmte Kommunikationswege voraus, die ihrerseits durch ein spezifisches Arsenal an Medientechnologien gewährleistet werden. Die wichtigsten Funktionen dieses Medienarsenals bestehen im Informationsmanagement, insbesondere der Verbreitung und Organisation von Informationen, in der dauerhaften Erreichbarkeit und im Interaktionspotential.

Eine der wichtigsten Medientechnologien in Bezug auf die postmoderne Wissensproduktion durch Interaktion sind die sogenannten Plattformen bzw. die sozialen Netzwerke. Sie erschaffen Kommunikationssituationen, in denen ein einzelner Sender sich an eine beliebige Anzahl an Empfängern richtet. Bei entsprechenden Privatsphäreeinstellungen ist eine vom Sender geteilte Information somit potentiell allen Nutzern der Plattform zugänglich. Ob schließlich tatsächliche Kommunikationssituationen zustande kommen, hängt davon ab, ob und inwieweit andere Nutzer mit einem Beitrag interagieren. Die Anzahl und Intensität der Interaktionen spielen daraufhin auch eine wichtige Rolle dabei, ob der Beitrag noch weitere Nutzer erreicht. Hier lassen sich bereits die Parallelen zur Wissensproduktion in Netzwerken erkennen. Ein Sender schickt eine Information in den (virtuellen) Raum, die dort auf eine Vielzahl potentieller Empfänger trifft. Durch Interaktionen der Empfänger mit dem Beitrag des Senders, werden sie selbst zu Sendern und es können sich Knotenpunkte bilden, an denen sich Wissen und Debatten konzentrieren, oder in der Sprache der Plattformen: »ein Beitrag geht viral«. Das in der Alltagssprache fundierte Spiel mit der Viralität deutet bereits darauf hin, dass es um die rasante Verbreitung von Informationen geht, womit die erste der einleitend genannten Funktionen der Netzwerkmedien angesprochen ist. Die Informationsverbreitung wird dabei durch

Algorithmen gesteuert, die mittels verschiedener Parameter die Reichweite von Beiträgen regulieren. Die Parameter beruhen hierbei vor allem auf bereits erfolgten Interaktionen (sogenannte Reaktionen, früher ›Gefällt-mir-Angaben‹ genannt, Kommentaren, Teilen, usw.) und dem Interaktionspotential (Trendig Topics, *X*, früher *Twitter*, zeigt dem Nutzer eigens dafür bspw. eine separate *Trends*-Kategorie; Vorschaubilder, usw.). Indem die Algorithmen die Verbreitung von Informationen steuern, beschleunigen sie nicht nur die Verbreitung (bestimmter) Informationen, sondern strukturieren diese zugleich. Im Zeitalter des Internets, in dem die Masse an Informationen mit der bisherigen Medientechnologie und den menschlichen Kapazitäten nicht zu bewältigen wäre, übernehmen Algorithmen eine wichtige Funktion bei der Organisation und Vorstrukturierung von Informationen. Dies zeigt sich zum Beispiel bei Online-Suchmaschinen wie *Google*. Auch hier werden die Suchergebnisse durch einen Algorithmus vorsortiert und in der Reihenfolge aufgelistet, wie der Nutzer sie wahrscheinlich rezipieren wollen wird.

Die radikal beschleunigte Verbreitung von Informationen, ihre algorithmische Organisation und die ihre Reichweite steuernden Interaktionen führen dabei zu einer neuen Reichweite von Privatpersonen. Die sozialen Netzwerke ermöglichen es Einzelpersonen, eine zuvor unvorstellbare Reichweite für ihre Informationen zu generieren. Vor der Zeit der sozialen Netzwerke war die Reichweite das ›Privileg‹ großer Medienhäuser. Sie konnten darüber entscheiden, welche Informationen millionenfach in den öffentlichen Raum gebracht werden. Hierin zeigt sich der Übergang von der Gesellschaft der Organisationen zur Gesellschaft der Netzwerke. So bedarf es nicht mehr einer etablierten Organisation, die Reichweite strukturell besitzt, sondern diese wird von den Netzwerken dem Individuum unter bestimmten Bedingungen zur Verfügung gestellt. Zwar stehen hinter den meisten Plattformen immer noch profitorientierte Unternehmen, die mit der Programmierung ihrer Algorithmen durchaus einen erheblichen Einfluss darauf haben, welche Informationen sich verbreiten und welche nicht, allerdings hat sich die Rolle der Sender gravierend verändert, da nicht mehr nur ausgebildete Journalisten, die in finanzieller und organisationaler Abhängigkeit zum Medienhaus stehen, Reichweite generieren können, sondern auch Privatpersonen, an die keinerlei formale Anforderungen gestellt werden. Auf der Grundlage dieses Paradigmenwechsels hat sich nicht nur die Struktur des öffentlichen Raums verändert, sondern auch wichtige zu ihm gehörende rechtliche Konstrukte wie die Meinungsfreiheit und das allgemeine Persönlichkeitsrecht müssen im Lichte der veränderten Kommunikationsformen neu ausgelotet werden. An diesem Beispiel zeigt sich, wie Medien zur Grundlage neuer (Praxis-)Formen werden, wie diese öffentliche Wissensstrukturen verändern und wie dadurch letztendlich auch das Recht transformiert wird.

b. Soziale Netzwerke II: Selbstorganisation durch Medientechnik. Zwei Szenen der 2010er Jahre

Die neuen Kommunikationswege, die die Medientechnik der sozialen Netzwerke bereitstellt, eröffnen gleichsam ein neues Potential gesellschaftlicher Selbstorganisation bzw. politischer Ordnungsbildung. Dieser Vorgang lässt sich an zwei Beispielszenen aus den 2010er Jahren erläutern. Zum einen anhand des Arabischen Frühlings, in dem die sozialen Netzwerke zur freiheitlichen Selbstorganisation gegen die autoritären Regime genutzt wurden, und zum anderen anhand rechtspopulistischer Diskurse, die im Sinne einer Para-Politik von rechtspopulistischen Akteuren dazu genutzt werden, um politische Veränderungen durch (Des-) Informationsstrategien zu erzeugen. Die beiden Szenen stehen sowohl ideologisch als auch zeitgeschichtlich konträr zueinander. So wurden die sozialen Netzwerke im Arabischen Frühling als eine wichtige Infrastruktur genutzt, um den Autoritarismus zu überwinden, während die Rechtspopulisten sie nutzen, um einem neuen Autoritarismus Vorschub zu leisten. Ferner markiert der Arabische Frühling den Beginn der 2010er Jahre und gliedert sich damit in einen allgemeinen Netzkulturoptimismus ein, der unter anderen mit Stichwörtern wie *liquid democracy*, dem Aufstieg der Piratenpartei und den Enthüllungen des Hackerkollektivs »Anonymous« verbunden ist, während die Omnipräsenz rechtspopulistischer (Des-)Informationsstrategien das Ende der 2010er Jahre markiert, wo die sozialen Medien als Ursache von gesellschaftlicher Spaltung und der Verbreitung von (politischem) Hass betrachtet werden. Das medienhistorische Nachzeichnen dieser Entwicklung und die Untersuchung der Rolle der Plattformen und ihrer Betreiber in diesem Prozess ist zweifelsohne aufschlussreich; es steht hier allerdings nicht im Vordergrund. Vielmehr geht es darum zu zeigen, wie die neuen Strukturen der Netzwerkkommunikation als kulturelle Infrastruktur der Selbstorganisation genutzt werden, und wie sie neue Formen der Wissensproduktion im Netzwerk eröffnen.

Beim ›Arabischen Frühling‹ handelt es sich um eine Reihe von Protesten gegen die diktatorischen Regime in Tunesien, Ägypten, Bahrain, Libyen, Syrien und dem Jemen in den Jahren 2010 und 2011, die in Bezug auf die (sozialen) Medien eine Doppelstruktur aufweisen: einerseits wird den sozialen Netzwerken eine essentielle Rolle bei der dezentralen (Selbst-)Organisation der Proteste zugeschrieben, andererseits waren die Proteste als Medienereignis simultan in der ganzen Welt präsent.[39] Die Struktur der Proteste ist dabei ein Novum. Es handelt sich bei ihnen um

39 Zum Arabischen Frühling als Medienereignis in kritischer Perspektive vgl. Hafez, Kai: »Einleitung. Der Arabische Frühling als Medienereignis. Eine paradoxe Intervention mit Folgen für das deutsche Islambild?«, in: ders.

›nicht-hierarchische Aufstände‹ (non-hierarchical uprisings), in denen es – insbesondere in der Anfangsphase – keine Führungsfiguren gibt.[40] Es ist vielmehr eine »grassroots mobilization«[41], die sich auch durch die Abwesenheit von Interventionen internationaler Akteure bemerkbar macht. Die neuen Kommunikationswege der sozialen Medien, in denen einzelne Privatpersonen eine massive Reichweite generieren können, bieten einer Vielzahl von Individuen die Möglichkeit der Partizipation am Protest, wobei die Partizipation hier nicht einfach als demokratietheoretisches Ideal der Legitimation durch Partizipationsmöglichkeit verstanden wird, sondern als schöpferischer Möglichkeitsraum, der durch eine aktive Betätigung gestaltet wird.[42] Diese Phase der Proteste zeichnet sich durch die Abwesenheit traditioneller politischer Ideologien und Parteien aus.[43] Hier lässt sich die Brücke zu Castells' Konzept der Netzwerkgesellschaft schlagen, der selbst in späteren Werken die Protestformen des Arabischen Frühlings als die der sozialen Bewegungen der Netzwerkgesellschaft bezeichnet hat, die typischerweise keine Führungsfiguren besäßen, Organisationshierarchien durch heterarchische Strukturen ersetzt hätten und Macht nicht mehr Personen zugestehen, sondern dezentral im Netzwerk selbst ansiedeln wollen.[44] Sie machen somit das zu einem expliziten Prinzip der Organisation, was im poststrukturalistischen Machtbegriff ohnehin angelegt ist, und zwar, dass Macht nicht von einer souveränen Entität besessen wird, sondern im kulturellen Geflecht, dem Netzwerk, operiert. Der Paradigmenwechsel, den diese neue politische Organisationsform bedeutet, zeigt sich nicht zuletzt daran, dass, hätte es Führungsfiguren gegeben, diese von den diktatorischen Machthabern mutmaßlich inhaftiert oder hingerichtet worden wären, um die Proteste im Keim zu ersticken.[45] Durch das Fehlen solcher Führungsfiguren und die Verteilung der (Organisations-)Macht in dezentralen Netzwerken ist die Macht der Protestierenden für die diktatorischen Machthaber nicht greifbar, da sie sich nicht in isolierten Entitäten konkretisiert. Dies zeigt, wie die alten politischen Machtformen von den Netzwerkformen ausgespielt werden und unfähig sind, ihnen auf strategischer Ebene habhaft zu werden.

(Hg.): *Arabischer Frühling und deutsches Islambild. Bildwandel durch ein Medienereignis?* Berlin: Frank & Timme 2013, S. 7–25, S. 10.

40 Vgl. Arafa, Mohamed und Crystal Armstrong: »›Facebook to Mobilize, Twitter to Coordinate, Protests, and YouTube to Tell the World‹. New Media, Cyberactivism, and the Arab Spring«, in: *Journal of Global Initiatives. Policy, Pedagogy, Perspective* 2015 (Bd. 10, Nr. 1), S. 73–102, S. 75.

41 Ebd., S. 75.

42 Vgl. ebd., S. 75.

43 Vgl. ebd., S. 75.

44 Vgl. Kidd, Dustin und Keith McIntosh: »Social Media and Social Movements«, in: *Sociology Compass* 2016 (Bd. 10, Nr. 9), S. 785–794, S. 786.

45 Vgl. Arafa/Armstrong, New Media, Cyberactivism, and the Arab Spring, S. 75.

Die Effizienz der über die sozialen Netzwerke organisierten Protestform liegt allerdings zusätzlich in der Art und Weise, wie sie digitale und physische Orte miteinander kombiniert und sie als Komplementärfunktionen begreift.[46] Dabei spielten insbesondere zentral gelegene Plätze in großen Städten eine wichtige Rolle. Immer wieder finden hier Spontankundgebungen und Versammlungen statt, durch die der virtuell organisierte Protest in den traditionellen öffentlichen Raum eindringt und wichtige Bilder für sein Narrativ produziert.[47]

Das Bild der Proteste des Arabischen Frühlings als dezentrale gesellschaftliche Selbstorganisation, so wie es hier bisher entworfen wurde, trifft dabei vor allem auf die Anfangsphase der Aufstände zu. Mit der Zeit wird auch hier die netzwerkförmige Organisation zentralisierter und es bilden sich durchaus prominente Figuren heraus.[48] Dieser Übergang von einer Netzwerkstruktur zu einer Struktur der Institutionen unterstreicht allerdings den hier zu machenden Punkt. Das Beispiel des Arabischen Frühlings verdeutlicht an dieser Stelle, dass Institutionen immer aus einem Netzwerk dezentraler Praktiken und Wissensbestände hervorgehen, und das Netzwerk somit als institutionsgebende Macht fungiert. Es ist gerade die ordnungsbildende Funktion durch spontane und flexible Selbstregulierung, die den Netzwerken inhärent ist, und in der ihre erhebliche Bedeutung für die freiheitliche Selbstorganisation liegt.

Zum Abschluss der Diskussion des Arabischen Frühlings als einem Fallbeispiel für die freiheitliche gesellschaftliche Selbstorganisation durch die Medientechnik der Netzwerke soll noch einmal deren spezifische medientechnische Funktionalität beleuchtet werden. So twittert ein anonymer Aktivist am 25. Januar 2011, dem Beginn der ›Revolution‹ in Ägypten: »›Facebook to schedule the protests, Twitter to coordinate, and YouTube to tell the world‹«[49]. Dies zeigt, dass von den Aktivisten sowohl die spezifischen Funktionsweisen der einzelnen sozialen Netzwerke treffend erkannt und effizient genutzt wurden, und dass die Generierung von landes- und weltweiter Reichweite ein wesentliches Prinzip war (tell the world). Ferner gilt es sich im zeithistorischen Kontext zu vergegenwärtigen, dass *Facebook* und der hinter ihm stehende Konzern zu Beginn der 2010er Jahre noch längst nicht das weltweit dominierende

46 Vgl. Suwana, Fiona: »What Motivates Digital Activism? The Case of the Save KPK Movement in Indonesia«, in: *Information, Communication & Society* 2019/2020 (Bd. 23, Nr. 9), S. 1295–1310, S. 1296; vgl. Arafa/Armstrong, New Media, Cyberactivism, and the Arab Spring, S. 73.

47 Vgl. ebd., S. 77f.

48 Vgl. Chen, Zhuo, Poong Oh und Anfan Chen: »The Role of Online Media in Mobilizing Large-Scale Collective Action«, in: *Social Media + Society* 2021 (Bd. 7, Nr. 3), S. 1–13, S. 3.

49 Zit. nach Arafa/Armstrong, New Media, Cyberactivism, and the Arab Spring, S. 90.

(Medien-)Unternehmen war, das es heute ist (aktuell unter dem Namen *Meta*). *Facebook* selbst wurde als Plattform damals noch als alternatives Medium betrachtet. ›Alternativ‹ in dem Sinne, dass es eine Alternative zu den etablierten Massenmedien bot und dass durch die Reichweite, die jeder Einzelne grundsätzlich generieren konnte, ein dezentrales News- und Informationsmanagement erstmals effizient und flächendeckend ermöglicht wurde.[50]

Diese spezifische Verwendung der Medientechnik der sozialen Netzwerke und ihre damit einhergehende (gesellschafts-)politische Wirkung ist das Resultat einer Praxis, die die sozialen Netzwerke durch Aneignung und (Neu-)Definition ihrer Zweckbestimmung zu einem effektiven Werkzeug der (Selbst-)Organisation transformiert.[51] Es sind eben jene kulturellen und sozialen Praktiken, die organisch um eine Medientechnik herum erwachsen.[52] Was ein Medium kann, was es seine Nutzer können lässt, und wovon es sie abhält, ist somit das Ergebnis eines komplexen sozialen Implementierungsprozesses, der in diesem Kapitel später auch auf theoretischer Ebene vertieft werden wird.

Als Vorbereitung dieser tiefergehenden theoretischen Reflexion ist es lohnenswert, sich vorher anzusehen, wie die sozialen Netzwerke in der zweiten Hälfte der 2010er Jahre zur medientechnischen Infrastruktur rechtspopulistischer (Des-)Informationsstrategien werden. Die zuvor erläuterten Funktionsweisen der Medientechnik werden hier durch ein Ensemble an sozialen Praktiken gewissermaßen ›umfunktioniert‹ und in den Dienst einer politischen Ideologie gestellt, die nicht die freiheitliche Selbstorganisation als Gegenentwurf zum Autoritarismus als Ziel hat, sondern die einem solchen Autoritarismus Vorschub leisten soll. Bemerkenswert ist dabei, dass diese populistische ›Vorbereitung des Autoritarismus‹ selbst alles andere als autoritär ist, sondern strikt den Handlungs- und Wissensproduktionsformen der Netzwerke folgt.

Die Funktionalität der Plattformen stellt sich dabei zum Ender der 2010er Jahre wie folgt dar: Aus der produktiven Vernetzung der Subjekte, die ihr schöpferisches Potential mobilisiert, scheint nun eine negative Fragmentierung geworden zu sein, die vermeintlich unüberbrückbare (ideologische) Gräben aufreißt. Dieses Problem konkretisiert sich insbesondere am Phänomen der sogenannten Filterblasen. Durch die Algorithmen der Plattformen werden die potentiell zugänglichen Informationen auf der Grundlage vergangener Interaktionen und prognostizierter Interaktionspotentiale gefiltert, was dazu führt, dass ›Echokammern‹ entstehen, in denen sich bestimmte Informationen fortwährend gegenseitig affirmieren und verfestigen. Dadurch entstehen bei den Nutzern

50 Vgl. ebd., S. 73 u. 89.
51 Vgl. ebd., S. 77.
52 Vgl. ebd., S. 87.

spezifische, partikulare Wissensbestände, die vielfach als Bedrohung des gesellschaftlichen Informationskonsens verstanden werden. Auf diese Weise bilden sich vermeintlich informationell und ideologisch abgeschlossene Gruppen, die für den häufig als ›Realität‹ beschriebenen und somit mit einem Wahrheitsanspruch belegten Informationskonsens nicht mehr zugänglich seien. In diesem Zusammenhang ist dann oft der reaktionäre Ruf nach einer zumindest partiellen Rückkehr von der Gesellschaft der Netzwerke zur Gesellschaft der Organisationen zu vernehmen, indem die Möglichkeit, dass Privatpersonen eine enorme Reichweite für ihre Informationen generieren können, einer Fundamentalkritik unterzogen wird und die vermeintliche redaktionelle Sorgfalt und Ausgewogenheit der großen Medienhäuser idealisiert wird. Ein zunächst überzeugenderer Mittelweg wird durch die Forderung nach einer stärkeren gesetzlichen Verpflichtung der Plattformen zur Redaktion der auf ihnen veröffentlichten Inhalte verkörpert. Dieser Ansatz geht allerdings zumeist fehl, da er als umfassende ex-ante-Regulierung gedacht wird, die die spezifische Funktionalität bzw. ›innere Logik‹ der Plattformen verkennt. Eine bessere Lösung bestünde in einer Mischung aus gesetzlichem Rahmen und dezentral selbstorganisierter Content-Curation, wie es zum Beispiel Vesting und Campos vorschlagen.[53]

Rechtspopulistische Akteure nutzen die algorithmische Informationsverbreitung und die Entstehung von Filterblasen gezielt als Teil ihrer informationspolitischen Strategien. Dabei machen sie sich die dezentrale wissensproduzierende Funktion der sozialen Netzwerke zunutze, die sie ebenfalls im Stile einer ›grassroots mobilization‹ bespielen. Entscheidend für die Informationsverbreitung und die Kreation von Filterblasen sind nicht die Haupt-Accounts der politischen Parteien, sondern die unzähligen Nutzer und Bots, die Beiträge erstellen, teilen und kommentieren. Sie ›fluten‹ zum Teil ganze Kommentarspalten und nutzen die Funktionsweisen der sozialen Netzwerke auf die Weise, wie sie am effizientesten funktionieren – und zwar eben als Netzwerk.

Dazu passend wird bereits seit einigen Jahren in der Populismusforschung die These vertreten, dass Rechtspopulismus sich weniger über die institutionalisierten Akteure wie zum Beispiel die Parteien beschreiben ließe, und auch die Beschreibung des Rechtspopulismus als Ideologie unzutreffend sei, sondern dass es sich beim Rechtspopulismus primär um einen Diskurs handele.[54] So identifizierte die Kommunikationswissenschaftlerin

53 Vgl. Vesting, Thomas und Ricardo Campos: »Content Curation. Medienregulierung für das 21. Jahrhundert«, in: *Kritische Vierteljahresschrift für Gesetzgebung und Rechtswissenschaft* 2022 (Bd. 105, Nr. 1), S. 3–22.

54 Zum Rechtspopulismus als Partei vgl. Decker, Frank: »Was ist Rechtspopulismus?«, in: *Politische Vierteljahresschrift* 2018 (Bd. 59, Nr. 2), S. 353–369, insb. S. 354 u. 362ff. und zur Ideologie vgl. Mudde, Cas: »The Populist

Ruth Wodak in einer Reihe von korpuslinguistischen Analysen bestimmte rhetorische Muster und diskursive Formationen des Rechtspopulismus.[55] Darunter befinden sich zum Beispiel die Topoi des Volkes und von Recht und Ordnung.[56] Als Diskurs liegen ihm dann dieselben Macht- und Netzwerkstrukturen zugrunde, wie allen anderen Wissensformen auch und eben diese Strukturen werden durch die Medientechnologien der Netzwerkgesellschaft beschleunigt.

Die rechtspopulistische Informationsstrategie in den sozialen Netzwerken zeugt in diesem Sinne von einem Bewusstsein, dass Institutionen nicht aus politischen Prozessen, sondern aus gesellschaftlichen Wissensbeständen hervorgehen und dass diese wiederum diskursiv formiert werden. Rechtspopulistische Akteure versuchen so durch Diskursverschiebungen bestimmte Wissensbestände zu generieren, woraus sich neue gesellschaftliche Institutionen ergeben sollen. Diese Institutionen lassen sich dann in ihrer Paradoxie als ein in Netzwerken gründender Autoritarismus beschreiben, der auf die Beseitigung der Netzwerke zielt. Seine Verbindung zum Netzwerk ist temporär-instrumentell.

Vergleicht man die beiden Anwendungszusammenhänge der sozialen Netzwerke zu Beginn und zum Ende der 2010er Jahre, so fällt auf, dass die medientechnische Ebene als solche weitgehend unverändert blieb. Algorithmen sorgen in beiden Fällen für die schnelle, adressatenorientierte Informationsverbreitung. Politische Bewegungsdynamiken werden durch dezentrale Informationsverbreitung von Privatpersonen befördert und die diskursive Ebene der Informationspolitik fungiert selbst als dezentrale Macht, was ihre Verkörperung durch Einzelpersonen obsolet werden lässt.

c. Medientechnik als Selbstermächtigung

Aus dem vorstehenden Vergleich ergeben sich zwei qualitative Befunde: Zum einen bestimmt die mechanische Funktionalität einer Medientechnik nicht den politisch-ideologischen Hintergrund ihrer Nutzung. So werden vorstehend dieselben Verfahren verwendet, um einerseits freiheitliche Selbstorganisation zu betreiben und andererseits rechtspopulistisch-autoritäre Ideologien zu verbreiten. Zum anderen fungieren Medientechniken als Werkzeuge der Selbstermächtigung. Die

Zeitgeist«, in: *Government and Opposition* 2004 (Bd. 39, Nr. 4), S. 541–563, S. 543.

55 Vgl. Wodak, Ruth. »Normalisierung nach rechts. Politischer Diskurs im Spannungsfeld von Neoliberalismus, Populismus und kritischer Öffentlichkeit«, in: *Linguistik Online* 2015 (Bd. 73, Nr. 4), S. 27–44.

56 Vgl. ebd., S. 36.

Medientechnologien der Netzwerkgesellschaft wurden in den obenstehenden Beispielen zur gesellschaftlichen Selbstorganisation verwendet. Als solche ermöglichen sie bestimmte Praktiken und beschleunigen die dezentrale Wissensproduktion. Die Medientechnik stellt in diesem Sinne eine Möglichkeitsbedingung der Praxis dar. Allerdings wäre es verfehlt, der Medientechnik auf dieser Grundlage eine Vorrangstellung gegenüber der Praxis einzuräumen, wie es beispielsweise die deutsche Kulturtechnikforschung tut.[57] Vielmehr sind Medientechniken selbst das Produkt kreativer Praktiken. Ihre Genese und Transformation gründet in spezifischen Problemlösungskontexten, wo sie von Subjekten zum Zweck der Selbstermächtigung hervorgebracht werden, und zwar mit dem Ziel dem Subjekt bestimmte Praxisformen zu ermöglichen, die ohne die Medientechnik nicht realisierbar wären. Dieser Prozess kann auch als komplexe soziale Invention und Implementierung bezeichnet werden.

Die Hervorbringung von Medientechnologien ist in diesem Sinne bereits in sich ein Selbstermächtigungsprozess des Subjekts. Beginnend mit der Ebene der Invention schreibt der österreichische Medienkünstler Armin Medosch:

57 Die Kulturtechnikforschung beschreibt die Praxis des Subjekts als gegenüber der Medientechnik nachrangig, indem sie sich auf die Beschreibung einer disziplinären Machtwirkung von Medientechniken fokussiert. Die mechanische Funktionalität eines Mediums, seine Widerstände erzeugende Materialität, führt zu einer Verkehrung der Subjekt-Objekt-Relation. Cornelia Vismann spricht in diesem Zusammenhang von einer »Handlungsmacht von Medien und Dingen«; »Geräte geben ihre eigene Gebrauchsweise vor«, sie »verleiten« zu Handlungen (Vismann, Cornelia: »Kulturtechniken und Souveränität«, in: dies.: *Das Recht und seine Mittel. Ausgewählte Schriften*, herausgegeben von Markus Krajewski und Fabian Steinhauer, Frankfurt a. M.: Fischer Wissenschaft 2012, S. 445–460, S. 445). Initiator einer bestimmten Handlung ist dann nicht mehr der gemeinhin als Subjekt (Agens) betrachtete Nutzer einer Medientechnik, der sich ihr als Objekt (Patiens) zum Vollzug einer Handlung bedient, sondern die Medientechnik selbst, der in ihrer mechanischen Funktionalität eine bestimmte Gebrauchsweise eingeschrieben ist und deren Vollzug durch den Benutzer sie initiiert. Eine solche Perspektive, die Medientechniken lediglich als Dispositive beschreibt, die durch eine disziplinäre Machtwirkung zur Reproduktion bestimmter Handlungen anleiten, greift zu kurz, da sie die experimentellen und selbstermächtigenden Prozesse, die sich um eine Medientechnik herausbilden, außer Acht lässt und damit auch die ›zweite Seite‹ des Foucault'schen Subjektivitätsbegriffs unberücksichtigt bleibt. Zu dieser Kritik vgl. auch Vesting, Thomas: »Rechtssubjektivität und Erzeugung des Neuen als Kulturtechniken des Rechts«, in: Rupert Gaderer / Sigrid Köhler / Florian Schmidt (Hg.): *Recht als Kulturtechnik. Kulturtechniken des Rechts*. Paderborn: Brill-Fink 2024, S. 35–60, S. 42 (Medientechnik und Selbstermächtigung), 44f. (Subjektivierung bei Foucault) u. 53ff. (Vismann).

> Der Technologie wird zwar die Fähigkeit zugeschrieben, die Welt zu verändern, doch der Nährboden der Entwicklung der Technologie wird häufig ausgeblendet. Neue Technologien fallen nicht einfach vom Himmel, sie werden von Menschen produziert, in einem konkreten soziohistorischen Kontext. Die technologische Entwicklung erfolgt nicht im Namen der Demokratie sondern unter den Vorzeichen des Kapitalismus, was häufig vermischt oder automatisch gleichgesetzt wird.[58]

Medosch unterstreicht dabei die soziale Komponente der Invention einer Medientechnologie, die darin besteht, dass die Erfindung in einen »konkreten sozio-historischen Kontext« eingebettet ist. Diese diskursive Formation des Gegebenen, die ein Konglomerat von Wissensbeständen, Praktiken und Technologien darstellt, kann mit Hans-Jörg Rheinberger auch als Experimentalsystem verstanden werden. Die Entwicklung einer neuen (Medien-)Technologie wäre dann als ihre Integration in ein bestehendes (Experimental-)System zu verstehen, die dazu dient eine Grenze dieses Systems zu überwinden. In diesem Sinne lässt sich bei der sozialen Invention einer (Medien-)Technologie von einer Kreation in Problemlösungskontexten sprechen. Die systemische Grenze ist das Problem, das sich in einem spezifischen dispositiven Kontext ergibt, und die Erfindung der Technologie ergibt sich aus eben jenem Kontext, um seine Überwindung herbeizuführen. So wird die Genese neuer Technologien und neuen Wissens von einem explorativen Umgang mit als Problemen bzw. Herausforderungen verstandenen Systemgrenzen abhängig gemacht. Dies führt dazu, dass die Genese des Neuen – des Wissens und der Technologie – »der Wirklichkeit nur in Wellen abgewonnen werden«[59] kann. Es bedarf immer zunächst einer systemischen Grenze, deren Aufkommen nicht in der Macht der Individuen liegt. In diesem Sinne ist der Problemlösungskontext, aus dem die Invention der Technologie hervorgeht, sozial determiniert.

In Bezug auf die Gebrauchsweise der Medientechnik folgt daraus, dass eine bestimmte Nutzungsweise bereits in der sozialen Invention angelegt ist. Wird die Medientechnik in einem spezifischen Problemlösungskontext kreiert, dann impliziert dieser Problemlösungskontext bereits eine mögliche Verwendungsweise der Medientechnologie. Die Nutzungsweise allein in der Medientechnik zu situieren und somit von ihrer sozialen Genese abzulösen, wie es die Kulturtechnikforschung tut, ist dann bereits eine Essentialisierung der Medientechnik.

Das Konzept des Problemlösungskontextes weist ferner auf einen weiteren interessanten Punkt in Medoschs Argumentation hin. So ist die These, dass gerade der Kapitalismus als Wirtschaftssystem die Entwicklung neuer Technologien befördere und nicht die Demokratie als

58 Medosch, Die Gesellschaft im Ad-hoc-Modus, S. 46.
59 Rheinberger, Spalt und Fuge, S. 254.

politisches System bemerkenswert, da so der Fokus weg vom Politischen hin zum Wirtschaftlichen verlagert wird.[60] Diese Akzentverschiebung erscheint plausibel, wenn man bedenkt, dass die Entwicklung der maßgeblichen Medientechnologien der Netzwerkgesellschaft – als Beispiele seien das Smartphone, Software zur Videotelefonie, Messengerdienste und soziale Netzwerke genannt – auf private Akteure zurückgeht und nicht auf öffentlich-rechtliche Institutionen. Es sind somit nicht politisierte Kollektivpraktiken im Sinne der Demokratie, die neue Technologien hervorbringen, sondern es ist die Innovationskraft privater Unternehmungen. Obgleich ihre Regulierung eine Frage bleibt, für die die Dimension der Öffentlichkeit in einer hybriden Konstellation unabdingbar ist, ist die Erfindung des ›Neuen‹ in der Sphäre des Privaten zu situieren.

Die der sozialen Invention inhärente Verwendungsweise ist allerdings einer beständigen Transformation ausgesetzt. So befindet sich jede (Medien-)Technologie in einem fortwährenden, dynamischen und komplexen sozialen Implementierungsprozess. Eine existente (Medien-)Technologie muss sich immer wieder in veränderten dispositiven Konstellationen beweisen und erhält so neue Gebrauchsweisen. Sie aktualisiert ihre Funktionalität und sobald ihr dies nicht mehr gelingt, verschwindet sie weitgehend aus den Dispositiven, da sie nicht mehr praktisch genutzt wird.

So schreibt der Medienwissenschaftler Eggo Müller in Anlehnung an Siegfried Zielinski zum Begriff der sozialen Implementierung, dass »nicht das Potenzial von medientechnologischen Neuerungen die soziale Funktion des neuen Mediums [bestimmt], sondern die kulturelle Form, die ein Medium im Prozess seiner gesellschaftlichen Entwicklung und Implementierung erfährt.«[61] Dies stützt die These, dass nicht die spezifische Funktionalität bzw. ›innere Logik‹ einer Medientechnik über deren gesellschaftliche Funktion entscheidet, sondern der Kontext ihrer sozialen Implementierung. So können sowohl synchron als auch diachron entgegengesetzte Nutzungsweisen einer (Medien-)Technik existieren. Die Nutzungsweise eines Mediums entspringt dann weniger dem Medium selbst als vielmehr den sozialen und experimentellen Kontexten seiner Verwendung. Das zeigt unter anderem das Beispiel der zwei konträren Szenen aus der Geschichte der sozialen Netzwerke, wie es in Abschnitt b. erläutert wurde, wo die sozialen Netzwerke einmal als medientechnische Infrastruktur der freiheitlichen Selbstorganisation gegen den Autoritarismus dienen, und einmal als Werkzeug zur rechtspopulistischen

60 Auch wenn Medosch sich in seinem Text vorwiegend mit demokratiefördernden Anwendungszusammenhängen des Ad-hoc-Modus beschäftigt, ist seine Beobachtung zum Kapitalismus hier umso feinsinniger.

61 Müller, Eggo: »Interaktivität. Polemische Ontologie und gesellschaftliche Form«, in: Britta Neitzel / Rolf F. Nohr (Hg.): *Das Spiel mit dem Medium. Partizipation – Immersion – Interaktion.* Marburg: Schüren Verlag 2006, S. 66–79, S. 67.

Diskursverschiebung genutzt werden, während ihre mechanische Funktionalität in beiden Fällen im Kern unverändert bleibt.

Betrachtet man vor diesem Hintergrund abschließend das Verhältnis von Medientechnik und Subjektivität, so lässt sich feststellen, dass die Medientechnik Praxisformen ermöglicht und gleichsam das Produkt kreativer Praktiken ist. Dieser Verbund von Medientechnik und Praxis eröffnet neue Formen der Wissensproduktion. In diesem Sinne ist die Medientechnik aufs Engste mit den Kardinalkategorien der Subjektivität – Wissen und Praxis – verwoben. Sie wird damit selbst zu einem fundamentalen Bestandteil von Subjektivität. In Bezug auf die Netzwerkgesellschaft befördern die Netzwerkmedien die spezifische ›Netzwerksubjektivität‹. Die Position des Subjekts stellt sich somit wie folgt dar: Es ist in die Netzwerkstrukturen eingebunden und kreiert in diesen zugleich Prozesse der Selbstermächtigung. Diese Subjektivität der Selbstermächtigung als Ensemble von Medientechnik, Praxis und Wissen ist der Ausgangspunkt eines postmodernen Rechtsdenkens.

II. Vitale Normativität: Die Entstehung der Rechtssubjektivität in der Lebensform

Ein solches postmodernes Rechtsdenken ist dabei unweigerlich an den Begriff der »vitalen Normativität« geknüpft, der die Entstehung der Rechtssubjektivität in den praktischen Lebensformen verortet.

1. Postmoderne Subjektivität und kontinentale Rechtstradition

Aufbauend auf den in den vorherigen Kapiteln skizzierten Überlegungen zur Subjektivität wird im Folgenden die These entwickelt, dass sich postmoderne Subjektivität und kontinentaleuropäische Rechtstradition diametral gegenüberstehen. Vergegenwärtigt man sich, dass Subjektivität im Geflecht dezentraler Interaktionen und Wissensproduktionen entsteht und Souveränitäts- und Autonomiebehauptungen zugunsten einer praktischen Symbiose von Mensch und Technik aufzugeben sind, fällt auf, dass die kontinentale Rechtstradition diese Subjektivität weder inhaltlich in ihren Normen noch auf der Ebene ihrer Verfahren abbildet. Exemplarisch zeigt sich dies gegenwärtig an Diskussionen im Bereich der Zivilrechts- und Strafrechtsdogmatik in Bezug auf (Handlungs-)Zurechnung und Verantwortung im Fall von Mensch-Maschine-Konstellationen. Nun mag man einwenden, dass dies einzelne Stellschrauben seien, und dass durch deren Nachjustierung das Differenzproblem von postmoderner Subjektivität und positivem Recht behoben werden könne.

Diese Annahme ist falsch. Das Problem liegt nicht in der Gestaltung einzelner Normen, sondern in dem der kontinentalen Rechtstradition zugrundeliegenden Formverständnis des Rechts. Die kontinentale Rechtsform stellt das Subjekt der Aufklärung in ihr Zentrum. Der Mensch, der kraft seines Verstandes autonom und souverän die Welt zu erkennen und zu ordnen vermag und der als vernunftbegabtes Wesen für sein Handeln Verantwortung trägt. Das Recht wird somit zum Mittel, die Welt durch Vernunft zu ordnen.[62] Die Subjekte legen durch das Recht eine artifizielle Ebene des vernünftigen Sollens über das Sein. Dieses in der Aufklärung einsetzende Verständnis reicht bis in die Gegenwart und findet seine wohl wirkmächtigste rechtstheoretische Entsprechung in Hans Kelsens Konzept der Grundnorm, die ebenfalls als Sollensimperativ die Geltung der Rechtsordnung begründet.[63] Kelsens damit einhergehende Theorie vom Stufenbau der Rechtsordnung ist eine der wichtigsten Grundlagen kontinentaleuropäischer Rechtssysteme.[64] Das Recht wird hier als einheitliches, in sich widerspruchsfreies, geschlossenes und hierarchisch geordnetes System begriffen.[65]

Diese kontinentaleuropäische Rechtstradition steht im Gegensatz zur postmodernen Subjektivität. Das Subjekt besitzt hier keine Souveränität und Autonomie, sondern ist mit den es umgebenden Wissens- und Praxisformen, sowie Medien und Techniken verbunden. Sein Handeln lässt sich daher nicht als autonom aus seinem Verstand abgeleiteter Effekt beschreiben, sondern nur in eben jener Vernetzung mit der Kultur(-technik). Dies ist Ausdruck der Seins-Verweigerung des kontinentalen Rechts, die in seiner über das Sein erhabenen Ablösung der Sollenssphäre besteht und dadurch die Dezentralität (post-)moderner Handlungs- und Wissensformen verkennt. Dieses heterarchische Moment bricht ebenso

62 Die kontinentale Rechtstradition knüpft damit an die Idee des Rechts als Vernunftgesetz im Sinne eines sich aus der »bloßen Vernunft« ergebenden Rechts bei Kant an vgl. Kant, Immanuel: »Die Metaphysik der Sitten. Erster Theil. Metaphysische Anfangsgründe der Rechtslehre«, in: ders.: *Gesammelte Schriften. Abtheilung 1. Werke. Bd. 6*, herausgegeben von der königlich preußischen Akademie der Wissenschaften, Nachdruck der zweiten Auflage 1914, Berlin/Boston: De Gruyter 2022, S. 203–372, S. 229ff.

63 Kelsen selbst beschreibt die Grundnorm in expliziter Anlehnung an Kant als »transzendental-logische Voraussetzung«, Kelsen, Hans: *Reine Rechtslehre. Mit einem Anhang. Das Problem der Gerechtigkeit. Studienausgabe der 2. Auflage 1960*, herausgegeben von Matthias Jestaedt, Tübingen: Mohr Siebeck 2017, S. 360f. [Studienausgabe] bzw. S. 205 [Originalausgabe]; und zur Grundnorm im Allgemeinen vgl. ebd., S. 346ff. [Studienausgabe] bzw. 196ff. [Originalausgabe].

64 Zum Stufenbau der Rechtsordnung vgl. ebd., S. 398ff. [Studienausgabe] bzw. S. 228ff. [Originalausgabe].

65 Vgl. ebd., S. 368 [Studienausgabe] bzw. S. 209ff. [Originalausgabe].

mit der Idee systematischer Abgeschlossenheit und hierarchischer Struktur, die dem kontinentalen Rechtsverständnis zugrunde liegt. Dabei ist zu betonen, dass es sich bei dieser Kritik der kontinentaleuropäischen, aufklärerischen Rechtsform nicht um ein Plädoyer für eine destruktive, unvernünftige Willkür handelt; vielmehr erkennt die postmoderne Subjektivität das produktive Moment der Dezentralität und macht dieses im Wege der (spontanen) gesellschaftlichen Selbstorganisation fruchtbar.

2. *Rechtsform und Lebensform*

Aus diesem Spannungsfeld zwischen kontinentaleuropäischer Rechtstradition und postmoderner Subjektivität ergibt sich die Notwendigkeit der Suche nach einer neuen bzw. anderen Form des Rechts. Diese Rechtsform kann nur eine sein, die Rechtsform und Lebensform zusammendenkt. Die Rechtssubjektivität entsteht dann in der Lebensform und eine vitale Normativität formiert sich, die die Grundlage gesellschaftlicher Selbstorganisation bildet.

Betrachtet man die Form und Medialität des modernen kontinentaleuropäischen Rechts, so erkennt man, dass es durch seinen Verbund von Schriftlichkeit und präskriptiver Normsetzung auf eine ex-ante-Regulierung abstellt. Rechtsanwendung bedeutet dann, die immer schon in den Rechtsnormen enthaltene Lösung eines Falls aus ihnen zu extrahieren, indem die Norm mithilfe der Auslegungsmethoden ausgelegt und der Lebenssachverhalt darunter subsumiert wird.[66] Nicht nur symbolisch hat sich also der Lebenszusammenhang dem (zu)vorgeschriebenen Recht im Akt der Rechtsanwendung unterzuordnen, sondern der Normbegriff als solcher ist, wie im vorherigen Abschnitt erläutert, eine starre Sollensvorgabe. Diese bereits erläuterte Seinsverweigerung des kontinentaleuropäischen Rechts zeigt die künstliche Trennung von Rechts- und Lebensform auf. Das Recht wird dadurch nicht mehr als Teil der Lebenswelt verstanden und diese künstliche Trennung, die sich in der Sein-Sollen-Unterscheidung manifestiert, unterläuft eben jene Erkenntnis der Verquickung von Recht und Leben. Die andere Rechtsform, die an dieser Stelle gesucht wird und die die kulturelle Infrastruktur des Rechts und insbesondere seine enge Beziehung zur Subjektivität produktiv zu erfas-

66 Vgl. Luhmann, Niklas: *Legitimation durch Verfahren* (1969). 10. Auflage, Frankfurt a. M.: Suhrkamp 2017, S. 109; »Entscheidung [...] als eine Folgerung aus Fakten und Normen«; vgl. Heck, Philipp: *Gesetzesauslegung und Interessenjurisprudenz*. Tübingen: Mohr 1914, S. 21; »Demgemäß wurde die Aufgabe des Rechtes in der Theorie darauf beschränkt, die Lebenslage unter bereits vorhandene, von ihm zu erkennende Gebote zu subsumieren (Subsumtionslehre)«.

sen vermag, kann daher nicht an die Philosophie der Aufklärung und all ihre neukantischen – bis teilweise in den Rechtspositivismus reichenden – Fortführungen anknüpfen, sondern braucht einen anderen Stichwortgeber. Dieser ist die Lebensphilosophie.

Die Lebensphilosophie ist keine Theorieschule, sondern ein bestimmter Denkstil, der seit dem 18. Jahrhundert von verschiedenen Philosophen mit jeweils unterschiedlichen Anknüpfungspunkten bei philosophischen Vorläufern praktiziert wird. Was allen lebensphilosophischen Theorien gemein ist, ist ihre antirationalistische Haltung.[67] Insbesondere seit Ende des 19. Jahrhunderts betonen sie vielfach die Prozesshaftigkeit, die schöpferische Kraft und das ›Werden‹ anstelle des statischen Seins.[68] In Bezug auf das Recht stehen sie damit den vom kontinentaleuropäischen Recht in Stellung gebrachten Rationalisierungsstrategien menschlichen Handelns diametral gegenüber. Dies betrifft weniger einschlägige strafrechtliche Verbote wie zum Beispiel das Tötungsverbot, sondern vielmehr die sich gegenwärtig beständig ausweitende Tendenz, das Recht als Instrument der umfassenden (Verhaltens-)Steuerung und Regulierung in allen Lebensbereichen zu gebrauchen.[69] Davon sind nicht nur gesellschaftspolitische, sondern vor allem auch technologiefokussierte Bereiche betroffen.

Eine besondere Stellung im Kontext der Lebensphilosophie nimmt der Begriff der Lebensform ein, der insbesondere durch Ludwig Wittgenstein geprägt wurde und der auch im hier zu diskutierenden Kontext einer Theorie des Rechts als Praxis erhellend wirkt. Wittgenstein verwendet ihn vor allem im Zusammenhang mit seinem Konzept der »Sprachspiele«, wobei er deren »Mannigfaltigkeit« betont, die sich insbesondere im spielerischen und daher praktischen Gebrauch der Sprache manifestiert. Dies führt insgesamt zu einem prozesshaften Wandel der (sprachlichen) Formen.[70] Im Anschluss daran schlägt der Philosoph Birger Brinkmeier eine systematische Definition des Lebensformbegriffs in Wittgensteins *Philosophischen Untersuchungen* (1953) vor. Laut ihm bezeichnet der Begriff dort »einen nicht-systematischen, in seiner Entwicklung offenen Zusammenhang von menschlichen Praktiken, denen konventionell

67 Vgl. Burkard, Franz-Peter: »Lebensphilosophie«, in: Peter Prechtl / ders. (Hg.): *Metzler Lexikon Philosophie. Begriffe und Definitionen*. 3. Auflage, Stuttgart: J. B. Metzler 2008, S. 330, S. 330.

68 Vgl. ebd., S. 330.

69 Zu dieser Ausweitungstendenz vgl. Augsberg, Ino, Steffen Augsberg und Ludger Heidbrink: »Einleitung«, in: dies. (Hg.): *Recht auf Nicht-Recht. Rechtliche Reaktionen auf die Juridifizierung der Gesellschaft*. Weilerswist: Velbrück Wissenschaft 2020, S. 7–23, S. 7.

70 Vgl. Wittgenstein, Ludwig: *Philosophische Untersuchungen* (1953), herausgegeben von Joachim Schulte, 7. Auflage, Frankfurt a. M.: Suhrkamp 2015, S. 26f.

geprägte Muster individueller Verhaltensweisen und Reaktionen auf diese Verhaltensweisen, verbaler wie nonverbaler Art, zugrundeliegen. Diese Muster insgesamt geben den unterschiedlichen Lebensäußerungen gleichsam eine Form.«[71] In Bezug auf die bisher vorgetragenen Argumente zum Verhältnis von Recht und Subjektivität ist dabei insbesondere die von Wittgenstein vorgenommene Fokussierung des Lebensformbegriffs auf den Aspekt der Praxis interessant. Die (menschliche) Praxis wird hier ebenfalls in Beziehung zur netzwerkartigen, ergebnisoffenen, evolvierenden Herausbildung von Formen gesetzt, in die sie selbst eingebunden ist. Die formbildende Kraft der Praxis weist dabei bereits auf die normgenerierende Funktion der Lebensformen hin, durch die die Praxis kein normfreier Raum ist, sondern ein sich selbst flexibel regulierender offener Möglichkeitsraum wird.

3. Vitale Normativität: Lebensphilosophie im Poststrukturalismus (Deleuze, Nietzsche, Bergson)

In der zweiten Hälfte des 20. Jahrhunderts, also unmittelbar nach der posthumen Veröffentlichung von Wittgensteins *Philosophischen Untersuchungen* im Jahr 1953, findet eine Renaissance der Lebensphilosophie statt, die sich insbesondere im Kontext des Poststrukturalismus ereignet. Diese ist dabei nicht Wittgenstein zuzuschreiben, dessen (Früh-)Werk von poststrukturalistischen Denkern überwiegend ablehnend rezipiert wurde, sondern bezieht sich auf weiter zurückliegende Vorläufer, unter denen die bedeutendsten Friedrich Nietzsche und Henri Bergson sind. Insbesondere Gilles Deleuze entwickelte in Anlehnung an diese Denker einen Vitalismus, der hier zum Ausgangspunkt des für die Theorie des Rechts als Praxis zentralen Begriffs der vitalen Normativität wird.

Zentral für den deleuzeschen Vitalismus ist der Begriff des Werdens. Zum einen betont dieser in konstruktivistischer Perspektive die Gewordenheit aller Dinge, das heißt ihre Historizität. Dieser Punkt lässt sich in ähnlicher Weise mit Foucault machen und findet seine Wurzeln in der von beiden geteilten Nietzscherezeption. Zum anderen – und dies ist hier der entscheidende Punkt, der sich mit Deleuze präziser als mit Foucault machen lässt – wohnt diesem Werden eine schöpferische Kraft inne, die dem Leben selbst entspringt und die evolvierend, prozesshaft Neues hervorbringt. Deleuze bezieht sich hier vor allem auf Henri Bergson, der mit seinem Begriff des ›élan vital‹ eben jene »nicht teleologisch bestimmte

71 Brinkmeier, Birger: »Lebensform«, in: Peter Prechtl / Franz-Peter Burkard (Hg.): *Metzler Lexikon Philosophie. Begriffe und Definitionen.* 3. Auflage, Stuttgart: J. B. Metzler 2008, S. 329–330, S. 329.

Quelle freier Variationen des Lebendigen«[72] beschreibt. Der ›élan vital‹ ist dabei »Ausdruck des Schöpferischen der Lebensaktivität«[73] an sich. Das Fundament aller ›Institutionen‹, also all dessen, was in einem Prozess instituiert worden ist, ist die kreative Lebenspraxis, die immer schon die Lebenswelt als einen Raum der Möglichkeiten impliziert.

Damit verweigert sich der Vitalismus den Mechanismen der Regulierung, Steuerung und Rationalisierung, wie sie als Funktionen der Regierung in der Moderne paradigmatisch sind. Die gouvernementalen Machtstrukturen der Dispositive setzen auf genau diese Mechanismen der Regulierung, Steuerung und Rationalisierung und erfassen zunehmend auch das Recht. Dies findet seinen Ausdruck nicht nur in immer umfassenderen rechtlichen Regulierungskatalogen, sondern auch in der Rechtstheorie, wo zum Beispiel die ökonomische Theorie des Rechts genau jenen Aspekt der Verhaltenssteuerung und rationalen Outputkalkulation als den Kernaspekt des Rechts begreift.[74] Gegen diese disziplinären Machtstrukturen, deren Machtwirkung sich auch das positive Recht verstärkt bedient, ist der (deleuzesche) Vitalismus der einzige ›uneinnehmbare Stützpunkt des Gegenangriffs‹[75], wie der Kulturwissenschaftler Martin Stingelin in seiner Einführung zum Band *Biopolitik und Rassismus* richtig erkennt. Deleuze' These, dass »[d]as Leben rechtfertigt« und es »nicht gerechtfertigt [zu] werden [braucht]«[76], verweist dabei einerseits auf die immanente normgenerierende Funktion der Lebenspraxis und -form (das Leben rechtfertigt – vitalistische Wertsetzung – aus sich heraus – Immanenz) und andererseits auf dem Umstand, dass die vitale Normativität die Kraft besitzt, sich dem Rechtfertigungsdruck der Dispositive und damit ihrer Kontrolle zu erwehren (es braucht nicht gerechtfertigt zu werden).

72 Liebsch, Burkhard: »Élan vital«, in: Peter Prechtl / Franz-Peter Burkard (Hg.): *Metzler Lexikon Philosophie. Begriffe und Definitionen.* 3. Auflage, Stuttgart: J. B. Metzler 2008, S. 130, S. 130.

73 Ebd., S. 130.

74 Vgl. Schäfer, Hans-Bernd und Claus Ott: *Lehrbuch der ökonomischen Analyse des Zivilrechts.* 6. Auflage, Berlin: Springer 2021, S. XI.

75 Vgl. Stingelin, Martin: »Einleitung. Biopolitik und Rassismus. Was leben soll und was sterben muß«, in: ders. (Hg.): *Biopolitik und Rassismus.* Frankfurt a. M.: Suhrkamp 2003, S. 7–26, S. 22.

76 Deleuze, Gilles: »Bartleby oder die Formel« (frz. 1989), in: ders.: *Kritik und Klinik* (frz. 1993). Frankfurt a. M.: Suhrkamp 2000, S. 94–123, S. 111; bemerkenswert ist hier auch der Kontext, in dem Deleuze die These entwickelt, und zwar in Bezug auf einen »Irrationalismus«, der dem US-amerikanischen Roman als Formprinzip zugrunde liege und ihn vom Französischen und Britischen abgrenze. Sowohl der ›Antirationalismus‹ als auch die kulturgeschichtliche Verortung in einem US-amerikanischen Kontext fügen sich hervorragend in die anderen Teile der vorliegenden Arbeit ein.

Der vitalistische Machtbegriff bei Deleuze zielt demnach, wie die Philosophin Michaela Ott schreibt, auf die »Selbsthervorbringung der Kräfte«, die letztlich »neue Positionen des Denkens generieren«[77]. Unter Rückgriff auf Nietzsche beschreibt Deleuze daran anknüpfend »die Haltung, die solche Prozesse blockiert oder nicht befördert [...] als ›Ressentiment‹, da sie ›*die aktive Kraft von dem (trennt), was sie kann*‹«[78]. Das positive Recht und die gouvernementalen Regierungspraktiken stellen in diesem Sinne ein Ressentiment dar. Sie versuchen die kreative Praxis, die ›aktive Kraft‹, a priori zu regulieren und begrenzen somit ihr Potential, trennen sie von dem, was sie kann. Dies ist die Grundidee der kontinentaleuropäischen Rechtstradition, die das Leben weniger als einen Möglichkeitsraum versteht, sondern als ein Praxisfeld, das in allen Bereichen regiert werden soll. Hier mag manch einer den Einwand erheben, dass gerade die besondere Stellung der Grundrechte, die den Rechtssubjekten Räume geben, in die der Staat (und Dritte) nicht eindringen dürfen, und die damit ein klassisch liberales Element darstellen, dieser Behauptung entgegensteht. Zwar ist die grundsätzliche Idee der Grundrechte und damit des politischen Liberalismus ein Ansatz, der der freien Entfaltung Rechnung trägt, allerdings sind die kontinentaleuropäischen Rechtsordnungen in ihrer politisch-juridischen Struktur im Sinne eines Staatszentrismus implizit auf die Ausweitung der Machtbereiche des Staates ausgelegt. Die ›aktive Kraft‹, die kreative Praxis, deren Voraussetzung die in der Lebenswelt angelegte Freiheit zur experimentellen Exploration der Möglichkeiten ist, fordert somit die Rechtsnormativität heraus, indem sie die Subjektivität des positiven Rechts in einen Vermittlungsprozess mit ihrer durch Wissen und Praxis konstituierten vitalen Subjektivität setzt. Fasst man den Begriff der Rechtssubjektivität weiter – wie es zum Beispiel Thomas Vesting tut –[79], dann sind genau solche in der praktischen Lebenswelt fundierten Vermittlungsprozesse ein wesentlicher Teil der modernen Rechtssubjektivität.

77 Ott, Michaela: *Gilles Deleuze. Zur Einführung*. 4. Auflage, Hamburg: Junius 2021, S. 55.

78 Ebd., S. 55; Deleuze, Gilles: *Nietzsche und die Philosophie* (frz. 1962). Frankfurt a. M.: Syndikat 1985, S. 64.

79 Vgl. Vesting, Thomas: *Gentleman, Manager, Homo Digitalis. Der Wandel der Rechtssubjektivität in der Moderne*. Weilerswist: Velbrück Wissenschaft 2021, S. 19.

§ 4 Gesellschaftliche Selbstorganisation als Teil der Rechtsordnung

Das Recht ist zugleich Medium und Produkt gesellschaftlicher Selbstorganisation. Als Medium der gesellschaftlichen Selbstorganisation speichert es Funktionsweisen und macht diese für seine Subjekte nutz- und reproduzierbar. Es wird dadurch zu einer Infrastruktur kultureller Selbstorganisation. Das Recht ist aber auch Produkt der gesellschaftlichen Selbstorganisation, da es aus dezentralen, praktischen Prozessen der Wissensgenerierung hervorgeht und somit in der Subjektivität verankert ist. Ein Recht, das Formen der gesellschaftlichen Selbstorganisation zu seinem Ausgangspunkt macht und sie in jeder seiner Operationen reflektiert, ist somit der normative Fixpunkt einer Kulturtheorie des Rechts. Als solcher vollzieht er die Verbindung der Kulturtheorie des Rechts und einer Theorie der liberalen Transformation.

Die gesellschaftliche Selbstorganisation gründet dabei in individuellen Freiheitspraktiken und nicht in kollektivierenden, ritualisierenden und egalisierenden demokratischen Verfahren. Recht wird dadurch nicht im engeren Sinne individualisiert, sondern lediglich polyzentrisch. Es ist die Idee der »Sozialität des Ungebundenen«, wie sie im Kontext der Netzwerkgesellschaft vorgestellt wurde. Das Subjekt steht nicht isoliert für sich, sondern ist als Netzwerk- und Diskurseffekt beständig flexibel und interaktiv mit seiner Umgebung verbunden. Als Bestandteil des Netzwerks führen seine Handlungen zu Selbsttransformationen des Netzwerks. Dabei interagieren sie mit anderen Handlungen und es bilden sich dezentral flexible normative Verschiebungen heraus. Diese werden von den Netzwerkstrukturen der Kultur, und beschleunigt durch die Medientechniken der Netzwerkgesellschaft, prozessiert. Rationalisierende Verfahren demokratischer Willensbildung wirken hier geradezu anachronistisch, da sie der Versuch sind, die kulturellen Dynamiken nach ihrer Entfaltung erneut in die Formen der souveränen Zentralinstanz und Entscheidungsmacht zu überführen.

In diesem Kontext lässt sich von einem ›vitalen Liberalismus‹ sprechen. ›Liberal‹ ist an ihm, dass die praktische Freiheit des Subjekts als ästhetisch-existentieller Modus der Selbsttransformation zur unbedingten Grundlage des Rechts und des Staates wird. Die Transformationsdynamik der Freiheit anzuerkennen und produktiv zum Ausgangspunkt des Rechtsdenkens zu machen, ist dann die Aufgabe des staatlichen Rechts. ›Vitalistisch‹ ist, diese individuellen Freiheitsräume mit den evolvierenden Prozessen der Lebensformen zur verknüpfen, die als offene Möglichkeitsräume experimentelle und teleologisch nicht festgelegte Praktiken befördern.

Zwei Entwürfe, die gesellschaftliche Selbstorganisation im Sinne dieses vitalen Liberalismus als integralen Bestandteil der Rechtsordnung begreifen, finden sich bei Friedrich August Hayek und Karl-Heinz Ladeur. Beide legen dezidiert am Wissensbegriff ausgerichtete Theorien des Rechts vor, die stark von wirtschaftswissenschaftlichen Erkenntnissen geprägt sind und die die Bedeutung des Staates zugunsten dezentraler Praktiken in den Hintergrund treten lassen. So entwirft Hayek im ersten Band seines dreiteiligen Werkes *Law, Legislation and Liberty* (1973–1979) mit dem Titel *Rules and Order* (1973) die Begriffspaare *nomos* und *thesis*, *kosmos* und *taxis* bzw. *law* und *legislation* und skizziert die Rechtsordnung als eine Mischform von staatlicher Gesetzgebung (Legislation) und organisch, evolvierend gewachsenem, praktisch fundiertem Recht (Law). Karl-Heinz Ladeur entwickelt dieses an der gesellschaftlichen Selbstorganisation ausgerichtete Recht speziell vor dem Hintergrund der Netzwerkgesellschaft. Dabei nimmt er vor allem die Bereiche der Hochtechnologie in den Blick, in denen sich die Netzwerkstrukturen, denen auch das Recht zunehmend folgt, besonders radikal beobachten lassen. Unter dem Begriff des »seriellen Rechts« skizziert er ein Recht, das sich von der ex-ante-Regulierung verabschiedet und Konflikte flexibel, ex post in einer Serie fallbezogener Entscheidungen löst.

I. Kulturanthropologie, Selbstorganisation und die zwei Formen des Rechts: Friedrich August Hayek

Hayek bietet einen Rechtsbegriff, der auf der immanenten Verschränkung von Kultur und gesellschaftlicher Selbstorganisation beruht. Im Fokus steht dabei die normgenerierende Funktion von Interaktionen, wodurch Serien von Interaktionen die Regeln ihrer eigenen Regulierung hervorbringen und das Recht sich so als eine Form der Selbstregulierung darstellt, die agile Formen der Handlungskoordination als implizites Wissen ermöglicht. Ordnungsbildung ist somit immer kontingent evolvierend anstatt rational geplant.

1. Hayek als Rechts- und Sozialphilosoph

Es mag zunächst kontraintuitiv erscheinen, den Ökonomen Friedrich August Hayek zum Stichwortgeber einer Kulturtheorie des Rechts zu machen. Auf gesteigerte Ablehnung dürfte wahrscheinlich auch die damit unweigerlich einhergehende Verknüpfung mit poststrukturalistischen Denkern wie Foucault und Deleuze stoßen. Diese Irritation ist vor allem auf die Wahrnehmung Hayeks als Ideengeber neoliberaler Reformen im Vereinigten Königreich der 1980er Jahre unter der Premierministerin Margaret Thatcher zurückzuführen. Die Rezeption Hayeks als eines neoliberalen Wirtschaftswissenschaftlers bildet dabei einen vermeintlich unüberbrückbaren Gegensatz zu den im Regelfall linken Denkern des Poststrukturalismus und der zeitgenössischen Kulturtheorie im Allgemeinen. Dieser scheinbare Antagonismus hat die Rezeption Hayeks im Feld der Kulturwissenschaften über Jahre hinweg stark behindert. Dabei wäre, so die hier vertretene These, eine solche Diskussion der Konzepte Hayeks im Feld der Kulturtheorie in höchstem Maße bereichernd. Den Ausgangspunkt hierfür bildet der erste Band seiner Trilogie *Law, Legislation and Liberty*, der 1973 unter dem Titel *Rules and Order* erschienen ist. In diesem Text präsentiert sich Hayek überzeugend als Rechts- und Sozialphilosoph und nimmt somit eine Rolle ein, die in seiner Rezeption zumeist marginalisiert wird. *Rules and Order*, in seiner Funktion als rechtsphilosophisches Hauptwerk Hayeks, bietet eine äußerst anregende erkenntnistheoretisch informierte, wissenssoziologisch ausgerichtete und kulturanthropologisch fundierte Theorie des Rechts.[1] In dieser spezifischen Facette ihres methodischen Designs fügt sich die Studie somit hervorragend in den Ansatz der vorliegenden Arbeit ein und zeigt exemplarisch, wie die Verknüpfung von Kulturtheorie und Liberalismus in Bezug auf das Recht gelingen kann.

2. *Wissen, Komplexität und dezentrale Evolution*

Hayeks Argumentationslinie macht sich an drei wesentlichen Kategorien fest: dem Wissen, der Ordnungsbildung und dem Recht. Er baut die Elemente sukzessive aufeinander auf. Ausgehend vom Wissensbegriff werden so auch die Themen Ordnungsbildung und Recht im Spiegel der Begriffe von Komplexität und dezentraler Evolution reflektiert.

a. Kritik des cartesianischen Rationalismus als tertium comparationis zwischen Hayek, Foucault und Deleuze

Hayek beginnt seine Analyse des Rechts mit einer Kritik des cartesianischen Rationalismus. Dabei stellt er heraus, dass die Annahme, die primäre Quelle des Wissens sei der Verstand der einzelnen Subjekte, unzutreffend sei.[2] Mit diesem Auftakt seiner Theoriebildung unterstreicht

1 Vgl. Skoble, Aeon J.: »9 Hayek the Philosopher of Law«, in: Edward Feser (Hg.): *The Cambridge Companion to Hayek*. Cambridge et al.: Cambridge University Press 2006, S. 171–181, S. 172.

2 Vgl. Hayek, Friedrich August: *Law, Legislation and Liberty. A New Statement on the Liberal Principles of Justice and Political Economy* (engl. 1973–1979). London: Routledge 2013, S. 10ff.

Hayek nicht nur deren philosophischen Anspruch, sondern den Ausgangspunkt der Kritik der Moderne und ihres subjektverklärenden Rationalismus teilt Hayek darüber hinaus auch mit den Strukturalisten und Poststrukturalisten.[3] In diesem Aspekt gliedert sich Hayeks Argumentation nahtlos in die kulturphilosophischen Strömungen der zweiten Hälfte des 20. Jahrhunderts ein. Wo die Genese des Wissens bei den Strukturalisten in die Strukturen bzw. (Zeichen-)Systeme verlagert wird und bei den Poststrukturalisten wie Foucault in die machtdurchdrungenen Diskurse, siedelt Hayek sie hingegen in einem Prozess der dezentralen Evolution an. Diese These besitzt neben ihrer deskriptiven Ebene auch eine normative Dimension. Zum einen nimmt Hayek – ähnlich wie die in den vorherigen Kapiteln besprochenen kulturtheoretischen Ansätze – die soziale Dimension der Wissensproduktion in den Blick. Andererseits besitzt der Evolutionsprozess bei ihm zusätzlich eine normative Kodierung, die in dieser Form bei Foucault fehlt. Für Foucault sind die Diskurse kontingente, durch Machtbeziehungen strukturierte Kampffelder, in denen die Subjekte unter Einsatz ihrer Freiheit Transformationen durch Praxis aktiv herbeiführen. Der Diskurs ist somit nicht der Garant wünschenswerter normativer Ordnungen, sondern lediglich ein Feld, aus dem diese durch entsprechend von ihm verarbeitete freiheitliche, transformative Praktiken hervorgehen *können*. Bei Hayek hingegen wird der Evolutionsprozess selbst zum normativen Primat. Seine innere Logik garantiert im Ergebnis die Hervorbringung wünschenswerter normativer Ordnungen. Die Evolution generiert entsprechende normative Ordnungen demnach automatisch und *zwingend*, sofern sie sich frei entfalten kann. In diesem Unterschied zwischen Foucault und Hayek liegt auch eine wichtige geschichtsphilosophische Implikation, die sich in der Gegenüberstellung von Genealogie und Evolution ausdrückt. Während das genealogische Geschichtsverständnis die Geschichte als eine Abfolge von durch Auseinandersetzungen herbeigeführten Umbrüchen begreift, die dabei nicht teleologisch festgelegt ist, geht das evolutionistische Geschichtsverständnis zwar ebenfalls von der Kontingenz des Prozesses aus, und verzichtet somit in gleicher Weise auf eine teleologische Festlegung, betont im Gegenzug allerdings die stetige Prozessualität anstelle der Diskontinuität und folgt einer spezifischen Effizienzlogik.[4] Im Ergebnis ist

3 Es sei hier noch einmal an Foucaults Konzept der ›erkenntniskritischen Wahrheit‹ und dessen Definition des »›cartesianischen Moment[s]‹ als jene[m] Augenblick, ›wo das, was den Zugang zur Wahrheit gewährt, die Erkenntnis und die Erkenntnis allein ist‹«, erinnert (Balke, Friedrich: »Selbstsorge/Selbsttechnologie«, in: Clemens Kammler / Rolf Parr / Ulrich Johannes Schneider (Hg.): *Foucault-Handbuch. Leben – Werk – Wirkung*. 2. Auflage, Stuttgart: J. B. Metzler 2020, S. 331–337, S. 333).

4 Vgl. Vesting, Thomas: *Die Medien des Rechts IV. Computernetzwerke*. Weilerswist: Velbrück Wissenschaft 2015, S. 9ff.

diese Unterscheidung hier allerdings vernachlässigbar, denn wenn man Foucault so liest, wie es hier bisher getan wurde, dann ist in beiden Fällen die freie und transformative Praxis der Subjekte das Fundament gesellschaftlichen Normativitätswissens. Ob dies durch den diskursiven oder evolutorischen Prozess garantiert wird oder nur als eine zu nutzende Möglichkeit besteht, ist dann kaum noch entscheidend.

Vergleicht man Hayeks Rationalismuskritik mit Deleuze' Vitalismus so ergeben sich ähnliche Synergieeffekte. Auch Hayek geht von der normgenerierenden Funktion alltäglicher Interaktionen und Lebenspraktiken aus, deren freie, das heißt unregulierte, Entfaltung normativ geboten ist und die sich prozesshaft-evolvierend vollzieht. Problematisch bleibt auch hier das Effizienzparadigma, das Hayek seiner Evolutionstheorie als normative Prämisse zugrunde legt.

b. Wissen und Ordnungsbildung: *kosmos* und *taxis*

Am Beginn von Hayeks Rechtsphilosophie steht somit die Dichotomie von Rationalität und Evolution, die er normativ zugunsten der Evolution aufzulösen versucht. Dies ist die erkenntnistheoretische Basis für seine Gesellschafts- und Rechtstheorie. Hayek verknüpft diese erkenntnistheoretischen bzw. wissenssoziologischen Überlegungen sodann mit ordnungspolitischen Fragen, woraus sich die Ordnungstypen *kosmos* und *taxis* ergeben. Das unter dem Begriff *taxis* stehende Organisationsparadigma des Rationalismus ist Hayek zufolge die Planung. So wie im Rationalismus der menschliche Verstand zur Quelle des Wissens wird, sind auch hier Regeln und Ordnungen das Ergebnis menschlicher Planung. Wissen wird dabei als Produkt von Rationalität verstanden. Die Ordnung der gesellschaftlichen Verhältnisse wird in diesem Modell rational konstruiert. Hayek spricht daher auch von einem »rationalen Konstruktivismus«, mit dem er gerade nicht die kontingente soziale Konstruiertheit der gesellschaftlichen Verhältnisse meint, sondern deren rationale Planung. Der Leitgedanke einer solchen politischen Theorie ist, dass die gesellschaftliche Ordnung mithilfe der Benutzung des Verstandes in einem deliberativen Prozess gerecht und effektiv entworfen werden könne. Hayek widerspricht dem, und setzt dem rationalen Konstruktivismus das Ordnungsmodell der Evolution entgegen (*kosmos*). Ihm zufolge besteht die Fehleinschätzung des rationalen Konstruktivismus in dessen Grundannahme, dass die Komplexität gesellschaftlicher Ordnungen überhaupt rational erfassbar und berechenbar sei. Dies ignoriere die starke Fragmentierung des Wissens in der (post-)modernen Gesellschaft, die sich insbesondere durch ökonomische Phänomene wie die Arbeitsteilung ausdrücke.[5] Keinem Entscheidungsträger sei es

5 Vgl. Hayek, Law, Legislation and Liberty, S. 14.

dabei möglich, über das für die Entscheidung erforderliche Wissen in Gänze zu verfügen. Hayek illustriert dies mithilfe eines Beispiels aus der Volkswirtschaftslehre; so bestehe das wirtschaftliche Leben einer Gesellschaft aus Millionen von Beziehungen und (Waren-)Strömen zwischen einzelnen Firmen und Haushalten und so ließen sich zwar bestimmte Theoreme über diese Austauschprozesse aufstellen, doch es sei niemals möglich, sie alle zu beobachten.[6] Anders ausgedrückt: Die Komplexität der wirtschaftlichen Prozesse lässt sich niemals vollumfänglich erfassen, weshalb sie auch nicht abstrakt und rational ex ante geplant werden kann. In diesen Beziehungsgeflechten, inmitten der mit ihnen einhergehenden Interaktionen, der dezentralen Praktiken und des fragmentierten Wissens entstehen jedoch implizit, allein durch Praxis, Regelbestände und es bilden sich bottom-up soziale Ordnungen heraus, die niemand entworfen oder durch Beobachtung abstrahiert hat, sondern die als *tacit knowledge* (Polanyi)[7] vorhanden sind.[8] Analog zu Descombes' Beschreibung der institutionsgebenden Macht postuliert somit auch Hayek, dass die gesellschaftlichen Institutionen das Ergebnis von Gewohnheiten, Bräuchen und Praktiken seien, die weder erfunden noch bewusst zum Zweck ihrer Nutzbarmachung beobachtet wurden.[9] Ordnungsbildung durch Evolution bedeutet somit für Hayek, dass der Evolutionsprozess die Vielzahl dezentraler, versprengter

6 Vgl. ebd., S. 14.

7 Vgl. hierzu Polanyi, Michael: *The Tacit Dimension* (engl. 1966). Gloucester (Mass.): Peter Smith 1983, insb. S. 1ff. (»Tacit Knowing«).

8 Einer der wenigen, der hier die Parallele zu Foucault erkennt, ist Jacopo Marchetti, der in seinem Buch *Foucault e Hayek. Tra Biopolitica e Liberalismo* (Turin: IBL Libri 2018) herausarbeitet, inwiefern sowohl bei Foucault als auch bei Hayek Macht als Konstante in zwischenmenschlichen Beziehungen unmittelbar aus Interaktionen bzw. aus einem Austausch hervorgeht und erst posterior als juridisch-politische Form konzipiert werden kann (»il potere è una costante delle relazioni umane e, prima di essere concettualizzato all'interno di forme giuridico-politiche, viene esercitato nello scambio«). Formen der Macht sind dadurch stets durch die eigene Praxis in Interaktionen veränderbar, wodurch polyzentrische Entscheidungsräume entstehen (»ambiti decisionali policentrici«, vgl. dazu im Buch insb. S. 239ff. (»Il potere e il mercato: due forme decisionali policentriche«)) und stabile Formen institutioneller Herrschaft als Theoriekonzept zu verwerfen sind (»è sempre possibile cambiare tali relazioni e mutare la propria posizione all'interno di esse«, S. 27, »affinché il potere non si fissi in situazioni di dominio o in forme stabili di coercizione«, dazu insb. S. 229ff. (»Libertà e potere, dominio e coercizione«)).

9 Vgl. Hayek, Law, Legislation and Liberty, S. 12; die Verbindung von institutionsgebender Macht bei Descombes und Hayek reißt auch Vesting in Vesting, Thomas: *Gentleman, Manager, Homo Digitalis. Der Wandel der Rechtssubjektivität in der Moderne*. Weilerswist: Velbrück Wissenschaft 2021, S. 35 kurz an.

Praktiken in sich aufnimmt und sie zu ›*tacit rules*‹ verarbeitet. Die Evolution prozessiert dadurch die Komplexität, die der rationale Konstruktivismus niemals bewältigen könnte. Dafür ist Freiheit eine unverzichtbare Voraussetzung, denn nur wenn die Praxis sich entfalten kann, ist die Herausbildung bottom-up generierter und funktionaler Ordnungen möglich.

Hayeks Theorie sozialer Ordnungen besitzt in diesem Sinne sowohl eine normative als auch eine deskriptive Ebene. Deskriptiv trifft Hayek den wesentlichen kulturanthropologischen Punkt, dass soziale Ordnungen das Ergebnis dezentraler kultureller Prozesse sind und nicht von Individuen und Kollektiven in rationalen, politischen Prozessen entworfen werden. Darin besteht ein unauflösbarer Nexus von Kultur und (impliziter) Selbstorganisation, den Hayek zutreffend beschreibt. Normativ an seiner Theorie ist hingegen das Postulat, dass der freie Evolutionsprozess effizientere Regeln und Ordnungen hervorbringe und ihm daher der Vorrang vor der Politik (im Sinne von *polity* und *politics*)[10] einzuräumen sei. Wenn man sich die Ausführungen zur Netzwerksubjektivität und zur vitalen Normativität vor Augen führt und die Ausgangsfrage nach einem Recht, das sich für experimentelle Praktiken öffnet und die kulturell fundierte Selbstorganisationsfähigkeit der Gesellschaft zu seinem Ausgangspunkt macht, berücksichtigt, dann ist diese normative Unterstellung Hayeks mitzugehen.

3. *Hayeks Rechtsbegriff:* ***nomos und thesis***

In einem dritten Schritt überträgt Hayek die auf seiner Epistemologie aufbauenden ordnungspolitischen Konzepte auf das Recht, womit der eigentliche rechtsphilosophische Zugriff Hayeks erfolgt. Der Rechtsbegriff bei Hayek ist zweigeteilt und setzt somit die epistemologische und ordnungspolitische Binarität fort. Auf der einen Seite steht die *thesis* und auf der anderen der *nomos*. Die Rechtsordnung als Ganze entspricht in diesem Modell einer Mischung beider Erscheinungsformen, *thesis* und *nomos*, die im Idealfall in einem Ergänzungsverhältnis zueinander stehen.

10 *Polity* als Ebene der »Strukturen und konstitutiven Normen des politischen Systems« (politische Institutionen, Staatsorganisation) und *politics* als Ebene der politischen Prozesse (Verfahren), Mols, Manfred: »Politik als Wissenschaft. Zur Definition, Entwicklung und Standortbestimmung einer Disziplin«, in: Hans-Joachim Lauth / Christian Wagner (Hg.): *Politikwissenschaft. Eine Einführung*. 9. Auflage, Paderborn: Ferdinand Schöningh 2019, S. 23–62, S. 27.

a. *thesis* und *nomos*

Thesis ist das Recht als Gesetz (Law of Legislation). Es entspricht in weiten Teilen dem Rechtsbegriff des Rechtspositivismus. Recht wird hier verstanden als der Ausdruck des Willens des Souveräns. Als verbindliche Ordnung, hinter der die staatlichen Institutionen und ihr Zwangsapparat stehen, organisiert es das gesellschaftliche Zusammenleben top-down. Eine Rechtsordnung, die ausschließlich aus *thesis*-Normen bestünde, wäre eine künstliche bzw. konstruierte Ordnung, die das Resultat der deliberativen Planung eines Souveräns ist. Hayek bezeichnet solche ›geplanten Ordnungen‹ – wie obenstehend erläutert – als *taxis*. *Thesis* als an Gesetzgebungsverfahren zurückgebundener Normbegriff korrespondiert somit im Modell Hayeks mit der *taxis* und dem rationalen Konstruktivismus.

Folgerichtig stellt Hayek ihm einen Normbegriff gegenüber, der vom Begriff der Evolution ausgeht. *Nomos* ist bei Hayek das Recht der Freiheit (Law of Liberty). Es entsteht nicht durch bewusste Planung, sondern durch dezentrale Interaktionen. Im Kontext gesellschaftlichen Zusammenlebens führen die Formen der Handlungskoordination zwangsläufig zur Herausbildung impliziter Normbestände. Dies führt zur Genese ›spontaner Ordnungen‹ (spontaneous order), die als bottom-up gewachsene Ordnungen (grown order) die Selbstorganisationsfähigkeit liberaler Gesellschaften in den Vordergrund stellen und von Hayek als *kosmos* bezeichnet werden.

John Hasnas merkt allerdings zu Recht an, dass die Ausformulierung des *nomos* in *Rules and Order* letztendlich hinter ihrem eigenen radikalen Anspruch zurückfällt. Laut Hasnas fehlt es Hayek an einer klaren Unterscheidung zwischen Gewohnheitsrecht und modernem ›Common Law‹, was zur Folge hat, dass seine Ausführungen zum *nomos* konstant zwischen beiden Vorbildern oszillieren.[11] Grund dafür sei ein Anachronismus bei Hayek, der in der Projektion der Eigenschaften des modernen Common Law auf die stärker am Gewohnheitsrecht orientierten Formen des Common Law des 17. und 18. Jahrhunderts besteht.[12] Konkret liest Hayek die erst ab dem 19. Jahrhundert im Zuge der Rationalisierung der Verfahren entstehende Doktrin der ›stare decisis‹, also der Bindungswirkung von Präjudizien, in die am Gewohnheitsrecht orientierten Formen des Common Law vor dem 19. Jahrhundert hinein.[13] Dies hat zur Folge, dass Hayek »judge-made law« und »grown law« in einer problematischen Weise verbindet.[14] Der Richter wird hier als eine

11 Vgl. Hasnas, John: »Hayek, the Common Law, and Fluid Drive«, in: *NYU Journal of Law & Liberty* 2005 (Bd. 1, Nr. 0), S. 79–110, S. 98.
12 Vgl. ebd., S. 99.
13 Vgl. ebd., S. 90 u. 100.
14 Vgl. ebd., S. 99.

Figur betrachtet, die die gewohnheitsrechtlichen Maßstäbe, die tatsächlich ein »grown law« darstellen, in ein »judge-made law« übersetzt, und über die ›stare decisis‹ entsteht so ein sich stetig weiter ausdifferenzierendes Normsystem, das sowohl »grown« als auch »judge-made« ist.[15] In diesem Ansatz führen »grown« und »judge-made« immer zum selben »law«, sprich zum selben inhaltlichen Ergebnis. Mit dem Richter steht dann wieder ein *menschliches Subjekt* im Fokus, das ein *System* von Normen *abstrahiert*. Der *nomos* wäre schließlich doch wieder ein »product of human design«, das vor dem Hintergrund der in die Zukunft gerichteten Bindungswirkung der gegenwärtigen Entscheidung (stare decisis) von einem Systematisierungsgedanken geprägt ist, und das sich aus einer konkreten Beobachtungsleistung ergibt. Dabei soll der *nomos* laut Hayek genau dies nicht sein. Hasnas schlägt daher eine Lesart vor, die die inhaltliche Seite des *nomos* vor allem nach dem Vorbild des Gewohnheitsrechts versteht. Gewohnheitsrecht definiert er als »the law that arises out of human interaction to allow people to more effectively coordinate their actions.«[16] Als solches ist es »truly a ›grown‹ law«[17] und ein gutes Beispiel für das, was Hayek spontane Ordnung nennt. Das Gewohnheitsrecht ist in dieser Eigenschaft eben gerade eine Ordnung »without conscious design«[18]: Es ist »›the result of human action, but not the execution of any human design‹«[19]. Als solches lässt sich das Gewohnheitsrecht auch als ein Kommunikationssystem verstehen, dass sich – in Analogie zur Beschreibung in § 3 I.2. und 3.a. »Dezentrale Wissensproduktion« und »Neue Kommunikationsstrukturen im beginnenden 21. Jahrhundert« – per se jeglicher Zentralisierung erwehrt und auf fortwährende soziale Interaktion verwiesen bleibt.[20] Hasnas weist ferner darauf hin, dass die Annahme, Gewohnheitsrecht stehe ausschließlich für ›archaische Regeln primitiver und rudimentärer Rechtssysteme‹ irreführend sei, da sie suggeriere, dass es sich beim Gewohnheitsrecht um eine obsolet gewordene Rechtsform handele.[21] Dass das Gewohnheitsrecht auch in gegenwärtigen Rechtssystemen noch eine Rolle spielt, zeigt Hasnas unter anderem mit Verweis auf das Völkerrecht und den US-amerikanischen Uniform Commercial Code.[22] Das wichtigste Merkmal des Gewohnheitsrechts sei hingegen, dass es vor allem in den Feldern eine entscheidende Rolle

15 Vgl. ebd., S. 99ff.
16 Ebd., S. 81.
17 Ebd., S. 81.
18 Ebd., S. 81.
19 Ebd., S. 85.
20 Vgl. ebd., S. 82f.
21 Vgl. ebd., S. 81f.
22 Vgl. ebd., S. 82.

bei der Handlungskoordination übernimmt, in denen es keine hochgradig organisierte zentrale Autorität gibt.[23]

Sowohl das ›Recht als Praxis‹ als auch der *nomos* sind weitaus mehr als das Gewohnheitsrecht. Vor allem das ›Recht als Praxis‹ zeichnet sich durch die später mit Ladeur noch zu diskutierenden Elemente der Hybridisierung und der in neuen Medientechnologien gründenden modularen Verfahren aus, die dem Gewohnheitsrecht fehlen. Obgleich bei Hayek aufgrund seiner Vermischung von Gewohnheitsrecht und modernem Common Law zum Schluss unklar bleibt, was der *nomos* konkret ist, wirkt die Idee eines Rechts jenseits der Gesetzgebung in mehrfacher Hinsicht erhellend. Hayek illustriert überzeugend, wie ein dezentraler, in praktischen Interaktionen fußender Wissensbegriff zum Maßstab der Ordnungsbildung und letztlich auch des Rechts wird. Das Recht geht dabei als implizites Wissen aus einer Serie von Handlungen hervor. Die Serie von Handlungen generiert damit gleichsam die Normen ihrer eigenen Regulierung, was zu einem Paradigma der Handlungskoordination als Selbstregulierung führt. Hayeks Begriff der spontanen Ordnung als einer ›grown order‹ verweist dabei auf die bottom-up Struktur dieser Rechtsform. Gerade vor dem Hintergrund dieser Charakteristika kann der *nomos* nicht als »judge-made law« verstanden werden, sondern löst sich geradezu von der Figur des Richters – wie der Exkurs zum Gewohnheitsrecht oben gezeigt hat. Der *nomos* basiert dann vor allem auf den in Kapitel vier von *Rules and Order* präsentierten Ideen, auf die sich auch Hasnas in seiner Deutung stützt, und die den Ausgangspunkt der weiteren Überlegungen im vorliegenden Kapitel dieser Arbeit bilden.[24]

b. Kulturtheorie, Wirtschaftstheorie, Rechtstheorie

In Hayeks zweigeteiltem Rechtsbegriff lassen sich viele der in den §§ 2 und 3 in Bezug auf das positive Recht und das Recht als Praxis formulierten Aspekte wiedererkennen. Der Mehrwert von Hayeks Rechtsphilosophie für die vorliegende Arbeit besteht darin, dass Hayek im Gegensatz zu den zuvor verwendeten Theoretikern seine Wissenstheorie und seine Sozialphilosophie explizit und vollumfänglich für das Feld des Rechts dekliniert. Nicht zuletzt stellt er damit Begriffe zur Disposition, die für die Erarbeitung von Anschlussperspektiven genutzt werden können. Seine Theorie lässt die vorherigen Ausführungen in dieser Arbeit jedoch keinesfalls obsolet werden. Gerade durch den Dialog zwischen poststrukturalistischer Kulturtheorie und ökonomischer Theorie entsteht eine für die Rechtstheorie äußerst fruchtbare Konvergenzbewegung

23 Vgl. ebd., S. 81.
24 Vgl. ebd., S. 98 u. 106.

zwischen Kulturphilosophie und Wirtschaftstheorie, die in einer Abkehr vom Rationalismus und einer Hinwendung zur dezentralisierten Form der Praxis und ihrer normgenerierenden Funktion begründet liegt. Neben den Gemeinsamkeiten, die sich vor allem im deskriptiven Bereich der Gesellschaftsanalyse finden, fallen dabei auch die Unterschiede auf, die vor allem die normative Ebene betreffen. Im Wege des Theorievergleichs lassen sich so die scharfen, aber produktiven Abweichungen herausstellen. Die von der Kulturtheorie propagierte Immanenz und Kontingenz, die allzu oft als Determinismus oder Beliebigkeit (miss-)verstanden wird, wird hier als etwas Produktives begriffen, das den Raum für Gestaltung eröffnet.[25] Ein solcher normativer Zugriff, der aus der Engführung von Kultur- und Wirtschaftstheorie hervorgeht, liegt auch den Theorien Ladeurs zugrunde – erinnert sei beispielsweise an die Komplexitätsbewältigung durch den produktiven Umgang mit der Ungewissheit bzw. mit der Kontingenz. Ladeur selbst nimmt in seinen Texten auch direkt Bezug auf Hayek, wenn er zum Beispiel auf der Basis von Hayeks Kognitionstheorie eine Engführung von ökonomischer Theorie und Rechtstheorie erprobt.[26] Die vorliegende Arbeit geht diesen normativen Zugriff auf die kulturtheoretischen Beobachtungen mit. Hayek selbst zeigt, wie sich der Nexus von Kultur und Selbstorganisation für das Recht ausformulieren lässt.

c. »Law is older than Legislation«: Gesetzgebung vs. Kulturanthropologie

Im vierten Kapitel von *Rules and Order* mit dem Titel »The Changing Concept of Law«, das als erstes Kapitel das Recht als primären Untersuchungsgegenstand direkt adressiert, formuliert Hayek die entscheidende

25 Inwiefern diese ›liberale‹ Wende sich im Werk Foucaults aus historischer Perspektive findet und sich in der Entgegensetzung von Disziplin und Ästhetik der Existenz konkretisiert, wurde bereits erörtert. Foucault ist nicht zuletzt deswegen – neben Deleuze – einer der poststrukturalistischen Denker, die sich für die Theoriebildung als besonders gewinnbringend erwiesen haben.

26 Vgl. Ladeur, Karl-Heinz: *Negative Freiheitsrechte und gesellschaftliche Selbstorganisation. Die Erzeugung von Sozialkapital durch Institutionen.* Tübingen: Mohr Siebeck 2000, S. 115ff.; den Bezug zur Kulturtheorie stellt Ladeur in diesem Text noch nicht her, er liegt allerdings einer Reihe seiner späteren Texte zugrunde wie zum Beispiel *Recht – Wissen – Kultur. Die fragmentierte Ordnung.* Berlin: Duncker & Humblot 2016; und jüngst *Das Rechtssubjekt und sein Bildungsroman. Ein Beitrag zur Kulturgeschichte des Privatrechts im 19. Jahrhundert.* Weilerswist: Velbrück Wissenschaft 2024.

Hypothese: »Law is older than Legislation«[27]. Hayek zufolge habe der Rechtsbegriff des Rechtspositivismus, bei dem es sich historisch betrachtet um eine vergleichsweise junge Erscheinung handelt, den Blick auf das, was Recht eigentlich ist, verstellt. Recht wird in der Theorie des demokratischen Rechtsstaats als etwas deliberativ Gemachtes verstanden und findet somit seinen Ausgangspunkt immer in einem menschlichen Willen.[28] Diese Fehlannahme, dass Recht das Produkt der freien Invention eines Gesetzgebers sei (»product of the free invention of a legislator«) sei die fatale Folge des rationalen Konstruktivismus.[29] Diese Spielart der politischen Philosophie überformt die Natur des Rechts und fungiert als Legitimationsnarrativ für den Exklusivitätsanspruch staatlicher Gesetzgebung. Hayek setzt dem eine kulturanthropologische Analyse des Rechts entgegen. Methodisch ist daran besonders bemerkenswert, dass Hayek selbst die Vorrangstellung der Kulturanthropologie gegenüber der Rechts- und Sozialphilosophie betont und diese mit der für seine Theoriebildung maßgeblichen Schottischen Aufklärung in Verbindung bringt:

> Social theory has here much to learn from the two young sciences of ethology and cultural anthropology which in many respects have built on the foundation of social theory initially laid in the eighteenth century by the Scottish moral philosophers.[30]

Aus der Kulturanthropologie ergebe sich, dass Recht, wenn man es als eine Menge wirksamer Verhaltensregeln versteht, gleichbedeutend mit der Gesellschaft an sich sei.[31] Dabei müssen die Regeln von den Menschen nicht explizit gewusst werden, sondern es handelt sich vielmehr um ein implizites »›knowing how‹ to act«[32]. Diese Formulierung Hayeks exponiert den Status des Rechts als einer normativen, auf Handlungen bezogenen Wissensordnung, die in Prozessen der Subjektivitätsbildung geformt wird. Das »knowing« bezieht sich auf den Aspekt der Wissensordnung, das »to act« expliziert die normative Handlungsbezogenheit dieses Wissens und die Struktur des »knowing how to« referiert auf den Aspekt der Subjektivitätsbildung als einem Prozess, der das Subjekt durch Wissens- und Praxiskonfigurationen ermächtigt, eine bestimmte Handlung zu vollziehen. Recht als eine Menge wirksamer Verhaltensregeln im Sinne eines impliziten »knowing how to act« erfüllt dann vor allem die Funktion der Handlungskoordination innerhalb einer Gesellschaft. Als solches befindet es sich in dem einleitend beschriebenen Zirkel, in dem es einerseits Produkt der gesellschaftlichen Selbstorganisation

27 Hayek, Law, Legislation and Liberty, S. 70.
28 Vgl. ebd., S. 69f.
29 Ebd., S. 70.
30 Ebd., S. 71.
31 Vgl. ebd., S. 69.
32 Ebd., S. 70.

ist – law bzw. *nomos* wird in dezentralen, bottom-up strukturierten Prozessen der Selbstorganisation generiert – und in dem es andererseits als eine Infrastruktur der gesellschaftlichen Selbstorganisation fungiert, indem es Handlungskoordination ermöglicht. In diesem Sinne ist auch der Sanktionsmechanismus des Rechts in seinem eigentlichen Sinne keine staatliche Gewalt, sondern die Zugehörigkeit zur Gruppe als solche bzw. der Entzug dieser Zugehörigkeit. Das Zusammenleben besteht dabei aus Austauschprozessen, die Interaktionen hervorbringen und nach gewissen Regeln, die sich evolutorisch herausbilden, verlaufen. Hayek schreibt dazu:

> Long before man had developed language to the point where it enabled him to issue general commands, an individual would be accepted as a member of a group only so long as he conformed to its rules.[33]

Hayek illustriert damit die medientechnischen Voraussetzungen auf die eine Rechtstheorie wie die ›Command Theory‹ (dt. Imperativentheorie) trifft und die sie selbst unreflektiert lässt. Recht im Sinne von *thesis* setzt Sprache voraus, was Recht im Sinne von *nomos* nicht zwangsweise tut. Dabei ist die Sprache laut Hayek selbst eine spontane Ordnung, das heißt keine geplante Ordnung, sondern eine die sich im Evolutionsprozess herausbildet, indem sich Regeln für die Verknüpfung einzelner Elemente ergeben, die das Resultat praktischer Benutzung und nicht vorheriger starrer Festlegung sind und die sich beständig wandeln.[34] Die Beschreibung der Sprache als spontane Ordnung zeigt zusammen mit dem *nomos* als einem Recht, das keine Sprache voraussetzt, wie der *kosmos*, also die spontane Ordnung, als eines der elementarsten Prinzipien – wenn nicht sogar als das elementarste Prinzip – der Kultur fungiert. Kultur und Ordnungsbildung sind damit aufs Engste miteinander verwoben, wodurch jede Kultur eine Form der impliziten (Selbst-)Organisation darstellt.

d. Recht jenseits staatlicher Herrschaft

Wie in Kapitel § 3 II. erläutert, betrachtet auch Hayek es als die primäre Aufgabe des Rechts, dieses Potential der Kultur nutzbar zu machen und es nicht wie die kontinentaleuropäische, rechtspositivistisch inspirierte Rechtstradition zu verdrängen. Das Recht als *nomos* ist der Inbegriff dieses Rechts. Hayek räumt ihm daher auch eine nahezu unbedingte Stellung vor der *thesis* ein. *Thesis*, das Recht der Gesetzgebung, greift nur in

33 Ebd., S. 70.

34 Vgl. ebd., S. 36; zum Zusammenhang von Sprache und Recht vgl. auch Vesting, Thomas: *Die Medien des Rechts I. Sprache*. Weilerswist: Velbrück Wissenschaft 2011.

seltenen Fällen korrigierend ein, in denen die Selbstorganisation verhindert bzw. zu sehr verzögert ist.[35] Mit dem *nomos* denkt Hayek Recht jenseits des Staates, als Effekt der Selbstorganisationsfähigkeit der Gesellschaft, die in der Kultur zwangsläufig angelegt ist. In dieser Mischform von *nomos* und *thesis* wird nicht-staatliches Recht als wesentlicher Teil der Rechtsordnung erkannt. Implizite Normsetzung durch private Akteure im Wege interaktiver Praxis ist hier der Normalfall und nicht wie im kontinentaleuropäischen Rechtsverständnis das mit allen Mitteln zu Verhindernde und höchstens als Ausnahmefall Zuzulassende. Die Abwesenheit des Staates in bestimmten gesellschaftlichen Feldern bedeutet in diesem Sinne gerade nicht, dass diese ungeregelt seien und somit rechtsfreie Räume darstellten, sondern verbindliche Regeln entstehen hier durch Praxis als spontane Ordnungen. Das Recht als *nomos* ist daher die Begrenzung staatlicher Macht zugunsten der Gesellschaft und ihrer Selbstorganisationsfähigkeit: »law [...] in the earlier sense of *nomos* was meant to be a barrier to all [political] power«[36].

II. Serielles Recht und Hochtechnologie: Karl-Heinz Ladeur

Die theoretische Formulierung einer solchen Rechtsordnung, die ihren Ausgangspunkt in der Selbstorganisationsfähigkeit der Gesellschaft findet und Recht als kooperativen, experimentellen und flexiblen Prozess zwischen Staat und Gesellschaft begreift, findet sich bei Karl-Heinz Ladeur. Bereits in Kapitel § 3 I. wurde dessen spezifische Interpretation der Netzwerkgesellschaft vorgestellt, sowie im vorstehenden Abschnitt seine Verbindung zum Denken Hayeks beleuchtet. Im Folgenden wird die vom ihm skizzierte Akzentverschiebung im Rechtsdenken von einer ex-ante-Regulierung zum kooperativen ex-post-Management erläutert. Auch wenn Ladeur das Konzept des ›seriellen Rechts‹ in einem sehr spezifischen Anwendungszusammenhang entwirft, der Entwicklung von Hochtechnologie unter den Bedingungen des ›Global Administrative Law‹ im Zeitalter der Internetkommunikation, sieht er in dem Konzept durchaus einen allgemeingültigen Zukunftsentwurf für das Recht als Ganzes, wie es der Titel seines Aufsatzes »The Future of Law« anzeigt. Wie bereits im Zuge von Ladeurs Analyse der Netzwerkgesellschaft erwähnt, geht er auch hier von einem komplexen Mehrebenenmodell aus.[37] Die Zukunft des Rechts besteht dementsprechend nicht allein im seriellen

35 Vgl. Hayek, Law, Legislation and Liberty, S. 84.
36 Ebd., S. 87.
37 Vgl. Ladeur, Karl-Heinz: »The Future of Law. ›Serial Law‹?«, in: Poul F. Kjaer (Hg.): *The Law of Political Economy. Transformation in the Function*

Recht, sondern in einem Recht aus mehreren Schichten, die flexibel und situationsorientiert miteinander interagieren. So kann beispielsweise auch punktuell Wissensproduktion durch Organisationen zum Einsatz kommen, wenn dies im jeweiligen Kontext effizienter ist.[38] Diese Struktur erinnert an das Verhältnis von *law* und *legislation* bei Hayek, wo ebenfalls dem *law* das Primat zukommt, und die *legislation* ausschließlich punktuell leicht korrigierend eingreift, wenn die rechtliche Selbstorganisation gehemmt ist.

1. Serielles Recht

Die Darstellung des seriellen Rechts beläuft sich nachfolgend auf diese vier Aspekte: 1) die Verknüpfung des Rechts mit dem es konstituierenden »technischen Wissen«, das ihm selbst eine polyzentrische Struktur verleiht; 2) ein flexibler Polyzentrismus der Akteure, der auf einer Hybridisierung beruht, die klassische Grenzen, wie auch die zwischen ›öffentlich‹ und ›privat‹, auflöst; 3) die Aufhebung der Trennung zwischen Rechtssetzung und Rechtsanwendung, wie sie beispielsweise im Subsumtionsparadigma präsent ist, durch die Verabschiedung von einer ex-ante-Regulierung und die Hinwendung zu einer ex-post-Perspektive, die die normgenerierende Funktion der Lebensformen in den Mittelpunkt stellt; 4) und abschließend die Engführung zwischen Recht und Subjekt in der Gestalt, dass Serialität und Experimentalität als die Konstitutionsverfahren sowohl des (seriellen) Rechts als auch des poststrukturalistischen Subjekts fungieren – eine Verbindung, die Ladeur selbst zumindest zum Teil ablehnt.

a. Polyzentrisches Recht:
Die Interaktion des Rechts mit dem »technischen Wissen«

Ladeurs Begriff des seriellen Rechts lokalisiert die Rechtserzeugung in einer Serie fallbezogener Entscheidungen, und stellt somit von einer ex ante auf eine ex post Perspektive um. Nichtsdestotrotz handelt es sich dabei nicht um eine Art ›common law‹ mit Präzedenzfalldenkweise, sondern der Akzent liegt auf der Einbeziehung gesellschaftlicher Wissensbestände in den Vorgang der Rechtsanwendung und der damit einhergehenden indirekten und situativen Erhebung dieses Wissens zur Rechtsquelle. Der Vorgang der Rechtsanwendung lässt sich dabei – anders als in

of Law. Cambridge et al.: Cambridge University Press 2020, S. 299–319, S. 306.

38 Vgl. ebd., S. 306.

der kontinentaleuropäischen Rechtstradition – nicht mehr von dem der Rechtserzeugung trennen, da das serielle Verfahren selbst Rechtswissen hervorbringt (siehe Abschnitt c.). Ladeurs Wissensbegriff hängt hier an dem der Netzwerkgesellschaft: Das Wissen transzendiert in das Netzwerk selbst und befindet sich in einem fluiden Prozess des Selbstregulierung. In den postmodernen Wissensgesellschaften ist das Wissen somit stets fragmentiert, was die Konkretisierung der vorhandenen Wissensressourcen in einem einzelnen Individual- oder Kollektivsubjekt unmöglich macht. Das Wissen ist verteilt über eine Vielzahl von Subjekten, die in beständigen, transformativen kulturellen Austauschprozessen miteinander stehen. Diese transsubjektive Konzeption des Wissens bei Ladeur beruht auf seinem Begriff des »technischen Wissens«[39]. Die Strukturen des Wissens präsentieren sich hier im Spiegel der Technologie. Es sind die bereits mit Gumbrecht beschriebenen Potentiale der Technologie, eine neue Objektivität zu kreieren, wodurch – so Gumbrecht und Ladeur – die Technologieentwicklung durch beispielsweise Ingenieure und Programmierer bedeutender für die Erschließung der ›Realität‹ sei als die Analysen der Naturwissenschaftler, da es die Praktiken der Technologieentwicklung sind, die diese ›Realität‹ bzw. ›Objektivität‹ überhaupt erst konstituieren.[40] Gegenwärtig sind dafür vor allem die Technologien der Internetkommunikation maßgeblich, die als Technologie die dezentrale Wissensproduktion in der Netzwerkgesellschaft hervorgebracht haben (vgl. § 3 I.2. Dezentrale Wissensproduktion und § 3 I.3. Medientechnik der Netzwerke).[41] Damit einhergehend eröffnet sich ein weiteres für Ladeurs Wissensbegriff zentrales Feld, und zwar das des Gegensatzes von Generalisierung und Spezialisierung. Für den Bereich der Politik schreibt Ladeur:

> This finds its political repercussion in the fact that the representative institutions (parliament, political parties, trade unions, etc.) are increasingly facing the resistance of the particular, which escapes from the generalisation of interests, of political strategies, of legal standardisation.[42]

Die tradierten Generalisierungsstrategien politischer Repräsentationsorgane, die sich auch als Relikt der Gesellschaft der Organisationen deuten lassen, geraten durch die zunehmend wichtigere Spezialisierung unter Druck. Die gesteigerte Bedeutung der Spezialisierung liegt in der durch

39 Vgl. Ladeur, Karl-Heinz: *Die Textualität des Rechts. Zur poststrukturalistischen Kritik des Rechts*. Weilerswist: Velbrück Wissenschaft 2016, S. 183ff.

40 Vgl. Gumbrecht, Hans Ulrich: *Weltgeist im Silicon Valley. Leben und Denken im Zukunftsmodus*, herausgegeben von René Scheu, Zürich: NZZ Libro 2018, S. 22f.; vgl. Ladeur, Serial Law, S. 307. Die Rolle, die die Naturwissenschaften als Grundlagenwissenschaften der Ingenieurswissenschaften übernehmen, bleibt bei beiden Autoren allerdings unterbestimmt.

41 Vgl. Ladeur, Serial Law, S. 307ff.

42 Ebd., S. 301.

die »technische Wissensordnung« hervorgerufene Komplexitätssteigerung begründet, die sich ihrerseits am »highly dynamic and disruptive development of technologies and knowledge«[43] festmacht. Die Suche nach einem »Allgemeinen«, unter dem sich das »Spezielle« subsumieren lässt – so im Feld des Rechts repräsentiert durch die Methode der Subsumtion, wo das Allgemeine die Rechtsnorm und das Spezielle der Lebenssachverhalt ist –, gestaltet sich nahezu unmöglich in einer Welt, in der das technische Wissen neue, disruptive Formen instantan erzeugt. Eine Regulierung solcher Formen muss sich zwangsläufig in Form einer ›Selbst-Regulierung‹ präsentieren, die sich die Wissensstrukturen der instantanen Hervorbringung zunutze macht, um so auch gleichsam deren Regulierung hervorzubringen. Das Recht muss somit selbst auf die Strukturen des technischen Wissens zurückgreifen. Die erforderliche Spezialisierung im Feld des Rechts lässt sich nur durch eine Dezentrierung erreichen. Die Funktion des Rechts besteht dann vor allem in der ›Koordination heterogener und polyzentrischer Wissensbestände‹[44] und seine Legitimation entsteht aus der daraus erwachsenden Generierung spezialisierten Wissens für das Recht.[45]

Ladeur teilt an dieser Stelle Hayeks epistemologische Kritik des Gesetzgebers und verschiebt die Entscheidungsmacht von einem hierarchischen Zentralsubjekt zurück in die dezentralen Prozesse der Wissensproduktion.[46] Die Rechtssetzung ist dann nicht mehr in einer Art Scheinautonomie den sie konstituierenden gesellschaftlichen Wissensbeständen enthoben, sondern realisiert sich in ihnen selbst, indem das Recht sie durch eine Koordinationsleistung nutzbar macht. So werden dezentrale Praktiken der Wissensproduktion nicht nur zum Ausgangspunkt der Konstitution des Rechts, sondern die Funktion des Rechts besteht in der Koordinationsleistung des polyzentrischen Wissens, um gesellschaftliche Selbstorganisation effizient zu ermöglichen. Das Recht wird so selbst polyzentrisch. Der als Ausgangspunkt dieser Arbeit erläuterte Widerspruch eines Rechts, das seine Bedingtheit in außerjuristischen Wissensbeständen nicht erkennt, wird so aufgelöst, und das Recht reflektiert seinen Status als normative, auf Handlungen bezogene Wissensordnung in jeder seiner Operationen.

43 Ebd., S. 302.
44 Vgl. ebd., S. 303.
45 Vgl. ebd., S. 303.
46 Vgl. ebd., S. 306; wo Ladeur explizit davon spricht, dass das Monitoring in komplexen Umgebungen unter bestimmten Umständen »too complex for humans to design« sei. Die Formulierung »too complex for human design« findet sich in dieser Weise auch bei Hayek.

b. Polyzentrismus der Akteure: Hybride zwischen Öffentlichkeit und Privatheit

Eine Schlüsselerkenntnis hierzu ist erstens die Anerkenntnis einer Vielzahl von Akteuren, die durch Praktiken der Wissensgenerierung an der Normsetzung beteiligt sind, und zweitens ihre Einbindung in die Verfahren des Rechts. Dies geschieht im Wege eines flexiblen, kooperativen ex-post-Managements. Dabei wird die Top-down-Perspektive der Gesetzgebung und der Rechtsanwendung aufgegeben und durch ein Bottom-up-Modell vernetzter rechtswissenserzeugender Akteure ersetzt.[47]

Entscheidend dafür ist der Begriff der »Hybridisierung«. Im Licht der technologischen Entwicklung und des von ihr hervorgebrachten neuen Wissens werden klassische Gegensätze wie beispielsweise der zwischen ›öffentlich‹ und ›privat‹ aufgehoben. Ladeur illustriert dies am Beispiel der Internetkommunikation, in der hybride Kommunikationsformen zwischen Privatheit und Öffentlichkeit stattfinden.[48] Diese Hybride könnten auch für die Form ihrer rechtlichen Regulierung gewinnbringend sein. Die Geste, die Mechanismen der Regulierung aus den Eigenschaften des zu regulierenden Gegenstandsbereichs selbst erwachsen zu lassen, ist eine der theoretischen Grundlagen von Ladeurs Konzept des seriellen Rechts und konkretisiert die Idee der Selbstregulierung.[49] Auf der Akteursebene des seriellen Rechts bilden sich auf diese Weise neue, hybride Formen der Koordination zwischen öffentlichen und privaten Akteuren heraus.[50] Formen bürokratischer Herrschaft (M. Weber) wie beispielsweise die des Datenschutzbeauftragten werden dabei durch flexiblere Verfahren abgelöst, die weniger ausschließlich auf öffentliche Funktionen wie die Gewährleistung von Erwartungsstabilität und den Erhalt von Rechts- bzw. Gemeingütern fixiert sind, sondern die auch die durch das technische Wissen veränderten dynamischen Lebenswelten stärker berücksichtigen.[51] Die bürokratische Herrschaft im Sinne Webers, deren Logik eine Reihe öffentlicher Institutionen folgt, darunter auch die Position des Datenschutzbeauftragten, operiert aktenmäßig, amtshierarchisch, kompetenziell abgegrenzt und strikt regelgebunden.[52] Sie folgt dabei einer Top-down-Organisation und jede Handlung

47 Vgl. Ladeur, Serial Law, S. 299.

48 Vgl. ebd., S. 307f.

49 Vgl. ebd., S. 305; »It is important to regard the volatility of the process that is to be regulated not only as a problem but also as a potential for a flexible smart regulation«.

50 Vgl. ebd., S. 304.

51 Vgl. ebd., S. 312.

52 Vgl. Bogumil, Jörg und Werner Jann: *Verwaltung und Verwaltungswissenschaft in Deutschland. Eine Einführung*. 3. Auflage, Wiesbaden: Springer Fachmedien 2020, S. 279.

basiert auf der Autorisierung einer höheren Instanz im Modus des Delegierens. Diese Denkweise öffentlicher Institutionen kritisiert Ladeur bereits in der Einleitung seines Textes, wenn er schreibt:

> The hierarchical, top-down perspective on law is still the dominant one [...]: this principle finds its repercussion in public law in the doctrine of the ›delegation‹ of rule-making power by parliament to administrative agencies [...] One should go one step further and abandon the delegation doctrine for the practice of decision making in conditions of complexity (i.e. control *ex ante* should be superseded by a new control project, control *ex post*). One could openly accept the law-making power of administration and/or of private organisations (i.e. ›serial law‹ that is generated from a ›series‹ of experimental search processes in conditions of uncertainty).[53]

Diese Neuausrichtung des Selbstverständnisses öffentlicher Institutionen im Spiegel der Hybridisierung von Öffentlichem und Privatem erfasst nicht nur die Exekutive (z. B. Agencies, Ministerien und Sonderbeauftragte), sondern auch die Legislative und Judikative. So könnte in den seriellen Verfahren nicht nur die Kodifikation der Normen durch einen Gesetzgeber obsolet werden, sondern auch die Rolle der staatlichen Gerichte könnte erheblich an Bedeutung verlieren.[54] Zwar werden diese nicht gänzlich verschwinden, wie Ladeur an einer anderen Stelle des Textes am Beispiel relationaler Vertragsmodelle erläutert, allerdings verändert sich ihre Funktion grundlegend von einer ehemals hierarchischen staatlichen Gewalt hin zu einem »external support«[55]. Der Fokus der rechtlichen Konfliktlösung liegt dann auf einem »self-adjustment«[56].

Bei diesem Funktionswandel staatlicher Institutionen von einer hoheitlichen Entscheidungsmacht zu einem kooperativen Akteur geht es dezidiert nicht darum, privaten Akteuren eine im schlimmsten Fall monopolistische Entscheidungsmacht zukommen zu lassen. Nicht nur würde dies der angestrebten heterarchischen Struktur widersprechen, sondern die polyzentrische Einbindung der Akteure zielt nicht auf die Akteure selbst, sondern auf die Verfügbarmachung des sich im Netzwerk befindlichen transsubjektiven Wissens. Die Akteure als solche sind in dieser Hinsicht stets austauschbar. Dementsprechend findet auch keine Machtakkumulation bei individuellen Akteuren statt, sondern die Macht ist immer in den Wissensnetzwerken selbst angesiedelt. Diese Figur referiert erneut auf den poststrukturalistischen Machtbegriff und dessen strategischen Anwendungszusammenhänge in der Netzwerkgesellschaft, wie sie zuvor bereits am Beispiel des Arabischen Frühlings

53 Ladeur, Serial Law, S. 299.
54 Vgl. ebd., S. 304.
55 Ebd., S. 310.
56 Ebd., S. 310.

erörtert wurden. Die Funktion der in das Rechtsverfahren eingebundenen Akteure beruht nicht auf ihrem Status als handelnder Akteur, sondern auf ihrer Rolle als Knotenpunkt im Wissenssystem.

Durch diese Öffnung und Hybridisierung der rechtlichen Verfahren wird auch die auf theoretischer Ebene diskutierte Limitierung des Rechts auf eine rein politisch-juridische Kategorie aufgehoben. (Rechts-)Wissensproduzenten aus den unterschiedlichen gesellschaftlichen Teilbereichen werden so unmittelbar Teil der Prozesse der Rechtsfindung.

c. Modulare Verfahren: Vitale Normativität als Auflösung der Binarität von Rechtssetzung und Rechtsanwendung – mit einem Exkurs zu »Rechtsstaat und Methodenlehre«

An diese Beobachtungen zu den Verschiebungen auf der Wissens- und Akteursebene des Rechts schließt sich die Frage nach der Funktion und Struktur des rechtlichen Verfahrens an. Grundlage des Verfahrensbegriffs ist die Auflösung der Binarität von Rechtssetzung und Rechtsanwendung, wie sie im kontinentaleuropäischen Rechtsverständnis grundlegend ist. Im obenstehend noch ausgelassenen zweiten Teil seines Einleitungsabschnitts schreibt Ladeur: »The hierarchical, top-down perspective on law is still the dominant one […]: this principle finds its repercussion in […] the assumption that the law is ›applied‹ to cases, but that cases do not make law.«[57] Ladeur hingegen geht davon aus, dass die praktischen Lebenssachverhalte selbst Recht hervorbringen. Es ist die oben erläuterte theoretische Figur, dass ein zu regelnder Gegenstand die Wissensstrukturen seiner eigenen Regulierung enthält. Techniken, Wissensbestände und Praktiken als die drei Komponenten der Subjektivität generieren somit selbst eine vitale Normativität. Diese vitale Normativität im Feld des Rechts hervorzubringen, ist die zentrale Funktion des Rechtsverfahrens im seriellen Recht. Dieses fokussiert sich dann auf ›modulare Verfahrensnormen‹[58], die der Generierung neuen Wissens dienen, das eine ex-post-Evaluation ermöglicht.[59] Das am konstituierenden ›technischen Wissen‹ ausgerichtete Rechtsverfahren generiert auf diese Weise als modulare Verfahrenstechnik aus seinem Gegenstand selbst das (Rechts-)Wissen, das für dessen Entscheidung ex post erforderlich ist. Wissensgenerierung ist dabei keinesfalls als die Erschließung des Sachverhalts durch das Gericht misszuverstehen, sondern betrifft die Ebene der Rechtsnormen selbst. Durch diese Verschmelzung von Lebenssachverhalt und Rechtsnorm, die sich vor dem Hintergrund des Konzepts der vitalen Normativität deuten lässt,

57 Ebd., S. 299.
58 Vgl. ebd., S. 310.
59 Vgl. ebd., S. 304.

werden eine Reihe klassischer Axiome kontinentaleuropäischen Rechtsdenkens verworfen, die ihrerseits alle auf der möglichst scharfen Trennung von Rechtssetzung und Rechtsanwendung beruhen. Dies sind 1) die Gewaltenteilung, 2) die Rechtssicherheit (beide in der deutschen Verfassungsordnung Teil des Rechtsstaatsprinzips), 3) die Methode der Subsumtion und 4) der Systemgedanke des Rechts (letztere beide als fundamentale Prinzipien der juristischen Methodenlehre).

Beginnend mit der Gewaltenteilung soll an dieser Stelle keine umfassende neue Staatsarchitektur entworfen werden. Dies würde zu weit führen und auch den spezifischen Fokus dieses Unterkapitels, die Ebene der Verfahren im seriellen Recht, aus dem Blick verlieren. Das Problem der Gewaltenteilung wird daher im Folgenden an einem spezifischen Problemfeld der juristischen Methodenlehre des demokratischen Rechtsstaates entwickelt, und zwar dem sogenannten »Richterrecht«[60]. Bei der Diskussion des »Richterrechts« geht es um die Frage, in welchem Umfang und unter welchen Bedingungen die rechtsprechende Gewalt (Judikative) eine rechtssetzende Funktion (Legislative) ausüben darf. In der parlamentarischen Demokratie der Bundesrepublik stellt dies ein Problem dar, da dem Parlament ein »Legitimationsmonopol«[61] zukommt; es ist auf Bundesebene das einzige vom Volk direkt gewählte Organ, woraus folgt, dass sich die Legitimation aller anderen Organe aus seiner Legitimation ableiten muss.[62] Dem Parlament kommt dabei eine Schlüsselrolle bei der Gesetzgebung zu. Wenn nun die Judikative rechtssetzende Funktionen übernimmt, dann verstößt dies gegen den Grundsatz der Gewaltenteilung: Einzelne Richter mit geringer demokratischer Legitimation erheben sich über das unmittelbar vom Volk gewählte Parlament. Die Diskussion über das »Richterrecht« zeigt auf, wie die Theorie der Gewaltenteilung auf eine strenge Trennung von Rechtssetzung und Rechtsanwendung baut: Die Legislative ist zur Rechtssetzung befugt und die Judikative zur Rechtsanwendung. Das Gerichtsverfahren wird demnach auf den Rahmen der möglichst reinen *Anwendung* des Rechts beschränkt. Die modularen Verfahren des seriellen Rechts, die selbst Rechtswissen hervorbringen, widersprechen dem, indem sie Rechtssetzung und Rechtsanwendung vermischen. Damit stellen sie Teile des Grundsatzes der Gewaltenteilung in Frage.

60 In der klassischen juristischen Methodenlehre wird das Phänomen des Richterrechts neben der Frage nach der Gesetzesbindung und dem Verhältnis von Gesetzgeber und Richter vor allem im Hinblick auf das Problem der richterlichen Rechtsfortbildung diskutiert.

61 Vgl. Rudzio, Wolfgang: *Das politische System der Bundesrepublik Deutschland.* 10. Auflage, Wiesbaden: Springer VS 2019, S. 33f.

62 Vgl. hierzu das Konzept der Legitimationskette bei Böckenförde, Ernst-Wolfgang: »§ 24 Demokratie als Verfassungsprinzip«, in: Josef Isensee / Paul Kirchhof (Hg.): *Handbuch des Staatsrechts. Bd. 2. Verfassungsstaat.* 3. Auflage, Heidelberg: C. F. Müller 2004, S. 429–496, Rn. 16.

Vom Standpunkt der klassischen juristischen Methodenlehre würde man dann Ladeurs Vermischung von Rechtssetzung und Rechtsanwendung im rechtlichen Verfahren den Vorwurf eines »Richterstaates«[63] machen. Weiter gefehlt könnte ein solcher Vorwurf allerdings kaum sein, da er die neue Medialität des seriellen Rechts vollständig ignoriert. Im Vorwurf des Richterstaates steckt die Idee, dass die Richter sich ohne entsprechende Legitimation einer politischen Gewalt bemächtigen, die sich in der Rechtssetzung als primärer Form staatlichen Handelns ausdrückt. Dass dies auf die Verfahren des seriellen Rechts nicht zutrifft, zeigen die folgenden drei Punkte.

Erstens, den Richter als solchen gibt es nicht mehr. Bereits in Abschnitt b. wurde die veränderte Funktion staatlicher Gerichte besprochen. Der Richter ist dabei nicht mehr als hierarchisches Zentralsubjekt mit einer über alle anderen Akteure erhabenen Entscheidungsmacht zu verstehen, sondern als ein funktionaler Akteur des »external support«. Da der Richter keine Zentralstellung im Verfahren mehr einnimmt, gibt es auch keine Macht, derer er sich unerlaubt bemächtigen könnte.

Zweitens, die modularen Verfahren des seriellen Rechts als solche sind – weitgehend – entpersonalisiert. Sie entziehen sich damit einer Deutung des politischen Machtkampfes. Ladeur denkt hier zum Beispiel an sich selbst flexibel regulierende Technologien der Selbstbeobachtung wie das »Internet der Dinge«[64], die relationalen Verträge[65] oder sich in Echtzeit entwickelndes Kontextrecht[66]. Weitere Beispiele ergeben sich aus den Medien der Computerkultur wie dem Hypertext.[67]

63 In der deutschen rechtsmethodischen Debatte gewann die Auseinandersetzung über den »Richterstaat« insbesondere 2006/07 größere Aufmerksamkeit im Rahmen einer zunächst vornehmlich von Bernd Rüthers, Günter Hirsch und Christoph Möllers geführten Kontroverse, vgl. exemplarisch Hirsch, Günther: »Auf dem Weg zum Richterstaat? Vom Verhältnis des Richters zum Gesetzgeber in unserer Zeit«, in: *Juristen Zeitung* 2007 (Bd. 62, Nr. 18), S. 853–858; und Möllers, Christoph: »Erwiderung auf Günther Hirsch JZ 2007, 853«, in: *Juristen Zeitung* 2008 (Bd. 63, Nr. 4), S. 188–189. Konkretisiert über das Phänomen der richterlichen Rechtsfortbildung werden hier vor dem Hintergrund der verfassungsrechtlichen Bindung der Judikative an Recht und Gesetz (Art. 20 III GG) die Probleme der Methodenwahl und des Umgangs mit ›Lücken‹ im positiven Recht diskutiert. Im Kern geht es dabei dennoch stets um die Frage nach der sauberen Trennung von Rechtssetzung und Rechtsanwendung, wie sich auch an der von Hirsch eingeführten Analogie von Komponist und Pianist für Gesetzgeber und Richter zeigt.

64 Vgl. Ladeur, Serial Law, S. 306.

65 Vgl. ebd., S. 310.

66 Vgl. ebd., S. 315.

67 Vgl. Vesting, Thomas: *Rechtstheorie*. 2. Auflage, München: C. H. Beck 2015, Rn. 296f.

Drittens, das Rechtsverständnis des seriellen Rechts ist ein komplett anderes als das der Theorie des demokratischen Rechtsstaates. Recht wird hier nicht mehr als das primäre Medium staatlichen Handelns verstanden, sondern als ein flexibles Medium der Handlungskoordination. Nicht nur wird das Recht somit nicht mehr vom Staat aus gedacht, sondern seine Setzung und Anwendung ist auch kein politisch-institutioneller Akt mehr im Sinne eines *polity-* bzw. *politics*-Begriffs.

Das zweite Problemfeld ist das der Rechtssicherheit. Im demokratischen Rechtsstaat gilt das Gebot der Rechtssicherheit für den Normadressaten. Er muss vor seiner Handlung wissen können, ob diese rechtens ist oder nicht. Dies impliziert, dass die gerichtliche Entscheidung sich aus den zuvor geschriebenen Rechtsnormen ergeben muss. Methodisch betrifft dies das später zu erläuternde Subsumtionsparadigma und rechtsstaatlich beinhaltet es auch die in der Gewaltenteilung vorgesehene Bindung der Judikative an »Recht und Gesetz« (Art. 20 III GG). Aufgrund dieser Scharnierstellung lässt sich dieses Problemfeld hier vergleichsweise kurz behandeln, da die meisten zentralen Argumente sich aus dem vorstehenden und dem folgenden Abschnitt ergeben.

Vergegenwärtigt man sich das Anwendungsfeld, in dem Ladeur seine Theorie des seriellen Rechts situiert, so wird schnell klar, warum dem Begriff der Rechtssicherheit keine gesteigerte Bedeutung beigemessen wird. Ladeur betrachtet mit der Entwicklung von Hochtechnologie ausschließlich ein Feld, für das evolvierende Komplexität und Ungewissheit konstitutive Bedingungen darstellen. Unter solchen Bedingungen kann es keine vorab Erwartungsstabilität im Sinne einer Rechtssicherheit geben, ohne die kreativen Potentiale des Entwicklungsprozesses selbst zu gefährden. Jegliche Sicherheit durch Vorschrift wäre hier künstlich und verfehlt. Gleichzeitig ist ebenso klar, dass solche Entwicklungsprozesse nicht unreguliert bleiben können. Dies führt zur ex-post-Evaluation. Ladeur schreibt:

> regulation *ex ante* can easily fail under conditions of complexity;[68] the decreasing relevance of stable norms [...] should lead to a focus on procedural norms which are designed with regard to the generation of new knowledge that will be useful for the evaluation *ex post*[69]

Serielles Recht ist also nicht mehr darauf ausgelegt, durch Präskription ex ante stabile Normen zu erzeugen, sondern sich auf Verfahren der (Rechts-)Wissensgenerierung zu stützen, die Wissen hervorbringen, mit dessen Hilfe eine ex-post-Evaluierung möglich ist. Das modulare Verfahren erfasst die Eigenschaften seines komplexen Gegenstandes und generiert aus ihnen die Normen seiner eigenen Regulierung, die wiederum seine Evaluation ex post ermöglichen. Eine Rechtssicherheit kann es in einem solchen Verfahren, in dem das Normativitätswissen erst im

68 Ladeur, Serial Law, S. 305.

69 Ebd., S. 304.

Verfahren selbst gewonnen wird, nicht geben. Sie wäre aber auch nicht wünschenswert, da sie die fundamentale Eigenschaft ihres Regelungsgegenstandes, und zwar dessen Nicht-Linearität und Kontingenz, völlig außer Acht ließe.[70]

Die Kritik am Ideal der Rechtssicherheit ist hier somit eine leicht andere als noch in den Kapiteln §§ 2 und 3, wo vor allem die Konzeption des Normadressaten als einem in gesellschaftliche Wissensbestände verwobenen Subjekt der Ausgangspunkt der Kritik war. Vorliegend liegt der Akzent hingegen auf der kontingenten Komplexität der Wissensstrukturen selbst und nicht mehr schwerpunktmäßig auf dem Subjekt.

Als drittes Problemfeld in Bezug auf die Auflösung der Trennung von Rechtssetzung und Rechtsanwendung ergibt sich die Methode der Subsumtion. Dieses Problemfeld bildet gleichzeitig den Übergang von den im Kern rechtsstaatlichen Kritikpunkten hin zu den stärker an der juristischen Methodenlehre orientierten Kritiken. Die Kritik an der Subsumtion vom Standpunkt einer an der vitalen Normativität ausgerichteten Rechtstheorie wurde bereits in § 3 II. formuliert und stellt sich hier nicht sonderlich anders dar. Der Rechtsbegriff der Subsumtion ist der der statischen Präskription. Die Lösung eines Falls ist immer schon in der Rechtsnorm enthalten und wird durch die Subsumtion des Lebenssachverhalts unter sie extrahiert. Der Lebenssachverhalt wird damit bedingungslos der Rechtsnorm untergeordnet. Dass sich aus dem Lebenssachverhalt im Sinne einer vitalen Normativität selbst Rechtswissen ergeben kann, ist im Subsumtionsmodell nicht vorgesehen. Die Rechtsnorm ist eine starre Vorschrift, die sich aus dem autonomen Willen des souveränen Gesetzgebers ergibt, und die auf den Fall angewendet wird. Dies kritisiert Ladeur, wenn er, wie oben bereits zitiert, schreibt, dass diese Top-Down-Perspektive hinter sich zu lassen sei und Recht nicht nur als etwas auf Fälle Anzuwendendes zu verstehen sei, sondern auch als etwas, das sich aus Fällen ergeben kann.[71] Er kehrt damit den Subsumtionsgedanken um. Es ist die Abwendung vom Begriff der Norm als Präskription und die Hinwendung zur normativen Kraft der Lebensformen, die als solche nur in ihrer Dynamik begriffen werden kann. Darüber hinaus stellt die Rechtsnorm im Subsumtionsmodell das Allgemeine dar, unter das das Spezielle, der Lebenssachverhalt, zu subsumieren sei. Wenn dies allerdings nicht mehr möglich ist, da die Dynamik und Komplexität des Gegenstandes, diesen so singulär werden lässt, dass er sich nicht mehr unter ein Allgemeines fassen lässt, bzw. ein Allgemeines für die Reihe der spezifischen Gegenstände nicht mehr auszumachen ist, dann stößt das Subsumtionsmodell unweigerlich an seine Grenze und die rechtlichen Verfahren müssen sich polyzentrisch an den spezifischen Feldern selbst bottom-up ausrichten.

70 Vgl. ebd., S. 305.
71 Vgl. ebd., S. 299.

Wenn dies der Fall ist, dann ist auch, viertens, die Konzeption des Rechts als ein geschlossenes System hierarchisch geordneter Normen und Begriffe zu verwerfen. Diese an die Begriffsjurisprudenz angelehnte Definition, wie sie allerdings auch heute – zum Teil über Kelsens Sein-und-Sollen-Dualismus und den Stufenbau der Rechtsordnung vermittelt –[72] im Rechtspositivismus präsent ist, begreift das Recht als etwas Einheitliches und Abstraktes. Dieser Gedanke ist beispielsweise auch in der systematischen Auslegungsmethode präsent, wenn man davon ausgeht, dass Rechtsbegriffe im gesamten Rechtssystem prinzipiell einheitlich zu verwenden sind.[73] Das Recht als geschlossenes System hierarchisch geordneter Begriffe muss unweigerlich ein System der abstrakten rationalen Planung sein. Ein solches Recht kann dann gerade nicht das Produkt komplexer, kontingent evolvierender, transsubjektiver Wissensstrukturen sein, wie es das serielle Recht bei Ladeur ist. Die Komponente des Seriellen beschreibt ja gerade dessen Status als in einer Serie von fallspezifischen Entscheidungen entwickelten Rechts. Ladeur schreibt: »One might call the patterns that emerge *ex post* from a practice of cooperation ›serial law‹, because of the preponderance of a ›series‹ of practical ›moves‹ in fluid reality«[74].

Resümiert man diese Gegenüberstellung des Verfahrensbegriffs des seriellen Rechts, in dem die Binarität von Rechtssetzung und Rechtsanwendung aufgelöst wird, mit den Begriffen des Rechtsstaates und der juristischen Methodenlehre, so deutet gerade deren Inkompatibilität auf Irritationen hin, die letztlich aufzeigen, dass das serielle Recht ein grundlegend anderes Recht ist als das des gegenwärtigen demokratischen Rechtsstaates. Das serielle Recht lässt sich mit dessen traditionellen Begriffen nicht fassen und man verfehlt seinen Kern, wenn man es trotzdem versucht. Vor diesem Hintergrund stellt Ladeur fest, dass ein weiteres Vorantreiben der derzeit im Feld der Hochtechnologie entstehenden neuen Formen des seriellen Rechts eine umfassende Umstellung der Strukturen staatlicher Institutionen erfordert. Die vergleichsweise stabilen staatlichen Institutionen müssen dabei einen experimentellen Modus der Beobachtung von Entwicklungsprozessen ex post adaptieren.[75] Vor dem Hintergrund der Netzwerkgesellschaft und im Kontext

72 Vgl. zur Einheit und Widerspruchsfreiheit der Rechtsordnung bei Kelsen, ders.: *Reine Rechtslehre. Mit einem Anhang. Das Problem der Gerechtigkeit. Studienausgabe der 2. Auflage 1960*, herausgegeben von Matthias Jestaedt, Tübingen: Mohr Siebeck 2017, S. 368ff. [Studienausgabe] bzw. S. 209ff. [Originalausgabe].

73 Vgl. Kudlich, Hans und Ralph Christensen: »Die Kanones der Auslegung als Hilfsmittel für die Entscheidung von Bedeutungskonflikten«, in: *Juristische Ausbildung* 2004 (Bd. 26, Nr. 1), S. 74–83, S. 76.

74 Ladeur, Serial Law, S. 318.

75 Vgl. ebd., S. 316.

eines breiter angelegten staatstheoretischen Rahmens schließt Ladeur seinen Text wie folgt:

> The problems of the emerging network society lie much deeper. They call into question the whole logic of the state or stable legal patterns of coordination. The law of the network society has to cope with a much more fundamental transformation of the whole structure of law.[76]

Diese grundlegende Transformation der Struktur und Medialität des Rechts in der postmodernen Wissensgesellschaft zu beschreiben, ist auch das Ansinnen der vorliegenden Arbeit. Dass Ladeurs Konzept des seriellen Rechts dafür ein wichtiger und innovativer Stichwortgeber ist, steht außer Frage. Dass allerdings auch sein Konzept nicht die ultima ratio ist und seinerseits vor dem Hintergrund des ›Recht als Praxis‹-Paradigmas selbst zu Irritationen führt, wird in den nächsten beiden Abschnitten deutlich werden.

d. Serialität und Experimentalität: Poststrukturalistische Rechtssubjekte?

Serialität und Experimentalität sind im Sinne der vorstehenden Erläuterung die zentralen Bezugspunkte der Verfahren des seriellen Rechts. Aus dieser Beobachtung ergibt sich eine diskussionswürdige Parallele zwischen der Konzeption des Rechts und der des Subjekts. Beide konstituieren sich in einer Serie experimenteller Praktiken. Ladeurs serielles Recht entspricht in dieser Hinsicht dem gesuchten Paradigma eines Rechts, das postmoderne Subjektivität und Recht im Hinblick auf die Verfahrensweisen und Strukturen des Rechts synergetisch zusammenführt.

Dieser Bezug zum poststrukturalistischen Subjekt stellt sich bei Ladeur selbst nicht ganz unproblematisch dar. In seinem Buch *Die Textualität des Rechts* entwickelt Ladeur das Paradigma des seriellen Rechts vor dem Hintergrund einer Kritik des Poststrukturalismus. Dabei fällt auf, dass sich Ladeur vor allem auf die poststrukturalistischen Theoretiker bezieht, die eine klassische Kritik des Rechts vorgelegt haben, namentlich Derrida, Agamben, Nancy und Menke, wobei letzterer wohl nur in einem sehr begrenzten Rahmen als Poststrukturalist bezeichnet werden kann.[77] Foucault und Deleuze hingegen werden lediglich in einigen wenigen, über das Buch verteilten Fußnoten und Anmerkungen erwähnt. Dies unterstreicht den Mehrwert und die Eigenständigkeit der vorliegenden Arbeit, die die Kulturtheorie des Rechts explizit über die Begriffe Foucaults und Deleuze' entwickelt und daran anschließend zeigt, wie diese mit den Konzepten der Netzwerkgesellschaft interagiert. Ein Grund

76 Ebd., S. 319.
77 Vgl. Ladeur, Textualität des Rechts, S. 39ff.

für die Vernachlässigung Foucaults (und auch Deleuze') in Ladeurs Text ergibt sich aus den verstreuten Anmerkungen zu Foucault. So liest Ladeur diesen gerade nicht als einen – pathetisch ausgedrückt – ›Philosophen der Freiheit‹, sondern wirft ihn – gleich zusammen mit Deleuze – mit den deutschen Kulturtechnikforschern wie Bernhard Siegert und Cornelia Vismann in einen Topf.[78] Ladeurs Foucaultlektüre bzw. die Versatzstücke, die davon in seinem Text erkennbar sind, verharren zu sehr in der Foucault'schen Machtanalytik und beziehen den entscheidenden Paradigmenwechsel zur auf die Einführung der Freiheitsachse in den Macht-Wissen-Komplex folgenden Entwicklung der Ästhetik der Existenz und der Technologien des Selbst zu wenig ein. Dies wird auch dort deutlich, wo Ladeur sich über Menke vermittelt auf die Unterscheidung Foucaults zwischen Disziplin und Ästhetik der Existenz bezieht.[79] Wo die ästhetisch-existentielle Praxis in der vorliegenden Arbeit als Grundlage des Lebensformbegriffs und der transsubjektiven Wissensproduktion interpretiert wurde, begreift Ladeur sie lediglich als eine ›Verkürzung‹ derselben.[80] Ladeur betrachtet die Ästhetik der Existenz als eine Philosophie, in der »das autonome Subjekt als Bezugsgröße vorausgesetzt«[81] wird. Das passt für ihn nicht zum »Prozess der Erzeugung von Möglichkeiten, des unpersönlichen kollektiven Wissens«, in dem das Subjekt eher »randständig«[82] geworden sei. Diese Kritik operiert jedoch mit einem falschen Autonomiebegriff. Die Ästhetik der Existenz meint gerade keine Rückkehr zum autonomen Subjekt der Aufklärung, sondern beschreibt ein Subjekt, das bereits a priori in netzwerkartige Macht-, Wissens- und Handlungsstrukturen eingebunden ist, von denen es sich im Akt der Praxis emanzipiert und diese so transformiert. Dass diese Transformation eine Wirkung hat, liegt in den das Subjekt umgebenden transsubjektiven Prozessen begründet, dass es diese Transformation aber überhaupt gibt, findet seinen Ausgangspunkt durchaus im Subjekt.

Der vorgelegte Entwurf hält damit ein Stück weit mehr am Konzept des Subjekts fest, als Ladeur es selbst tut. Es ist dann gerade die

78 Vgl. ebd., S. 108f. bzw. Fn. 438; Ladeur bezieht sich hier vornehmlich auf die Unterrepräsentation einer (ermächtigend gedachten) medientechnologischen Ebene bei Foucault, wie es als Kritik bzw. Erweiterung auch in § 3 dieser Arbeit formuliert wurde. Dass Ladeur Foucault und die Kulturtechnikforschung in dieser Weise gleichsetzt, deutet allerdings auf eine bei Ladeur ausbleibende Reflexion der Rolle der Freiheit und der experimentellen Selbstermächtigung im Werk Foucaults hin.

79 Vgl. Ladeur, Textualität des Rechts, S. 182f.; auch die vorliegende Arbeit verdankt diese Interpretation des Foucault'schen Praxisbegriffs dem zitierten Text von Christoph Menke.

80 Vgl. Ladeur, Textualität des Rechts, S. 183.

81 Ebd., S. 183.

82 Ebd., S. 183.

Überzeugung, dass die Verbindung vom auf das Subjekt gerichteten Netzwerkdenken Foucaults mit der Theorie der Netzwerkgesellschaft, wie sie Ladeur vorgelegt hat, eine erhellende Verbindung von Kulturtheorie des Rechts und der Idee der liberalen Transformation – für die es das seine Freiheitsräume nutzende Subjekt braucht! – eröffnet. Eine Überfokussierung auf die Transsubjektivität des Netzwerks zu Lasten der praktischen Selbstermächtigung des Subjekts ließe die Netzwerke sonst gefährlich in die Nähe der Dispositive (Foucault) rücken, was in letzter Konsequenz erneut zur Überdetermination des Subjekts führen würde, die dessen praktische Freiheit negiert. Insofern ist auch Ladeurs Auffassung zurückzuweisen, dass »es Subjektivität immer nur in transsubjektiven Kontexten gegeben [hat], die in unterschiedlichen Teilsystemen der Kultur aggregiert werden.«[83] Die ästhetisch-existentielle Selbsttransformation des Subjekts im Freiheit erzeugenden Akt der experimentellen Praxis bleibt als Knotenpunkt auch in einer Theorie des Wissens als Netzwerk der Ausgangspunkt der transformativen Subjektivität.

Indem diese Subjektivität in einer Serie experimenteller Praktiken generiert wird und dies ebenfalls auf die Konstitution des seriellen Rechts zutrifft, ergibt sich die Beobachtung eines poststrukturalistischen Subjekts im Feld des seriellen Rechts. Das Subjekt konstituiert sich in einer Serie selbsttransformativer Akte, die im experimentellen Umgang mit den es umgebenden Strukturen und Techniken bestehen.

e. Kritische Reflexion: Der Verlust des Subjekts der praktischen Selbstermächtigung und das Problem der Generalisierung

Ladeurs Konzept des seriellen Rechts stellt sich zweifelsohne als Pionierleistung dar. So gelingt es ihm, die kulturtheoretische Kritik am kontinentaleuropäischen Rechtsdenken in einen konkreten juristischen Gegenentwurf zu übersetzen. Er stellt dabei konkrete Ansätze heraus, die die das Recht konstitutiv bedingenden außerjuristischen Wissensbestände auf produktive Weise in die Strukturen und Verfahren des Rechts integrieren, wodurch das Recht seinen Status als normative, auf Handlungen bezogene Wissensordnung in jeder seiner Operationen reflektiert. Auf der Akteursebene wird die hierarchische Top-Down-Struktur aufgegeben, die Formen bürokratischer Herrschaft werden hinter sich gelassen, und das Verfahren baut auf ein Netzwerk rechtswissenerzeugender Akteure. Schließlich dient das modulare Verfahren selbst der Generierung einer vitalen Normativität als Rechtswissensbestand. Es löst die Trennung zwischen Rechtssetzung und Rechtsanwendung auf und erkennt die normative Kraft der dynamischen Lebensformen an. Die vitale

83 Ebd., S. 13.

Normativität wird somit zum Ausgangspunkt des Rechtsdenkens und traditionelle rechtsmethodische Denkmuster wie das der Subsumtion oder das des Systemdenkens, die auf eine zeitliche Strukturierung, Stabilität und Sicherheit in Form der Präskription setzen, werden überwunden. Dies geschieht nicht zuletzt über einen Medienwechsel, der die Netzwerkmedien im Feld des Rechts einsetzt. Zudem kann eine über die Prinzipien der Serialität und Experimentalität konstruierte Verschaltung von Subjekt und Recht im Feld des seriellen Rechts beobachtet werden. Diese vier Punkte sind der Mehrwert von Ladeurs Konzept des seriellen Rechts, die auch für die Theorie des ›Rechts als Praxis‹ nicht in Frage gestellt werden.

Was allerdings der Kritik bedarf, ist einerseits das, was als »Verlust des Subjekts der praktischen Selbstermächtigung« bezeichnet werden könnte, und andererseits das Problem der Unmöglichkeit der Generalisierung. Beginnend mit dem Verlust des praktischen Subjekts wurde bereits im vorherigen Abschnitt erläutert, inwiefern die Konzeption der Subjektivität als ausschließlich transsubjektive Kategorie, die in der experimentellen Praxis bestehende Selbstermächtigung des Subjekts vernachlässigt. In § 2 III.2.c. und d. wurde gezeigt, wie sich dieses ästhetisch-existentielle Subjekt in die Netzwerkstrukturen eingliedert und in § 3 I. wurde gezeigt, wie es mit Medientechnologien interagiert und diese zum Ausgangspunkt von Prozessen der Selbstermächtigung im Netzwerk macht. All dies führt zu einer an der Lebensphilosophie orientierten Medialität des Rechts in § 3 II.. Die Annahme eines ästhetisch-existentiellen Subjekts in der Netzwerkgesellschaft ist demnach durchaus plausibel und Ladeurs Überlegungen zum seriellen Recht müssen vor diesem Hintergrund gelesen werden – ganz so, wie es obenstehend getan wurde. Andernfalls läuft man Gefahr, die Netzwerke zu den überdeterminierenden Strukturen werden zu lassen, die den Dispositiven gleichen, und das Subjekt in eine disziplinäre Passivität zu versetzen. Mit seinem Begriff des »praktischen Registers«[84] versucht Ladeur zwar eine Art transsubjektive Selbstermächtigung zu denken, die gerade nichts Disziplinäres hat, allerdings negiert dies trotzdem die »praktische Freiheit« des Subjekts, die für das Denken einer liberalen Transformation grundlegend bleibt.

Ein zweites Problem betrifft die Generalisierung. Es bleibt die Frage, ob das Paradigma des seriellen Rechts für alle Rechtsgebiete gleichermaßen innovativ ist. Ladeur könnte hier ein Opfer seiner eigenen epistemologischen Prämisse, der Unmöglichkeit der Generalisierung des Speziellen, geworden sein. Ladeur beobachtet die Formen des seriellen Rechts in einem äußerst spezifischen Anwendungsfeld und zwar der Entwicklung von Hochtechnologie unter den Bedingungen des ›Global Administrative Law‹ im Zeitalter der Internetkommunikation. Dabei betont er

84 Ebd., S. 179ff.

mehrfach, dass die Eigenschaft der Technologien »data driven«[85] zu sein, entscheidend ist. Erst daraus ergibt sich das konkrete Problem für klassische rechtliche Regulierungsstrategien, das sie an ihr Ende kommen lässt, und genauso sind die modularen Verfahren des seriellen Rechts auf diese gigantischen, fluiden Datenmengen als Input angewiesen, um das Rechtswissen ex post zu generieren. Das rechtliche Anwendungsfeld des seriellen Rechts ist damit möglicherweise so speziell, dass seine Strukturen nicht zu einer allgemeinen Zukunft für das Recht als Ganzes verallgemeinerbar sind. Es ist dann ein spezifischer Bereich, für den diese Form des Rechts gewinnbringend ist, während andere spezifische Bereiche des Rechts anderen Modellen folgen. Insofern ist nicht nur das im Titel »The Future of Law – ›Serial Law‹?« stehende Fragezeichen ernst zu nehmen, sondern auch noch einmal auf Ladeurs Vermerk zum Mehrebenenmodell zu verweisen. Ladeur selbst leugnet dabei gar nicht die Möglichkeit, andere Rechtsgebiete mit anderen Rechtsmodellen zu regeln. Dass das serielle Recht gerade aufgrund seiner in Abschnitt c. herausgearbeiteten fundamentalen Andersartigkeit dennoch ein wichtiger Stichwortgeber für strukturelle Veränderungen im Feld des Rechts ist, muss dabei genauso klar sein.

Diese beiden Kritiken zum Anlass nehmend, und gleichzeitig das hohe Innovationspotential der Theorie in Rechnung stellend, wird im Folgenden der Fokus noch einmal auf das spezifische Anwendungsbeispiel, und zwar die Entwicklung der Hochtechnologie, verlagert. Dabei wird das praktische Subjekt der experimentellen Freiheit ins Zentrum gestellt und gezeigt, wie sich Ladeurs Theorie vor diesem Hintergrund darstellt. Diese ›Korrektivfunktion‹ wird für den Rest des Kapitels vorgenommen und rekonstruiert noch einmal abschließend die Idee der liberalen Transformation in der Kulturtheorie des Rechts.

2. *Hochtechnologie*

Die Entwicklung neuer Technologien ist ein Feld, in dem sich dieses neue ex-post-Paradigma besonders gut beobachten lässt. Derartige Entwicklungsprozesse sind offen und kontingent und erfordern daher notwendigerweise eine experimentelle Vorgehensweise (vgl. u.a. das Beispiel der Code-Entwicklung in Kap. § 3 I.1.a). Ladeur bezeichnet sie in diesem Sinne ebenso wie Krajewski als Prozesse, »in which no linear trajectory can be identified«[86]. Wenn die Hervorbringung der radikalen Umwälzungen durch technologische Innovation das Resultat »riskanten Denkens« (Gumbrecht, Kap. § 3 I.1.c) ist und dieses sich gerade als eine

85 Ladeur, Serial Law, S. 304.
86 Ebd., S. 305.

»Alternative zur Alltagsvernunft« versteht, dann kann die Antwort des Rechts unmöglich die ex-ante-Regulierung dieses Prozesses mithilfe eben jener Alltagsvernunft, das heißt den konventionellen Wissensbeständen, sein. Viel eher braucht es rechtliche Strukturen, die der Offenheit des Prozesses Rechnung tragen. Dies ist ein Umstand, den die beteiligten Akteure selbst längst verstanden zu haben scheinen, was zur Herausbildung neuer Vertragstypen geführt hat, die Verantwortungszuweisungen und Gewinnbeteiligungen im Laufe des Prozesses erfassen und anschließend, das heißt ex post, flexibel anpassen.[87] Einerseits haben hier private, das heißt nicht-staatliche, Akteure – man könnte sagen im Rahmen der Privatautonomie – effizientere Normativitätsregime herausgebildet als die, die die ihnen der Staat zur Verfügung stellt, was zum einen die Selbstorganisationsfähigkeit unterstreicht und zum anderen aufzeigt, dass das Verständnis komplexer Prozesse in einer global vernetzten Gesellschaft dem Gesetzgeber gar nicht in Gänze bewusst sein kann, was in dieser Hinsicht auch Hayeks epistemologische Kritik der Gesetzgebung bestärkt. Andererseits zeigt das Beispiel, wie es gelingen kann, dass das staatliche Recht einen Rahmen für die Normsetzung privater Akteure schafft, und sich so die Rechtsordnung als die von Hayek postulierte Mischform von *thesis* und *nomos* darstellt. Zu dieser Mischform gehört selbstverständlich auch, dass das Verhältnis zwischen staatlicher Regulierung und privater, freier Selbstorganisation für jedes Rechtsgebiet individuell auszuloten ist. Dieser Umstand ist zumindest dem deutschen Recht auch nicht grundsätzlich fremd – gedacht sei an den oben bereits erwähnten Grundsatz der Privatautonomie als Fundament des Zivilrechts – doch seine konkrete Ausgestaltung befindet sich gegenwärtig in einer Krise. Die Emergenz globaler, netzwerkartiger Komplexität, die sich immer wieder auch in Krisen manifestiert, lässt das in der kontinentaleuropäischen, rechtspositivistischen Tradition stehende deutsche Recht an eine Grenze stoßen. Die normative Alternative dazu ist ein Recht, das erkennt, dass seine Subjektivität in kulturellen Freiheitspraktiken gründet, und diese normativ zu seinem Ausgangspunkt macht.

III. Freiheitspraktiken

Freiheitspraktiken sind das Fundament der liberalen Gesellschaft. Einerseits gestalten sie das gesellschaftliche Leben, indem sie es in kulturellen Prozessen der Selbstorganisation instituieren, andererseits ist es die Kernaufgabe eines liberalen Staates, diese Freiheitspraktiken und respektive die Prozesse der Selbstorganisation durch den Schutz einer privaten Freiheitssphäre zu ermöglichen. Im Laufe der Arbeit wurden dazu

87 Vgl. Vesting, Gentleman, Manager, Homo Digitalis, S. 197ff.

einige zentrale Argumente skizziert. So wurde im Kontext von Foucaults ›liberaler Wende‹ (Sarasin) die Freiheitssphäre als Raum der Transformation beschrieben, in dem sich das Subjekt der Regierung durch die Dispositive entzieht und im Wege ästhetisch-existentieller Praxis neue Subjektivitäten hervorbringt (Kap. § 2 III.2.). Freiheitspraktiken und Potentialität sind somit in ihrem Wesen eng verknüpft. So bildet jenes alternative Denken, das sich den dispositiven Konstellationen der »Alltagsvernunft« widersetzt, laut Gumbrecht die Grundlage für die allumfassenden Veränderungen des alltäglichen Lebens, wie sie gegenwärtig insbesondere durch die Entwicklung neuer Technologien entsteht (Kap. § 3 I.1.c). Dabei ist es gerade die Freiheit, die es erlaubt, dass sich die Kontingenz und Offenheit von Prozessen entfaltet, welche wiederum erforderlich ist, um das größtmögliche Transformationspotential zu mobilisieren. Am Beispiel der Software-Entwicklung wurde dabei gezeigt, wie Kontingenz und Offenheit zur dezentralen Wissensproduktion führen (Kap. § 3 I.2.c). Insbesondere in Krisensituationen mobilisiert sich dieses Potential: Krisen bedeuten die Infragestellung hergebrachten Wissens und etablierter Praktiken. Sie zeigen damit ebenso in die Vergangenheit wie in die Zukunft, indem sie ein Moment der spürbaren Kontingenz in der Gegenwart entfachen: Tradiertes wird zur Disposition gestellt, und was in Zukunft an dessen Stelle tritt, entscheidet sich in der Auseinandersetzung in der Gegenwart. Krisen vergegenwärtigen somit nicht nur Kontingenz, sondern ihre naturgemäße Offenheit formuliert eine konkrete Herausforderung und mobilisiert so das praktische Tätigwerden der Subjekte. In diesem Sinne wurde zuvor bereits von ›Problemlösungskontexten‹ gesprochen (Kap. § 3 I.3.c). Auf der Grundlage der Erkenntnis des Erreichens der Grenzen des gegenwärtigen Wissens- und Praxissystems wird die Überwindung dieser Grenzen durch Praktiken der Selbstermächtigung forciert. Mit anderen Worten: Da, wo eine bestehende Ordnung in sich brüchig wird, entsteht im kulturellen Geflecht durch Freiheitspraktiken eine neue. Dies ist das Paradigma der gesellschaftlichen Selbstorganisation und ihrer Verknüpfung mit den inhärenten Produktionsprozessen der Kultur.

Freiheitspraktiken haben darüber hinaus ein besonderes Verhältnis zu Medientechnologien. Auf der einen Seite ist jede (Freiheits-)Praxis auf bestimmte Medientechniken angewiesen, um realisiert zu werden. Auf der anderen Seite bringen Freiheitspraktiken neue Medientechnologien hervor, mit denen Wissens- und Praxisgrenzen überschreitbar werden und ein Moment der Transgression entsteht. Das Zusammenspiel von Freiheitspraktiken und Medientechnik ist in diesem Sinne ein Prozess der Selbstermächtigung des Subjekts (Kap. § 3 I.3.c).

Durch die Erläuterung der bisher skizzierten Anwendungsfelder und Begriffsrelationen von Freiheitspraktiken ist bereits eine Idee davon vermittelt worden, was genau unter dem Begriff zu verstehen ist. In aller

Kürze sind Freiheitspraktiken all jene Praktiken, die unter Einsatz der Freiheit von den bestehenden Wissens- und Praxisbeständen abweichen, und in ihrer experimentellen Abweichung vitalnormative Verschiebungen erzeugen. Dabei ist die Freiheitspraxis jedoch nicht-teleologisch festgelegt und bewirkt die vitalnormative Verschiebung damit nur sekundär als Effekt des subjektiven Willens, der nie ausschließlich rational determiniert ist und sich immer in Auseinandersetzung mit den Mediendispositiven formt, sondern als primär durch die evolvierenden Prozesse.

In dieser Funktion bilden Freiheitspraktiken den Kern der gesellschaftlichen Selbstorganisation und somit auch des *nomos* (Hayek), also des nicht-staatlichen Rechts, das zusammen mit der *thesis* die Rechtsordnung ergibt.

Daraus ergibt sich im Weiteren der Verbund von Freiheitspraktiken und Rechtssubjektivität. Begreift man die im Zuge der gesellschaftlichen Selbstorganisation entstehenden Normbestände, die ihrerseits wiederum in den Freiheitspraktiken verwurzelt sind, als Teil der Rechtsordnung, dann ist die durch die Freiheitspraktiken konstituierte Subjektivität zugleich immer an den Prozessen der Rechtssubjektivitätsbildung beteiligt. Diese bereits am Ende von Kapitel § 3 mit dem Verhältnis von erweitertem Rechtssubjektivitätsbegriff und vitaler Normativität angedeutete These gewinnt hier vor dem Hintergrund der Freiheitspraktiken und der Rolle der gesellschaftlichen Selbstorganisation für das Recht abschließend an Kontur und führt zu der von Thomas Vesting in *Gentleman, Manager, Homo digitalis* ausgeführten These einer Fundierung der Rechtssubjektivität in der Kultur und dabei insbesondere in den Freiheitspraktiken.[88]

Die Freiheitspraktiken sind das aktive Handeln. Sie sind Praktiken des Machens, die von Risiko und versuchter Transgression gekennzeichnet sind. In diesem Sinne geht es nicht um eine ritualisierende, gleichmachende Kultur demokratischer Partizipation, sondern den vom Individuum ausgehenden aktiven Einsatz. Ebenso wenig geht es um direktdemokratische Entwürfe, die nach wie vor dem *demos* und damit dem Souveränitätsdenken und einer verwaltungstechnischen Verfahrensrationalität verpflichtet sind. ›Recht als Praxis‹ bedeutet damit, dass das Recht in den Freiheitspraktiken der Lebensformen verwurzelt ist und nicht das Ergebnis rationalisierender demokratischer Verfahren darstellt.

Diesen Liberalismus stark zu machen, ist die Perspektive des Rechts in der Gegenwart. Als Perspektive *auf* das Recht vermittelt sie ein kulturwissenschaftlich realistischeres Bild von der Transformation der Rechtsnormativität in den postmodernen Wissensgesellschaften und

88 Vesting führt diesen Zusammenhang vor allem für die bürgerliche Kultur des 19. Jahrhunderts aus vgl. Vesting, Gentleman, Manager, Homo Digitalis, S. 86ff.

als Perspektive *für* das Recht, mahnt sie, sich weder den rechtspopulistischen Bestrebungen hinzugeben, die individuelle Freiheitssphäre bestimmter Personengruppen auszuhöhlen und so eine illiberale Demokratie zu kreieren,[89] noch dem Gegennarrativ zu folgen, dass die Perspektive für die Gesellschaften darin bestünde, nur noch mehr egalisierende demokratische Einbeziehung zu fördern. Die Bedrohung der freiheitlichen Grundordnung ist nicht antidemokratisch, sondern antiliberal. Die Antwort kann dementsprechend nur ein neuer Liberalismus sein.

IV. Schnittstellen: Kulturtheorie des Rechts und Liberalismus

Die Darstellung dieser spezifischen Form des Liberalismus als eine Konsequenz der Kulturtheorie des Rechts macht sich damit zusammenfassend an folgenden Punkten fest: 1) Beide betonen den Bedeutungsverlust des Staates in den Prozessen der Genese und Transformation der Rechtsnormativität; 2) das erkennende, rationale Subjekt als Zentrum der Erkenntnis und der rechtlichen Gestaltung seiner Umwelt wird abgelehnt und durch ein in dezentrale Evolutionsprozesse verwobenes, relationales Subjekt der Selbstermächtigung ersetzt; 3) das Potential der Transformation hängt an Freiheitssphären, die als Möglichkeitsräume fungieren; 4) beide Entwürfe rekurrieren auf einen lebensphilosophischen Antirationalismus als Gegenentwurf zur rationalistischen Deliberation.

Auf diese Weise offenbart sich die Idee der liberalen Transformation in der Kulturtheorie des Rechts. Indem das Recht seinen Ausgangspunkt in individuellen Freiheitspraktiken in sich selbst reflektiert, begreift es sich selbst als Teil der Kultur, die ihrem Wesen nach fragmentarisch ist und aus beständigen Prozessen der Selbsttransformation hervorgeht. Erst durch diese Autoreflexivität wird das Recht im Stande sein, die kollektivierenden Kategorien der Herrschaft hinter sich zu lassen. Recht ist dann nicht mehr Ausdruck des herrschaftlichen Willens des Souveräns, das Volk als politischer Urheber der Rechtsordnung im Sinne des

89 Zum Begriff der illiberalen Demokratie vgl. systematisch für die Politikwissenschaft Merkel, Wolfgang et al.: *Defekte Demokratie. Bd. 1. Theorie.* Wiesbaden: Springer Fachmedien 2003, S. 261ff. und ideengeschichtlich zur Interpretation als »Tyrannei der Mehrheit« vgl. Tocqueville, Alexis de: *Über die Demokratie in Amerika* (frz. 1835), herausgegeben von Jakob Peter Mayer, Stuttgart: Reclam 1985, S. 145ff. und insbesondere Mill, John Stuart: »Über die Freiheit« (engl. 1859), in: ders.: *Ausgewählte Werke. Bd. 3. Freiheit, Fortschritt und die Aufgaben des Staates. Teilband 1. Individuum, Moral und Gesellschaft*, herausgegeben von Michael Schefczyk und Christoph Schmidt-Petri, Hamburg: Murmann 2014, S. 303–440, S. 309ff.

unerfüllbaren demokratischen Ideals der Selbstregierung wird hinter sich gelassen und individuelle Freiheit wird nicht mehr nur im Sinne eines grundrechtsorientierten Liberalismus als von der Gemeinschaft Gestiftetes und immer schon a priori kollektivierend mit ihr in Einklang zu Stehendes betrachtet. Und schlussendlich wird so die ›Praxis der Freiheit‹ zum Ausgangspunkt der Genese und Transformation des Rechts.

§ 5 Fazit: Recht als praktische Wissensordnung: Leitlinien eines neuen Rechtsdenkens

Das praktische Wissen ist die Grundlage jeglicher sozialen Ordnung und das Recht verweist als ein Element dieser sozialen Ordnung auf das praktische Wissen. Im Prozess der sozialen Ordnungsbildung interagieren die verschiedenen Formen des praktischen Wissens, die in ihrer Gesamtheit das Gesellschaftsleben konstituieren, miteinander. An ihren vielschichtigen Kontaktflächen entstehen neue Formen und soziale Ordnungsbildung wird auf diese Weise zu einem dynamischen Prozess. Dieser Prozess kann in theoretischer Perspektive nur dann richtig erfasst werden, wenn er in seiner Gesamtheit begriffen wird, und die Idee von starren Grenzen zwischen den einzelnen gesellschaftlichen Wissensbereichen aufgegeben wird. Spätestens seit der Postmoderne wird diese Unmöglichkeit der Grenzziehung erkannt und zugunsten einer Fluidität und Hybridisierung aufgelöst. Der Begriff der Kultur beschreibt dann eben jene Gesamtheit von Wissen und Praxis, die sich aus dem Netzwerk bedeutungsproduzierender Interaktionen ergibt. Das Recht stellt in diesem Sinne nicht das vornehmste Instrument der sozialen Ordnungsbildung dar, sondern es ist eines von vielen Elementen der sozialen Ordnung. Als solches formiert es sich durch den Austausch mit den anderen Wissensbereichen und nicht durch seine vermeintliche Isolation. Eine solche Isolation, wie sie in der Rechtstheorie häufig anzutreffen ist, bedeutet die Wiederkehr der starren Grenzziehung, der hier vehement zu widersprechen ist. Die Reihe »Praxis – Wissen – soziale Ordnung – Recht« wurde daher zum methodischen Programm dieser Arbeit. Sie ist dabei nicht als strikte zeitliche Abfolge zu verstehen, sondern als ein Netzwerk, in dem sich die einzelnen Felder beständig gegenseitig transformieren. In diesem Sinne deuten sie auch auf die Fragmentierung und Selbsttransformationen im Prozess der Subjektivitätsbildung hin. Als Denkfigur hält die Reihe »praktisches Wissen – soziale Ordnung – Recht« die verschiedenen, in der Arbeit verwendeten theoretischen Ansätze zusammen und montiert sie zu einem schlüssigen Gesamtkonzept, das das Paradigma »Recht als Praxis« ergibt.

Bei Foucault nimmt das »praktische Wissen« eine zentrale Stellung ein, indem es mit dem Begriff der Subjektivität verknüpft ist, der eine Verbindung der Komponenten Wissen und Praxis darstellt. Das praktische Wissen trägt über die zwei unterschiedlichen Formen der Subjektivität entweder zur Reproduktion oder zur Transformation der Rechtsnormativität bei. Die soziale Ordnung manifestiert sich laut Foucault in den Dispositiven, die als netzwerkartige Verschränkungen von gesellschaftlichen Machtwirkungen, Wissensbeständen und Institutionen zu verstehen sind. Das Recht stellt ein Element der Dispositive dar und wird somit zum Teil einer vernetzten Wissensstruktur. Soziale Ordnungsbildung wird bei Foucault demnach als ein Ensemble verschiedener, miteinander interagierender Wissensbereiche verstanden, unter denen das Recht eines von vielen Elementen ist. Repressiv gedacht zielt die disziplinierende Machtwirkung der Dispositive auf die Praxis des Subjekts, indem sie es zur Reproduktion der in den Dispositiven angelegten normativen Wissensbestände anleitet. Die Rechtsnormativität wird dann durch die Praxis des Subjekts stabilisiert. Alternativ dazu lässt sich der Zusammenhang von praktischem Wissen, sozialer Ordnung und Recht auch gestalterisch lesen. Das praktische Wissen wird dann zur Grundlage der Transformation der gesellschaftlichen Wissensbestände, das heißt der Dispositive, indem das ästhetisch-existentielle Subjekt ›Wahrheit‹ als ethisches Selbstverhältnis hervorbringt. In der ästhetisch-existentiellen Praxis erzeugt das Subjekt ein spezifisches Moment ›ontologischer‹ Freiheit und kreiert so in experimentellen und teleologisch nicht festgelegten Prozessen neue Formen. Einem solchen Formverständnis folgt auch das Recht, wenn man dieses als Teil einer flexiblen sozialen Ordnung denkt, die durch das praktische Wissen transformiert wird.

Einen ähnlichen Ansatz verfolgt Deleuze. Im Sinne einer vitalen Normativität beschreibt er, wie die offenen, kontingent-evolvierenden, praktischen Prozesse der Lebensformen als ›aktive Kraft‹ neue Positionen des Denkens generieren. Es ist die normgenerierende Wirkung der Lebensformen, die so zur Grundlage der sozialen Ordnungsbildung wird. Das Recht wird auf diese Weise als eine vitale Normativität gedacht, die in experimentellen, praktischen Prozessen gebildet wird. Dabei ist sie inspiriert vom Antirationalismus der Lebensphilosophie und lehnt das aufklärerische Vernunftideal zugunsten einer den Lebensformen immanenten Gestaltungskraft ab.

Dieser lebensphilosophische Antirationalismus lässt sich auch bei Hayek feststellen. Kein anderer in dieser Arbeit besprochener Denker expliziert die Reihe »praktisches Wissen – soziale Ordnungsbildung – Recht« so sehr wie Hayek. Das Recht wird bei ihm ausdrücklich als Produkt der sozialen Ordnungsbildung verstanden, die sich ihrerseits an den kulturellen Prozessen der Wissensgenerierung ausrichtet. Im Angesicht der Vielschichtigkeit und Komplexität der Interaktionsgeflechte moderner Gesellschaften, die ein hohes Maß an Spezialisierung erfordern, kann der Modus der Handlungskoordination in solchen Gesellschaften nicht der der rationalen, deliberativen Planung sein, sondern muss auf die wissensgenerierende Funktion der dezentralen Interaktionen selbst zurückgreifen, die sich in freien Evolutionsprozessen herausbilden. Die Handlungskoordination ist dabei die Hauptfunktion des

Rechts, das nicht mehr als Ergebnis eines deliberativen, politischen Gesetzgebungsverfahrens gedacht wird, sondern als etwas der Kultur Inhärentes. Recht im Sinne von *nomos* wird bei Hayek als organischer Teil der sozialen Ordnungsbildung verstanden, die auf einem praktischen Wissen beruht, das als ›implizites Wissen‹ nicht explizit gewusst werden muss, sondern der Praxis immanent ist. Die Kategorie des praktischen Wissens folgt demnach auch hier einem lebensphilosophischen Antirationalismus, der im Kontext der produktiven Komplexitätsbewältigung in den modernen Gesellschaften steht. Das Recht als »Law of Liberty« betont die Vorgängigkeit der Freiheit des Subjekts gegenüber dem Recht und verweist auf dessen Verwurzelung in kontingenten, praktischen Evolutionsprozessen. Bezogen auf die Reihe »praktisches Wissen – soziale Ordnung – Recht« ist hier bereits das Paradigma einer kognitiven Infrastruktur der gesellschaftlichen Selbstorganisation erkennbar, auf das auch Karl-Heinz Ladeur setzt.

Ladeur entwickelt seine Rechtstheorie vor dem Hintergrund der Netzwerkgesellschaft. Dabei bedingen die durch neue Medientechnologien veränderten Wissensstrukturen die Prozesse der sozialen Ordnungsbildung. Das Recht, dessen Funktion hier ebenfalls in der Handlungskoordination gesehen wird, passt seine Wissensstruktur, seine beteiligten Akteure und die Logik seiner Verfahren, an die neuen Netzwerkstrukturen an. Das praktische Wissen ist in diesem Sinne eine transsubjektive Kategorie. Seine Struktur ist heterarchisch-azentrisch und entspricht somit den Mechanismen der Internetkommunikation. Die Ebene der (Rechts-) Wissensproduzenten zeichnet sich durch eine Hybridisierung zwischen Öffentlichem und Privatem aus, wie sie für die Digitalkultur der Netzwerkgesellschaft charakteristisch ist. In sich selbst regulierenden seriellen Verfahren bilden sich Knotenpunkte heraus, an denen sich prozessual erzeugte Wissensbestände konzentrieren. Diesen Funktionsweisen folgt die soziale Ordnungsbildung, die zur gesellschaftlichen Selbstorganisation wird und die die demokratische Verfahrensrationalität der kontinentaleuropäischen Rechtstradition zugunsten postmoderner Flexibilisierung, Hybridisierung und Fluidität verwirft.

In allen Theorien entsteht das Recht aus Formen des praktischen Wissens und wirkt im Sinne eines Mediums der flexiblen Handlungskoordination auf das praktische Wissen selbst zurück. Es ist dabei die praktische Freiheit des Subjekts, die durch die experimentelle Hervorbringung neuen Wissens im Akt der Selbstermächtigung, die gesellschaftlichen Wissensbestände vermittelt über Netzwerkeffekte transformiert (›liberale Transformation‹). Als Teil einer sozialen Epistemologie wird so auch die Rechtsnormativität durch die Freiheitspraktiken des Subjekts transformiert.

I. Kontinentaleuropäisches Rechtsdenken vs. Recht als Praxis

Den Abschluss dieser Arbeit bildet ein aspektgeleiteter Vergleich zwischen dem kontinentaleuropäischen Rechtsdenken und dem Paradigma »Recht als Praxis«. Für jede Kategorie wird dabei konkret gezeigt, inwiefern Neuausrichtungen vorzunehmen sind. Auf diese Weise werden die Leitlinien für ein neues Rechtsdenken zusammenfassend dargelegt.

1. *Rechtsbegriff*

Auf der Ebene des Rechtsbegriffs nimmt die Theorie des »Rechts als Praxis« eine grundlegend andere Akzentuierung vor. Das Recht wird hier vor allem in seinem Status als normative, auf Handlungen bezogene Wissensordnung verstanden, und nicht wie im kontinentaleuropäischen Rechtsdenken als das Produkt formalisierter, institutionalisierter politischer Verfahren. Dieses Argument besitzt zwei Ebenen. Zum einen formuliert es eine Kritik an der übermäßigen Fixierung auf die politische Verfahrensebene des Rechts, wie sie sich beispielsweise im rechtspositivistischen Geltungsbegriff manifestiert, die den immer schon bestehenden Verweisungszusammenhang zwischen Recht und gesellschaftlichem Wissen verschleiert. Der Rechtsnormativität wird dann über die Verfahrensebene eine inhaltliche Autonomie attestiert, die vor dem Hintergrund einer sozialen Epistemologie nicht haltbar ist. Stattdessen ist die inhaltliche Seite des Rechts immer schon auf sozialimmanent und diskursiv konstruierte Wissensbestände verwiesen, die in ihrer Festlegung kontingent sind, und von einer Reihe praktischer Entdeckungsverfahren abhängen. Daraus ergibt sich eine zweite, normative Ebene des Arguments, die darauf zielt die ›Wissensartigkeit‹ des Rechts auf produktive Weise nutzbar zu machen. Wenn das Recht seinen Status als normative, auf Handlungen bezogene Wissensordnung in jeder seiner Operationen reflektiert, dann erreicht es eine Ebene der Autoreflexion, die es ihm erlaubt, seine Wissensstrukturen beständig an die sich wandelnden Modi der Wissensgenerierung und sozialen Ordnungsbildung anzupassen. So wird das Recht auf produktive Weise zu einem organischen Element der gesellschaftlichen Ordnung.

2. *Funktion des Rechts*

Die Einbettung des Rechts in die wissensbasierten, dynamischen Prozesse der sozialen Ordnungsbildung dient auch der Hauptfunktion des Rechts, die in der gesellschaftlichen Handlungskoordination besteht. Der Ansatz des »Rechts als Praxis« entwickelt die normative Perspektive einer flexiblen Handlungskoordination durch gesellschaftliche Selbstorganisation. Diese verfährt dabei dezentral, indem das Normwissen in einer Vielzahl gesellschaftlicher Sphären (›Gesellschaftsleben‹) gebildet wird und seine Wirkung im Wechselspiel dieser Sphären unmittelbar in den konkreten Lebensformen entfaltet. Wenn man mit einem alternativen Rechtsbegriff operiert, der dieses als wirksame soziale Verhaltensregeln zur Handlungskoordination begreift, dann entsteht hier ›Recht‹ bzw. Rechtswissen jenseits des Staates. Ein solches Rechtsverständnis knüpft an dessen Loslösung von formalisierten, institutionalisierten politischen Gesetzgebungsverfahren an und situiert seine Emergenz in den praktischen Lebensformen. Die Serie der Handlungen erzeugt dadurch die Regeln ihrer eigenen Regulierung, was zu hybriden Formen der Handlungskoordination führt, die im Wege der gesellschaftlichen Selbstorganisation generiert werden.

Im kontinentaleuropäischen Rechtsdenken wird die Handlungskoordination hingegen durch staatliche Herrschaft im Sinne eines zentralisierten politischen Prozesses organisiert. Die Handlungskoordination durch das Recht ist dann eine politische Organisation des Gesellschaftslebens.

3. Verhältnis des Rechts zum gesellschaftlichen Wissen

Wie bereits obenstehend ausgeführt geht das kontinentaleuropäische Rechtsdenken von einer über die Verfahrensebene gedachten prinzipiellen Isolation der Rechtsnormativität von anderen Wissensbeständen aus. Zwischen der Rechtsnormativität und den gesellschaftlichen Wissensbeständen besteht somit kein zwingender Verweisungszusammenhang. Die Rechtsnormativität ist diesem Verständnis nach als autonome politische Entscheidung des Gesetzgebers zu verstehen.

Die Theorie des »Rechts als Praxis« geht hingegen von einem fundamentalen Austauschprozess zwischen Rechtsnormativität und gesellschaftlichem Wissen aus, woraus sich ein zwingender Verweisungszusammenhang ergibt. Daraus folgt der Verlust der über die Idee des politischen Verfahrens konstruierten Idee der inhaltlichen Autonomie der Rechtsnormativität. Die Einbettung des Rechts in gesellschaftliche Wissensstrukturen eröffnet dabei auch ein neues Modell für die Wissensstrukturen des Rechts.

4. Medientechnologische Wissensstruktur des Rechts

Die Wissensstrukturen sind immer medientechnologisch bedingt. Neue Medientechniken – die ihrerseits das Produkt kreativer und experimenteller Praktiken sind und gleichzeitig als deren Möglichkeitsbedingung fungieren – transformieren die Wissensstrukturen der Gesellschaft. Denkt man das Recht als normative, auf Handlungen bezogene Wissensordnung, was es immer ist, auch wenn sein methodischer Zugriff die Verfahrensebene in den Vordergrund stellt, dann bestimmen auch hier die Medientechnik und die mit ihr verbundenen Praktiken die (Wissens-)Strukturen des Rechts.

In der kontinentaleuropäischen Rechtskultur lassen sich nach wie vor starke Einflüsse der Buchdruckkultur identifizieren.[1] Es ist die Stabilität der Norm, die durch ihre Fixierung in Schriftform erzeugt wird. Hinzu kommt die Idee der systematischen Geschlossenheit des Rechtssystems, die sich in der systematischen Geschlossenheit der Buchform manifestiert. Und es ist die Fiktion der Souveränität der Autorschaft, die mit dem Gesetzgeber ein singuläres Urhebersubjekt der Rechtsnormativität postuliert. Insgesamt stellt sich die Wissensstruktur somit hierarchisch-zentralistisch dar.

Die Wissensstruktur des »Rechts als Praxis« orientiert sich hingegen an der Computer- und Digitalkultur. Sie trägt damit der Beschaffenheit der Wissensstrukturen der Netzwerkgesellschaft auch im Feld des Rechts Rechnung, und löst den Anachronismus auf, der gegenwärtig zwischen den gesellschaftlichen Wissensformen im digitalen Zeitalter und der Medialität des kontinentaleuropäischen Rechts besteht. Das Vorgehen des Rechts, den neuen an der Digitalkultur orientierten Wissens- und Praxisformen auf regulativer Ebene mit den Mitteln der Buchdruckkultur zu begegnen, wird sich als nicht nachhaltig erweisen. Das Recht muss auf produktive Weise mit der veränderten Medialität der gesellschaftlichen Formen interagieren und in diesem Vorgang seine eigene Wissensstruktur anpassen. Damit erkennt es seinen Status als normative, praktische Wissensordnung und reflektiert diesen in jeder seiner Operationen. Normen werden in diesem Modell als dynamisch begriffen, indem sie aus Interaktionskontexten und Knotenpunkten hervorgehen. Die Wissensstruktur des Rechts folgt der eines Netzwerkes. Und die Autorschaft wird hier als transsubjektive Kategorie verstanden, bei der die Souveränität des Subjekts dekonstruiert wird und seine Konstitution durch Netzwerk- und Diskurseffekte erkannt wird. Das Recht wird dadurch heterarchisch und azentrisch. Die Ebenen des Formdenkens, der Verfahren und des gesetzgeberischen Subjekts erleben im Angesicht der neuen Medialität des Rechts eine grundlegende Transformation, die im Folgenden aufgefächert wird.

1 Vgl. für eine ausführliche Darstellung Vesting, Thomas: *Die Medien des Rechts III. Buchdruck*. Weilerswist: Velbrück Wissenschaft 2013; als Kernthese: »In der Rückschau scheint die Vorstellung der Einheit und Vollständigkeit des menschlichen Wissens und der Normenbestände ein Effekt der Buchdruckkultur und ihrer Epistemologie gewesen zu sein.« (ebd., S. 7).

5. *Formdenken*

Das Formdenken der kontinentaleuropäischen Rechtskultur folgt der Verschränkung von Rechtspositivismus und Buchdruckkultur. Sein Paradigma ist die systematische Geschlossenheit und die Einheit der Rechtsordnung. Diese wird nicht zuletzt durch einen Prozess der rationalen Planung erreicht. Das Recht wird damit zu einem durch den Verstand konstruierten, auf der Sollensebene selbstständigen, hierarchisch geordneten und in sich abgeschlossenen, lückenlosen Normsystem.

Das Formdenken des »Rechts als Praxis« geht dementgegen von einer Fragmentierung der Rechtsordnung aus. Nicht nur sind kulturelle Wissensstrukturen in sich stets fragmentarisch, sondern durch die Komplexitätssteigerung in den postmodernen Gesellschaften, die durch eine immer stärkere Vernetzung und die raum-zeitliche Kompression der Globalisierung zustande kommt,[2] besteht die Wissensordnung zunehmend aus hochgradig spezialisierten Wissensbeständen. Diese Kontingente von Spezialwissen führen notwendigerweise zu einer Fragmentierung der Wissensordnung und erwehren sich – wie Ladeur richtig beschrieben hat – dem Prinzip der Verallgemeinerung und Systematisierung. Der Anspruch der systematischen Geschlossenheit des Rechts wird daher zugunsten einer evolvierenden, kontingenten Offenheit aufgegeben. Das in den einzelnen Lebensformen entstehende Spezialwissen wird nicht mehr durch den Versuch einer rationalen Systematisierung vereinnahmt, sondern das Recht erkennt die Emergenz des Rechtswissens in den praktischen Lebensformen an. Damit wird das Recht von der Sollens- auf die Seinsebene verschoben und seine hierarchische Binnenstruktur durch ein heterarchisches Modell ersetzt.

6. *Verfahren*

Die Ebene der Verfahren lässt sich unter drei Gesichtspunkten diskutieren: in Bezug auf die Rationalisierung, die Modularität und die Demokratisierung.

Im kontinentaleuropäischen Rechtsdenken wird das Verfahren im doppelten Sinne als Mittel der Rationalisierung verstanden. Einerseits ist das Gesetzgebungsverfahren darauf ausgerichtet, die Rechtssetzung zu rationalisieren, indem Fraktionen, Parteien und Verbände ihre Interessen einbringen können und am Ende im Parlament – sofern es sich um ein parlamentarisches Regierungssystem handelt – eine (Mehrheits-)

2 Vgl. Currie, Mark: »Time-Space Compression. The Long View«, in: Joel Evans (Hg.): *Globalization and Literary Studies. Part II. Development*. Cambridge et al.: Cambridge University Press 2022, S. 178–194.

Entscheidung getroffen werden kann. Der Modus entspricht hier vollständig dem der Gesellschaft der Organisationen, indem die Interessen über Institutionen und Organisationen eingebracht werden. Die Rationalisierung ist dabei eng mit dem Begriff der Deliberation verknüpft. Es handelt sich um die oben bereits angesprochene Zentralisierung im politischen Prozess. Die Interessen werden politisiert, um in diesem Diskursraum artikulierbar zu werden. Ein weiteres Rationalisierungsmoment findet sich im Gerichtsverfahren und somit im Feld der Rechtsanwendung. Das Verfahren dient hier zur Entscheidungsfindung und ihrer Darstellung. Auch sind es bestimmte Diskursregeln, die die Auseinandersetzung reglementieren und als Rationalisierung verstanden werden (beispielsweise die Frage nach der zulässigen Auslegung der Rechtssätze im Sinne der juristischen Methodenlehre oder prozessrechtliche Fragen).

Das Paradigma »Recht als Praxis« verwirft diese Rationalisierungsstrategien und betont hingegen die Bedeutung eines lebensphilosophischen Antirationalismus. Das Problem des Verständnisses des Verfahrens als Rationalisierungsprozess besteht darin, dass es die Perspektive der Handlungskoordination durch das Recht auf eine rein politische Deliberation (Gesetzgebung) beziehungsweise rechtsimmanente Entscheidungsfindung (Gerichte) verengt, in der die normgenerierende Funktion der Lebensformen durch die Machteffekte des Diskurses unartikulierbar wird. Eine lebensphilosophische Rechtstheorie muss damit die Rechtssetzung und die Rechtsanwendung aus der politisch-rechtlichen Sphäre herauslösen. Dies geschieht durch modulare Verfahren.

Die modularen Verfahren machen die vitale Normativität zu ihrem Ausgangspunkt und lösen die Binarität von Rechtssetzung und Rechtsanwendung auf. Die normgenerierende Funktion der praktischen Lebensformen und das Prinzip der Selbstregulierung, in dem ein Gegenstand seriell die Strukturen seiner eigenen Regulierung effizient hervorbringt, führen zur Verschränkung von Rechtssetzung und Rechtsanwendung. Die Aufgabe des Verfahrens besteht dann darin, das den Lebenssachverhalten immanente Rechtswissen operationalisierbar zu machen. Anders als in der kontinentaleuropäischen Rechtstradition, in der Recht als eine ex-ante-Präskription verstanden wird, die vom Gesetzgeber bestimmt wird und anschließend von den Gerichten anzuwenden ist, wird die starre Chronologie der *Vor*schrift in dem modularen Verfahren aufgelöst und durch eine flexible ex-post-Evaluation ersetzt. Die Verfahren werden dabei nicht mehr vom Richter als einem hierarchischen Zentralsubjekt geführt, sondern beziehen in einem heterarchischen Modell die Vielfalt der gesellschaftlichen Rechtswissensproduzenten mit ein. Sie erwehren sich der Deutung als einem politischen Machtkampf zwischen Richter und Gesetzgeber, indem das Verfahren durch transsubjektive Netzwerkstrukturen entpersonalisiert wird, und überwinden so die politisch-juridische Isolation des Rechts in der Denkweise des demokratischen Rechtsstaats.

Daran anknüpfend wird in der kontinentaleuropäischen Rechtstradition das Gesetzgebungsverfahren als ein Prozess der Demokratisierung verstanden. Wie oben beschrieben weist es einen rationalisierenden und deliberativen Charakter auf und legt den Fokus auf den Ausgleich der Interessen. In diesem Modus wirkt es egalisierend und durch seine Medien des Wahlaktes ritualisierend. In progressiven Theorien des demokratischen Rechtsstaates steht die Rechtssetzung somit im Zeichen demokratischer Partizipationspolitiken. In der Form der direkten Demokratie bleiben diese Ansätze weiterhin dem Souveränitätsdenken in Form des *demos* verpflichtet, und auch darüber hinaus geht es um ein Unterordnungsverhältnis der Lebensformen unter die formalisierten, institutionalisierten politischen Prozesse und ihre Logiken. Die Demokratisierung besteht hier lediglich in einer politischen Dechiffrierung der Verfahrensrationalität. Diese hemmt die vitalistische Kraft der Generierung des Neuen.

7. Subjekt: Souveränität vs. Kultur

In Bezug auf das Subjekt lässt sich ebenfalls von einer Neuausrichtung sprechen, die mit dem Gegensatz von Souveränität und Kultur beschrieben werden kann, und die sowohl das gesetzgeberische Subjekt als auch das Rechtssubjekt erfasst. Oben wurde bereits im Kontext der Beziehung der Rechtsnormativität zum gesellschaftlichen Normativitätswissen die Idee der Rechtsnormativität als Produkt der autonomen Entscheidung des Gesetzgebers kritisiert. Die Souveränität des Gesetzgebers leitet sich vor allem aus dieser entscheidungsbasierten, inhaltlichen Autonomie ab. Souveränität bedeutet daher im Folgenden die über den Willen vermittelte Autonomie der Subjekteffekte. Im kontinentaleuropäischen Rechtsdenken sind der Wille und die Souveränität die Kardinalkategorien des Gesetzgebers. Sie stützen sich auf den Begriff des Volkes als einem Kollektivsubjekt, dessen Fundierung in einer kulturellen Homogenität gesehen wird. Die Einheitsstiftung und Zentralisierung der einzelnen Subjekte im Kollektivsubjekt ist dabei die Grundlage für die Fähigkeit, einen Willen zu besitzen, und schlägt ferner die Brücke vom Gesetzgebersubjekt zu den Rechtssubjekten. Auch die Rechtssubjekte werden dabei als souveräne Subjekte verstanden, die im aufklärerischen Sinne durch die Benutzung ihres Verstandes und die Fähigkeit der Willensbildung Autonomie erfahren.

»Recht als Praxis« hingegen beschreibt eine grundlegend andere Konzeption des Subjekts der Gesetzgebung und des Rechtssubjekts, die nicht auf die verfassungstheoretische Konstruktion zielt, sondern sich den außerjuristischen und außerpolitischen Kategorien der faktischen, kulturellen Einbindung der Subjekte des Rechts zuwendet. Der Machtbegriff wird nicht mehr im Feld des souveränen Willens situiert, sondern Macht entsteht in der Verflechtung verschiedener gesellschaftlicher Wissensbestände und ihrer subjektivierenden Wirkung. Der von Foucault inspirierte kulturwissenschaftliche Machtbegriff verwirft die Autonomie der Subjekteffekte und deutet die Subjekteffekte vor dem Hintergrund ihrer Einbettung in transsubjektive Wissensstrukturen. Als solche sind die Ausdrucksformen des Subjekts stets fragmentiert und Teil eines unabschließbaren Prozesses. Sie stehen damit konträr zur Homogenitätsfiktion der Verfassungstheorie und widersprechen den Logiken der Einheit und des zentralisierten Willens.

8. Modus der Genese und Transformation der Rechtsnormativität

Daran anknüpfend lässt sich auch der Modus der Genese und Transformation der Rechtsnormativität entgegengesetzt deuten. In der kontinentaleuropäischen Rechtstradition nimmt dieser die Form eines Willensaktes an, während er im »Recht als Praxis« als fortwährende Selbsttransformation beschrieben wird.

Als Willensakt entspricht die Transformation dem Modus einer punktuellen, präventiven oder interventionistischen Änderung durch souveräne Entscheidung. Der Modus folgt dabei einer Struktur der Statik. Die Rechtsnormativität verändert sich ausschließlich sprunghaft in singulären Akten und bleibt in allen Phasen dazwischen konstant. Der Modus der Selbsttransformation setzt hingegen auf kontinuierliche Anpassungen und Abstimmungen. Die Anerkenntnis der Einbindung des Rechts und des Subjekts in dynamische Wissensnetzwerke, die durch die ›Praxis der Freiheit‹ transformiert werden, erzeugt im Stil der Netzwerkgesellschaft agile Formen der Organisation. Dabei entfalten sie eine Dynamik, die das Recht fluid werden lässt und es im Wechselspiel mit gesellschaftlichen Praktiken formiert. Ein solches Recht versteht sich als ein Element der Kultur – als etwas, das aus der interaktiven Praxis hervorgeht – und stellt ein effizientes Modell zur Koordination von Handlungen und Interessen in sich rapid verändernden gesellschaftlichen Wissensfeldern dar.

Der Modus der Transformation ist dabei bottom-up. Die experimentelle, ästhetisch-existentielle Praxis des Subjekts bricht in ihrer Ereignishaftigkeit die Regulierungsmechanismen des Diskurses und erzeugt auf diese Weise Wissensverschiebungen, die auch das Recht erfassen. Vermittelt über die gesellschaftlichen Wissensbestände wird die Rechtsnormativität durch die ›Praxis der Freiheit‹ transformiert.

Im kontinentaleuropäischen Rechtsdenken ist der Modus der Transformation hingegen top-down ausgerichtet. Dem Prinzip des Delegierens folgend, leitet sich die Legitimation der Norm oder Maßnahme aus der verketteten Rückbindung an ein Autoritätssubjekt ab.

Die Top-down-Perspektive des kontinentaleuropäischen Rechts ist dabei stets eine externe Regulierung, und zwar in dem Sinne, dass ein politisches Autoritätssubjekt, Regeln für einen bestimmten Gegenstandsbereich erlässt. Der Bottom-up-Ansatz des »Rechts als Praxis« setzt hingegen auf netzwerkartige Effekte der Selbstregulierung. Der Gegenstandsbereich bringt hier seriell die Mechanismen seiner eigenen Regulierung hervor. Es ist somit eine interne Regulierung. Das Wissen für die Regeln entsteht dynamisch in den zu regelnden Feldern selbst.

9. Akteure

Die kontinentaleuropäische Rechtstradition versteht den Rechtsbegriff ausschließlich als öffentliche Normsetzung. Die an der Normsetzung beteiligten Akteure sind dabei – idealiter – ausschließlich politische und zivilgesellschaftliche Akteure. Im »Recht als Praxis« wird von einer Hybridisierung der Normsetzung ausgegangen. Der Vorgang der Normsetzung nimmt dabei die in der privaten Sphäre der Lebensformen generierten Normen auf und gestaltet sie in einem privat-öffentlichen Prozess, der sich an der Kommunikationslogik der Digitalkultur orientiert und die Pluralität der gesellschaftlichen Rechtswissensproduzenten anerkennt.

10. Freiheitsbegriff

Die ›Note‹, auf der dieser Vergleich und mit ihm die Arbeit enden soll, betrifft den zentralen Unterschied im Verhältnis von Recht und Freiheit, der zwischen den beiden Denkrichtungen besteht, und die Rolle, die die Kultur in diesem Begriffsfeld spielt. Die These ist hier, dass der Verweisungszusammenhang in der kontinentaleuropäischen Rechtskultur als »Freiheit folgt aus Recht« beschrieben wird, während er sich im »Recht als Praxis« genau umgekehrt darstellt, »Recht folgt aus Freiheit«. Die Freiheit ist im kontinentaleuropäischen Rechtsdenken somit nachrangig, während sie im »Recht als Praxis« vorrangig ist.

Gezeigt werden kann dies an zwei in der Arbeit besprochenen rechtsphilosophischen Freiheitsbegriffen, die für das kontinentaleuropäische Rechtsdenken einschlägig sind. Einmal ist dies der Freiheitsbegriff Böckenfördes, und einmal der Freiheitsbegriff bei Kant. Beide gehen davon aus, dass Freiheit etwas ist, das sich nur im ›Recht‹ verwirklicht. Die Freiheit entspringt dann gerade nicht der Praxis des Subjekts, sondern seinem Status als Subjekt – in dem Fall eher mit den Eigenschaften eines Objekts – der Rechtsordnung.

Böckenförde beschreibt die Freiheit des Subjekts als etwas vom Recht als objektiver Ordnung Gestiftetes, das vor allem über die Gemeinschaft bzw. ihre Homogenität reguliert wird.[3] In der Einleitung der Aufsatzsammlung *Recht, Staat, Freiheit* schreibt er ferner im Vorwort:

> Freiheit – als äußere Freiheit des Handelns – besteht nicht ohne Recht; erst durch und im Recht wird es möglich, daß die Freiheit des einen mit der Freiheit des anderen zusammen bestehen kann.[4]

Böckenförde konstruiert hier eine Rangfolge und Chronologie zwischen dem Rechts- und dem Freiheitsbegriff, die er zugunsten des Rechtsbegriffs auflöst. Recht ist die Möglichkeitsbedingung von Freiheit. In seiner Begründung macht er dabei Anleihen bei der Definition des »allgemeinen Rechtsgesetzes« bei Kant:

> ›Eine jede Handlung ist recht, die oder nach deren Maxime die Freiheit der Willkür eines jeden mit jedermanns Freiheit nach einem allgemeinen Gesetze zusammen bestehen kann.‹[5]

Auch hier wird die äußere Freiheit als Produkt des Rechts gedacht bzw. die Freiheitssicherung im Recht gesehen. Die Akzentuierung ist anders als bei Böckenförde, da der Fokus nicht auf dem Staat liegt, der seinen Bürgern Freiheiten gewährt, sondern Kant stattdessen von einem vernunftgesetzlichen und daher allgemeinen Freiheitsrecht ausgeht. Böckenfördes staatszentrische Deutung des Kant'schen Rechtsprinzips entspricht durchaus dem gegenwärtigen Verständnis subjektiver Rechte in der kontinentaleuropäischen Rechtstradition.

Die Betrachtung des »Rechts als Praxis« wählt hier den entgegengesetzten Weg. Die praktische Freiheit des Subjekts als ethisches Selbstverhältnis, und damit als eine der Praxis des Subjekts innewohnenden Gestaltungskraft, die experimentell neue Formen hervorbringt, ist der Ausgangspunkt des gesellschaftlichen Ordnungsdenkens. Es ist der Freiheitsbegriff im Sinne des Vitalismus Nietzsches, der die schöpferische Kraft der Lebensformen in den Mittelpunkt stellt. Die Freiheit des Subjekts entspringt niemals den gesellschaftlichen Konventionen, den Institutionen oder der Moral, sondern sie findet ihren Ursprung stets im

3 Vgl. Böckenförde, Ernst-Wolfgang: »Die Entstehung des Staates als Vorgang der Säkularisation« (1967), in: ders.: *Recht, Staat, Freiheit. Studien zur Rechtsphilosophie, Staatstheorie und Verfassungsgeschichte*. Frankfurt a. M.: Suhrkamp 1991, S. 92–114, S. 112.

4 Böckenförde, Ernst-Wolfgang: »Vorwort«, in: ders.: *Recht, Staat, Freiheit. Studien zur Rechtsphilosophie, Staatstheorie und Verfassungsgeschichte*. Frankfurt a. M.: Suhrkamp 1991, S. 7–8, S. 7.

5 Kant, Immanuel: »Die Metaphysik der Sitten. Erster Theil. Metaphysische Anfangsgründe der Rechtslehre«, in: ders.: *Gesammelte Schriften. Abtheilung 1. Werke. Bd. 6*, herausgegeben von der königlich preußischen Akademie der Wissenschaften, Nachdruck der zweiten Auflage 1914, Berlin/Boston: De Gruyter 2022, S. 203–372, S. 230; Zitat in neuer Rechtschreibung.

Subjekt selbst.[6] In diesem Sinne kann die Freiheit des Subjekts auch nicht das Produkt des positiven Rechts sein, so wie es die kontinentaleuropäische Rechtstradition behauptet. Freiheit im Sinne Nietzsches existiert somit ausschließlich im Modus der praktischen Selbstermächtigung des Subjekts.

Die in der Handlungskoordination bestehende Funktion des Rechts gebietet es dabei selbstverständlich, das Verhältnis konfligierender subjektiver Freiheitsräume auszutarieren. Das Recht inhaltlich als Ausgleichsordnung von Freiheitsrechten zu verstehen, ist damit grundsätzlich nicht falsch. Falsch ist es allerdings, darüber einen Vorrang des Rechts und des Staates gegenüber der Freiheit zu konstruieren. Das Recht und der Staat sind selbst das Produkt »von einem lebendigen Raum instituierter Freiheit [und] von Prozessen der gesellschaftlichen Selbstorganisation«[7] (Vesting). Böckenfördes Reihe von »Recht, Staat, Freiheit« muss in diesem Sinne gespiegelt werden und der Begriff des Staates muss dem der Kultur weichen. Im »Recht als Praxis« heißt es dann: Freiheit – Kultur – Recht. Durch die Freiheitspraktiken des Subjekts entstehen fluide, neue kulturelle Formen und Wissensbestände, mit denen auch das Recht als Teil der sozialen Ordnung interagiert. Das Recht wird in diesen kulturbildenden, freien Prozessen geformt und wirkt als Wissensordnung gleichzeitig produktiv in sie zurück. Der Staat nimmt in diesen Prozessen nicht mehr die zentrale Stellung ein, die ihm das kontinentaleuropäische Rechtsdenken attestiert, und Freiheit kann durch selbstorganisierte Prozesse der gesellschaftlichen Ordnungsbildung auch ohne staatliches Recht nachhaltig existieren.

II. Ausblick: Die Selbsttransformation des Staates

Es gibt gute Gründe, daran zu zweifeln, dass sich ein solches Freiheitsverständnis in naher Zukunft durchsetzen wird. Im Anblick des gegenwärtigen Erstarkens des Autoritarismus und seiner neuen Formen der Homogenisierung und Kollektivierung in den westlichen Gesellschaften mag es so scheinen, dass die vorliegend am verfassungstheoretischen Modell des demokratischen Rechtsstaates kritisierten Phänomene in einer die Freiheit in einem unvergleichbar stärkeren Maße bedrohenden Form

6 Zur Kritik der Verwurzelung der Autonomie des Subjekts in kulturellen Wert- und Verantwortlichkeitsstrukturen vgl. Nietzsche, Friedrich: »Zur Genealogie der Moral. Eine Streitschrift« (1887), in: ders.: *Sämtliche Werke. Kritische Studienausgabe. Bd. 5*, herausgegeben von Giorgio Colli und Mazzino Montinari, 17. Auflage der Neuausgabe von 1999, München: Deutscher Taschenbuch Verlag 2020, S. 245–412, S. 293f.

7 Vesting, Thomas: *Staatstheorie*. München: C. H. Beck 2018, Rn. 221.

wiederkehren werden. Es ist dann vor allem die von Extremisten vorgenommene Umdeutung der demokratischen Kategorie der Volkssouveränität zur illiberalen Demokratie, die sich in diesem Fall bahnbricht.

Nichtsdestotrotz gibt es ein schlagendes Argument, das für die in dieser Arbeit diskutierten Transformationen spricht. Wenn der Staat und das Recht von ihren kulturellen Voraussetzungen her zu denken sind, dann ist es unmöglich, den Staat dauerhaft in Opposition zur Kultur zu konstruieren. Die Transformationen des Staates ausschließlich vor dem Hintergrund des Rechts zu deuten, indem das Prinzip des »legalen Staatsumbaus« in den Blick genommen wird, ist dann verkürzt und zielt nicht auf die eigentliche, hier zu beschreibende Figur. Vielmehr ist es das, was man als »Selbsttransformation des Staates« bezeichnen könnte, was in einem solchen Fall eintritt. Es ist die Transformation des Staates aus seinen kulturellen Voraussetzungen heraus. Nimmt man die eben erläuterte Diagnose, dass das Fundament des demokratischen Rechtsstaats ›bröckelt‹, dann tut es das nicht bzw. nicht primär aufgrund der Virulenz autoritärer Ideologien, sondern vor allem deshalb, weil er sich in Opposition zu seinen kulturellen Voraussetzungen positioniert hat. Die Medientechniken, die Praktiken und die Wissensformen stehen unaufhaltsam im Zeichen der Netzwerke und der Globalisierung. Sie sind die Grundlage der sozialen Epistemologie. Die Antwort des Staates darauf ist es, mit alten Formen neuen Disruptionen zu begegnen. Mit der Medialität der Buchdruckkultur versucht er durch präskriptive Regulierung die Verschiebungen der Digitalkultur zu strukturieren. Nicht nur wird er diesen Machtkampf verlieren – sofern man es als einen solchen deuten will –; sondern er verpasst die Chance, eine produktive Antwort auf die fundamentale Erfahrung der Erosion der Subjektivität zu geben. Der Staat versucht stattdessen reflexartig die praxis-technologischen Entwicklungen durch Maßnahmen einzuholen, was ihm immer unmöglich sein wird, denn er kann seinen eigenen Voraussetzungen niemals den sprichwörtlichen ›Schritt voraus‹ sein. Das Ergebnis ist eine Entfremdungserfahrung im Subjekt. Es ist die Entfremdung vom demokratischen Rechtsstaat, weil dieser anachronistisch geworden ist, und seine Formen der durch Medientechnik und Praxis gestifteten gegenwärtigen Subjektivität fremd geworden sind. Das Erstarken des Autoritarismus ist in diesem Sinne lediglich ein Symptom der Erosion des demokratischen Rechtsstaates, keinesfalls aber seine Ursache. Es ist die Inszenierung als Alternative, als einer Scheinantwort auf die globalen Netzwerke, die ebenso wenig tragen wird, wie die Verfahren des demokratischen Rechtsstaates selbst. Die politische Diskussion auf einen Machtkampf zwischen dem demokratischen Rechtsstaat und den Rechtsextremisten zu verengen, wäre daher ein fataler Fehler, da sie die eigentliche Ursache und die zentrale aus ihr erwachsende Aufgabe aus dem Blick verliert. Der Staat muss sich produktiv auf die Selbsttransformation seiner kulturellen Infrastruktur einlassen. In der Komplexitätssteigerung, der Dynamik und den vernetzten Wissensstrukturen liegt eine Chance, die das selbsttransformative Potential einer beständig im Evolvieren begriffenen Kultur expliziert, und als Herausforderung dazu einlädt, in einem experimentellen Prozess neue (Staats-)Formen zu finden. Diese Herausforderung als Gestaltungsperspektive anzunehmen, wäre die eigentliche Aufgabe. Der Ausgang dieses Prozesses ist ungewiss. Gerade in dieser Ungewissheit liegt eine Chance, weil sie zeigt, dass das Subjekt kein Objekt disziplinärer Determination ist, sondern dass sein praktisches Tätigwerden und der Einsatz seiner ontologischen Freiheit essentiell für die zukünftigen Formen des gesellschaftlichen Zusammenlebens sind. Die Exploration des Möglichen liegt in der praktischen Freiheit des Subjekts.

Literatur

Althusser, Louis: »Ideologie und ideologische Staatsapparate« (frz. 1970), in: ders.: *Louis Althusser. Gesammelte Schriften. 1. Halbband*, herausgegeben von Frieder Otto Wolf, Hamburg: VSA Verlag 2010, S. 37–102.

Arafa, Mohamed und Crystal Armstrong: »›Facebook to Mobilize, Twitter to Coordinate, Protests, and YouTube to Tell the World‹. New Media, Cyberactivism, and the Arab Spring«, in: *Journal of Global Initiatives. Policy, Pedagogy, Perspective* 2015 (Bd. 10, Nr. 1), S. 73–102.

Assmann, Aleida: *Einführung in die Kulturwissenschaft. Grundbegriffe, Themen, Fragestellungen.* 2. Auflage, Berlin: Erich Schmidt Verlag 2008.

Augsberg, Ino, Steffen Augsberg und Ludger Heidbrink: »Einleitung«, in: dies. (Hg.): *Recht auf Nicht-Recht. Rechtliche Reaktionen auf die Juridifizierung der Gesellschaft.* Weilerswist: Velbrück Wissenschaft 2020, S. 7–23.

August, Vincent: *Technologisches Regieren. Der Aufstieg des Netzwerk-Denkens in der Krise der Moderne. Foucault, Luhmann und die Kybernetik.* Bielefeld: transcript 2021.

Balke, Friedrich: »Selbstsorge/Selbsttechnologie«, in: Clemens Kammler / Rolf Parr / Ulrich Johannes Schneider (Hg.): *Foucault-Handbuch. Leben – Werk – Wirkung.* 2. Auflage, Stuttgart: J. B. Metzler 2020, S. 331–337.

Beyme, Klaus von: *Das politische System der Bundesrepublik Deutschland. Eine Einführung.* 12. Auflage, Wiesbaden: Springer VS 2017.

Böckenförde, Ernst-Wolfgang:

»§ 24 Demokratie als Verfassungsprinzip«, in: Josef Isensee / Paul Kirchhof (Hg.): *Handbuch des Staatsrechts. Bd. 2. Verfassungsstaat.* 3. Auflage, Heidelberg: C. F. Müller 2004, S. 429–496.

»Vorwort«, in: ders.: *Recht, Staat, Freiheit. Studien zur Rechtsphilosophie, Staatstheorie und Verfassungsgeschichte.* Frankfurt a. M.: Suhrkamp 1991, S. 7–8.

»Die Entstehung des Staates als Vorgang der Säkularisation« (1967), in: ders.: *Recht, Staat, Freiheit. Studien zur Rechtsphilosophie, Staatstheorie und Verfassungsgeschichte.* Frankfurt a. M.: Suhrkamp 1991, S. 92–114.

Bogdal, Klaus-Michael: »Louis Althusser«, in: Clemens Kammler / Rolf Parr / Ulrich Johannes Schneider (Hg.): *Foucault-Handbuch. Leben – Werk – Wirkung.* 2. Auflage, Stuttgart: J. B. Metzler 2020, S. 213–215.

Bogumil, Jörg und Werner Jann: *Verwaltung und Verwaltungswissenschaft in Deutschland. Eine Einführung.* 3. Auflage, Wiesbaden: Springer Fachmedien 2020.

Brinkmeier, Birger: »Lebensform«, in: Peter Prechtl / Franz-Peter Burkard (Hg.): *Metzler Lexikon Philosophie. Begriffe und Definitionen.* 3. Auflage, Stuttgart: J. B. Metzler 2008, S. 329–330.

Bröckling, Ulrich: *Das unternehmerische Selbst. Soziologie einer Subjektivierungsform.* Frankfurt a. M.: Suhrkamp 2007.

Burkard, Franz-Peter: »Lebensphilosophie«, in: Peter Prechtl / ders. (Hg.): *Metzler Lexikon Philosophie. Begriffe und Definitionen*. 3. Auflage, Stuttgart: J. B. Metzler 2008, S. 330.

Castells, Manuel: *The Rise of the Network Society*. Cambridge (Mass.): Blackwell 1996.

Castoriadis, Cornelius: »Macht, Politik, Autonomie« (frz. 1988), in: ders.: *Ausgewählte Schriften. Bd. 1. Autonomie und Barbarei*, herausgegeben von Michael Halfbrodt und Harald Wolf, Lich: Verlag Edition AV 2006, S. 135–167.

Chen, Zhuo, Poong Oh und Anfan Chen: »The Role of Online Media in Mobilizing Large-Scale Collective Action«, in: *Social Media + Society* 2021 (Bd. 7, Nr. 3), S. 1–13.

Currie, Mark: »Time-Space Compression. The Long View«, in: Joel Evans (Hg.): *Globalization and Literary Studies. Part II. Development*. Cambridge et al.: Cambridge University Press 2022, S. 178–194.

Decker, Frank:

»Was ist Rechtspopulismus?«, in: *Politische Vierteljahresschrift* 2018 (Bd. 59, Nr. 2), S. 353–369.

»Parteiendemokratie im Wandel«, in: ders. / Viola Neu (Hg.): *Handbuch der deutschen Parteien*. 3. Auflage, Wiesbaden: Springer VS 2018, S. 3–39.

Deleuze, Gilles:

»Bartleby oder die Formel« (frz. 1989), in: ders.: *Kritik und Klinik* (frz. 1993). Frankfurt a. M.: Suhrkamp 2000, S. 94–123.

Nietzsche und die Philosophie (frz. 1962). Frankfurt a. M.: Syndikat 1985.

Descombes, Vincent: *Das Rätsel der Identität* (frz. 2013). Berlin: Suhrkamp 2013.

Deuze, Mark: »Media Life and the Mediatization of the Lifeworld«, in: Andreas Hepp / Friedrich Krotz (Hg.): *Mediatized Worlds. Culture and Society in a Media Age*. Basingstoke: Palgrave Macmillan 2014, S. 207–220.

Douglas, Mary: *Wie Institutionen denken* (engl. 1986). Frankfurt a. M.: Suhrkamp 1991.

Foucault, Michel:

»Eine Ästhetik der Existenz« (frz. 1984), in: ders.: *Dits et Ecrits. Schriften in vier Bänden. Bd. 4 1980–1988*, herausgegeben von Daniel Defert und François Ewald, Frankfurt a. M.: Suhrkamp 2005, S. 902–909.

»Die Ethik der Sorge um sich als Praxis der Freiheit« (frz. 1984), in: ders.: *Dits et Ecrits. Schriften in vier Bänden. Bd. 4 1980–1988*, herausgegeben von Daniel Defert und François Ewald, Frankfurt a. M.: Suhrkamp 2005, S. 875–902.

»Subjekt und Macht« (frz. 1982), in: ders.: *Dits et Ecrits. Schriften in vier Bänden. Bd. 4 1980–1988*, herausgegeben von Daniel Defert und François Ewald, Frankfurt a. M.: Suhrkamp 2005, S. 269–294.

»Zusammenfassung der Vorlesungen. Die Geburt der Biopolitik« (frz. 1979), in: ders.: *Die Geburt der Biopolitik. Geschichte der Gouvernementalität II*, herausgegeben von Michel Sennelart, Frankfurt a. M.: Suhrkamp 2006, S. 435–444.

»Was ist Kritik?« (frz. 1978), in: ders.: *Kritik des Regierens. Schriften zur Politik*, herausgegeben von Ulrich Bröckling, Berlin: Suhrkamp 2010, S. 237–257.

»Gespräch mit Michel Foucault« (frz. 1977), in: ders.: *Dits et Ecrits. Schriften in vier Bänden. Bd. 3 1976–1979*, herausgegeben von Daniel Defert und François Ewald, Frankfurt a.M.: Suhrkamp 2003, S. 186–213.

Der Wille zum Wissen. Sexualität und Wahrheit I (frz. 1976). Frankfurt a.M.: Suhrkamp 1977.

Überwachen und Strafen. Die Geburt des Gefängnisses (frz. 1975). 17. Auflage, Frankfurt a.M.: Suhrkamp 2019.

»Nietzsche, die Genealogie, die Historie« (frz. 1971), in: ders.: *Dits et Ecrits. Schriften in vier Bänden. Bd. 2 1970–1975*, herausgegeben von Daniel Defert und François Ewald, Frankfurt a.M.: Suhrkamp 2003, S. 166–191.

Die Ordnung des Diskurses (frz. 1970). 15. Auflage, Frankfurt a.M.: Fischer Taschenbuch 2019.

Archäologie des Wissens (frz. 1969). 5. Auflage, Frankfurt a.M.: Suhrkamp 1992.

Die Ordnung der Dinge. Eine Archäologie der Humanwissenschaften (frz. 1966). Frankfurt a. M.: Suhrkamp 1974.

Wahnsinn und Gesellschaft. Eine Geschichte des Wahns im Zeitalter der Vernunft (frz. 1961). 11. Auflage, Frankfurt a.M.: Suhrkamp 1995.

Gehring, Petra:

»Foucault'sche Freiheitsszenen«, in: dies. / Andreas Gelhard (Hg.): *Parrhesia. Foucault und der Mut zur Wahrheit*. Zürich: diaphanes 2012, S. 13–31.

»Foucaults ›juridischer‹ Machttyp, die Geschichte der Gouvernementalität und die Frage nach Foucaults Rechtstheorie«, in: Susanne Krasmann / Michael Volkmer (Hg.): *Michel Foucaults »Geschichte der Gouvernementalität« in den Sozialwissenschaften. Internationale Beiträge*. Bielefeld: transcript 2007, S. 157–179.

Gumbrecht, Hans Ulrich: *Weltgeist im Silicon Valley. Leben und Denken im Zukunftsmodus*, herausgegeben von René Scheu, Zürich: NZZ Libro 2018.

Günzel, Stephan: »Wahrheit«, in: Clemens Kammler / Rolf Parr / Ulrich Johannes Schneider (Hg.): *Foucault-Handbuch. Leben – Werk – Wirkung*. 2. Auflage, Stuttgart: J. B. Metzler 2020, S. 343–347.

Habermas, Jürgen:

Faktizität und Geltung. Beiträge zur Diskurstheorie des Rechts und des demokratischen Rechtsstaates (1992). Frankfurt a. M.: Suhrkamp 1998.

»Staatsbürgerschaft und nationale Identität (1990)«, in: ders.: *Faktizität und Geltung. Beiträge zur Diskurstheorie des Rechts und des demokratischen Rechtsstaats* (1992). Frankfurt a. M.: Suhrkamp 1998, S. 632–660.

»Wie ist Legitimität durch Legalität möglich?«, in: *Kritische Justiz* 1987 (Bd. 20, Nr. 1), S. 1–16.

Hafez, Kai: »Einleitung. Der Arabische Frühling als Medienereignis. Eine paradoxe Intervention mit Folgen für das deutsche Islambild?«, in: ders. (Hg.): *Arabischer Frühling und deutsches Islambild. Bildwandel durch ein Medienereignis?* Berlin: Frank & Timme 2013, S. 7–25.

Hasnas, John: »Hayek, the Common Law, and Fluid Drive«, in: *NYU Journal of Law & Liberty* 2005 (Bd. 1, Nr. 0), S. 79–110.

Hayek, Friedrich August: *Law, Legislation and Liberty. A New Statement on the Liberal Principles of Justice and Political Economy* (engl. 1973–1979). London: Routledge 2013.

Heck, Philipp: *Gesetzesauslegung und Interessenjurisprudenz.* Tübingen: Mohr 1914.

Heidenreich, Felix: »Foucaults Rekonstruktion des Liberalismus und die Rolle des Staates«, in: ders. (Hg.): *Technologien der Macht. Zu Michel Foucaults Staatsverständnis.* Baden-Baden: Nomos 2011, S. 139–156.

Hirsch, Günther: »Auf dem Weg zum Richterstaat? Vom Verhältnis des Richters zum Gesetzgeber in unserer Zeit«, in: *Juristen Zeitung* 2007 (Bd. 62, Nr. 18), S. 853–858.

Horkheimer, Max: »Traditionelle und kritische Theorie« (1937), in: ders.: *Gesammelte Schriften. Bd. 4. Schriften 1936–1941*, herausgegeben von Alfred Schmidt, Frankfurt a.M.: Fischer Taschenbuch Verlag 1988, S. 162–216.

Jestaedt, Matthias: *Die Verfassung hinter der Verfassung. Eine Standortbestimmung der Verfassungstheorie.* Paderborn et al.: Ferdinand Schönigh 2009.

Kalscheuer, Fiete: »Kant und die allgemeine Handlungsfreiheit«, in: *Juristische Ausbildung* 2018 (Bd. 40, Nr. 1), S. 15–19.

Kammler, Clemens und Rolf Parr (Hg.): *Foucault in den Kulturwissenschaften. Eine Bestandsaufnahme.* Heidelberg: Synchron Wissenschaftsverlag 2007.

Kant, Immanuel: »Die Metaphysik der Sitten. Erster Theil. Metaphysische Anfangsgründe der Rechtslehre«, in: ders.: *Gesammelte Schriften. Abtheilung 1. Werke. Bd. 6*, herausgegeben von der königlich preußischen Akademie der Wissenschaften, Nachdruck der zweiten Auflage 1914, Berlin/Boston: De Gruyter 2022, S. 203–372.

Kelsen, Hans: *Reine Rechtslehre. Mit einem Anhang. Das Problem der Gerechtigkeit. Studienausgabe der 2. Auflage 1960*, herausgegeben von Matthias Jestaedt, Tübingen: Mohr Siebeck 2017.

Kidd, Dustin und Keith McIntosh: »Social Media and Social Movements«, in: *Sociology Compass* 2016 (Bd. 10, Nr. 9), S. 785–794.

Kirchhof, Paul: »§ 21 Die Identität der Verfassung«, in: Josef Isensee / ders. (Hg.): *Handbuch des Staatsrechts. Bd. 2. Verfassungsstaat.* 3. Auflage, Heidelberg: C. F. Müller 2004, S. 261–316.

Kölbel, Ralf: »›Steuerungskraft des Strafrechts bei der Bewältigung von Krisen‹. Vorläufige kriminologische Anmerkungen am Beispiel der COVID-19-Pandemie«, in: Erol Pohlreich et al. (Hg.): *Strafrecht in der Krise. Erkenntnisse zum gesamten Strafrecht nach zwei Jahren Pandemie.* Baden-Baden: Nomos 2022, S. 221–236.

Krajewski, Markus: »Verzweigen, Kopieren, Verschmelzen. Mediale Praktiken kollektiver Autorschaft«, in: Daniel Ehrmann / Thomas Traupmann (Hg.): *Kollektives Schreiben*. Paderborn: Wilhelm Fink 2022, S. 70–92.

Kudlich, Hans und Ralph Christensen: »Die Kanones der Auslegung als Hilfsmittel für die Entscheidung von Bedeutungskonflikten«, in: *Juristische Ausbildung* 2004 (Bd. 26, Nr. 1), S. 74–83.

Ladeur, Karl-Heinz:

Das Rechtssubjekt und sein Bildungsroman. Ein Beitrag zur Kulturgeschichte des Privatrechts im 19. Jahrhundert. Weilerswist: Velbrück Wissenschaft 2024.

»The Future of Law. ›Serial Law‹?«, in: Poul F. Kjaer (Hg.): *The Law of Political Economy. Transformation in the Function of Law*. Cambridge et al.: Cambridge University Press 2020, S. 299–319.

Recht – Wissen – Kultur. Die fragmentierte Ordnung. Berlin: Duncker & Humblot 2016.

Die Textualität des Rechts. Zur poststrukturalistischen Kritik des Rechts. Weilerswist: Velbrück Wissenschaft 2016.

»Der ›Eigenwert‹ des Rechts. Die Selbstorganisationsfähigkeit der Gesellschaft und die relationale Rationalität des Rechts«, in: ders.: *Das Recht der Netzwerkgesellschaft. Ausgewählte Aufsätze*, herausgegeben von Thomas Vesting und Ino Augsberg, Tübingen: Mohr Siebeck 2013, S. 31–54.

Negative Freiheitsrechte und gesellschaftliche Selbstorganisation. Die Erzeugung von Sozialkapital durch Institutionen. Tübingen: Mohr Siebeck 2000.

Lepsius, Oliver: »Kritik der Dogmatik«, in: Gregor Kirchhof / Stefan Magen / Karsten Schneider (Hg.): *Was weiß Dogmatik?* Tübingen: Mohr Siebeck 2012, S. 39–62.

Liebsch, Burkhard: »Élan vital«, in: Peter Prechtl / Franz-Peter Burkard (Hg.): *Metzler Lexikon Philosophie. Begriffe und Definitionen*. 3. Auflage, Stuttgart: J. B. Metzler 2008, S. 130.

Link, Jürgen:

»Dispositiv und Interdiskurs. Mit Überlegungen zum ›Dreieck‹ Foucault – Bourdieu – Luhmann«, in: Clemens Kammler / Rolf Parr (Hg.): *Foucault in den Kulturwissenschaften. Eine Bestandsaufnahme*. Heidelberg: Synchron Wissenschaftsverlag 2007, S. 219–238.

Versuch über den Normalismus. Wie Normalität produziert wird. Opladen: Westdeutscher Verlag 1996.

Liska, Vivian: »Messianism and the Law«, in: Vittoria Borsò et al. (Hg.): *Benjamin – Agamben. Politik, Messianismus, Kabbala*. Würzburg: Königshausen & Neumann 2010, S. 11–12.

Lüdemann, Jörn: »Grundlagenforschung im Öffentlichen Recht«, in: Andreas Funke / Julian Krüper / ders. (Hg.): *Konjunkturen in der öffentlich-rechtlichen Grundlagenforschung*. Tübingen: Mohr Siebeck 2015, S. 1–15.

Luhmann, Niklas:
Das Recht der Gesellschaft (1993). 6. Auflage, Frankfurt a. M.: Suhrkamp 2013.
Legitimation durch Verfahren (1969). 10. Auflage, Frankfurt a. M.: Suhrkamp 2017.

Marchetti, Jacopo: *Foucault e Hayek. Tra Biopolitica e Liberalismo*. Turin: IBL Libri 2018.

Medosch, Armin: »Die Gesellschaft im Ad-hoc-Modus. Dezentral, selbst organisiert, mobil«, in: Christoph Bieber / Claus Leggewie (Hg.): *Interaktivität. Ein transdisziplinärer Schlüsselbegriff*. Frankfurt / New York: Campus 2004, S. 41–66.

Menke, Christoph: »Zweierlei Übung. Zum Verhältnis von sozialer Disziplinierung und ästhetischer Existenz«, in: Axel Honneth / Martin Saar (Hg.): *Michel Foucault. Zwischenbilanz einer Rezeption. Frankfurter Foucault-Konferenz 2001*. Frankfurt a. M.: Suhrkamp 2003, S. 283–299.

Merkel, Wolfgang et al.: *Defekte Demokratie. Bd. 1. Theorie*. Wiesbaden: Springer Fachmedien 2003.

Mill, John Stuart: »Über die Freiheit« (engl. 1859), in: ders.: *Ausgewählte Werke. Bd. 3. Freiheit, Fortschritt und die Aufgaben des Staates. Teilband 1. Individuum, Moral und Gesellschaft*, herausgegeben von Michael Schefczyk und Christoph Schmidt-Petri, Hamburg: Murmann 2014, S. 303–440.

Möllers, Christoph: »Erwiderung auf Günther Hirsch JZ 2007, 853«, in: *Juristen Zeitung* 2008 (Bd. 63, Nr. 4), S. 188–189.

Mols, Manfred: »Politik als Wissenschaft. Zur Definition, Entwicklung und Standortbestimmung einer Disziplin«, in: Hans-Joachim Lauth / Christian Wagner (Hg.): *Politikwissenschaft. Eine Einführung*. 9. Auflage, Paderborn: Ferdinand Schöningh 2019, S. 23–62.

Morlok, Martin und Lothar Michael: *Staatsorganisationsrecht*. 6. Auflage, Baden-Baden: Nomos 2022.

Mudde, Cas: »The Populist Zeitgeist«, in: *Government and Opposition* 2004 (Bd. 39, Nr. 4), S. 541–563.

Müller, Eggo: »Interaktivität. Polemische Ontologie und gesellschaftliche Form«, in: Britta Neitzel / Rolf F. Nohr (Hg.): *Das Spiel mit dem Medium. Partizipation – Immersion – Interaktion*. Marburg: Schüren Verlag 2006, S. 66–79.

Müller, Jan-Werner: *Verfassungspatriotismus*. Berlin: Suhrkamp 2010.

Nietzsche, Friedrich: »Zur Genealogie der Moral. Eine Streitschrift« (1887), in: ders.: *Sämtliche Werke. Kritische Studienausgabe. Bd. 5*, herausgegeben von Giorgio Colli und Mazzino Montinari, 17. Auflage der Neuausgabe von 1999, München: Deutscher Taschenbuch Verlag 2020, S. 245–412.

Ott, Michaela: *Gilles Deleuze. Zur Einführung*. 4. Auflage, Hamburg: Junius 2021.

Parr, Rolf: »Diskurs«, in: Clemens Kammler / ders. / Ulrich Johannes Schneider (Hg.): *Foucault-Handbuch. Leben – Werk – Wirkung*. 2. Auflage, Stuttgart: J. B. Metzler 2020, S. 274–277.

Polanyi, Michael: *The Tacit Dimension* (engl. 1966). Gloucester (Mass.): Peter Smith 1983.

Raimondi, Francesca: »Subjektivierung«, in: Dagmar Comtesse et al. (Hg.): *Radikale Demokratietheorie. Ein Handbuch.* Berlin: Suhrkamp 2019, S. 622–632.

Rheinberger, Hans-Jörg: *Spalt und Fuge. Eine Phänomenologie des Experiments.* Berlin: Suhrkamp 2021.

Rousseau, Jean-Jacques: *Vom Gesellschaftsvertrag. Oder Grundsätze des Staatsrechts* (frz. 1762), herausgegeben von Hans Brockard, Stuttgart: Reclam 2013.

Rudzio, Wolfgang: *Das politische System der Bundesrepublik Deutschland.* 10. Auflage, Wiesbaden: Springer VS 2019.

Saar, Martin:

»Immanente Normativität«, in: Rainer Forst / Klaus Günther (Hg.): *Normative Ordnungen.* Berlin: Suhrkamp 2021, S. 139–161.

»Nachwort«, in: Foucault, Michel: *Ästhetik der Existenz. Schriften zur Lebenskunst*, herausgegeben von Daniel Defert und François Ewald, ausgewählt und mit einem Nachwort von Martin Saar, 6. Auflage, Frankfurt a. M.: Suhrkamp 2017, S. 319–343.

Sarasin, Philipp: »Foucaults Wende«, in: Oliver Marchart / Renate Martinsen (Hg.): *Foucault und das Politische. Transdisziplinäre Impulse für die politische Theorie der Gegenwart.* Wiesbaden: Springer VS 2019, S. 9–22.

Schäfer, Hans-Bernd und Claus Ott: *Lehrbuch der ökonomischen Analyse des Zivilrechts.* 6. Auflage, Berlin: Springer 2021.

Schimchen, Philip: »Zur Problematik des Volksbegriffes«, in: Andreas H. Apelt / Eckhard Jesse / Evelyna Schmidt (Hg.): *1989–2019. Wir sind das Volk. Wer ist das Volk?* Halle: Mitteldeutscher Verlag 2020, S. 141–147.

Schmid, Verena: *Dynamiken lokaler Flüchtlingshilfe. Engagement im Spannungsfeld von Staat und Zivilgesellschaft.* Wiesbaden: Springer Fachmedien 2022.

Schmitt, Carl: *Politische Theologie. Vier Kapitel zur Lehre von der Souveränität* (1922). 11. Auflage, Berlin: Duncker & Humblot 2021.

Sieyès, Emmanuel Joseph: »Was ist der Dritte Stand?« (frz. 1789), in: ders.: *Politische Schriften. 1788–1790*, herausgegeben von Eberhard Schmitt und Rolf Reichardt, 2. Auflage, München: Oldenbourg 1981, S. 117–195.

Skoble, Aeon J.: »9 Hayek the Philosopher of Law«, in: Edward Feser (Hg.): *The Cambridge Companion to Hayek.* Cambridge et al.: Cambridge University Press 2006, S. 171–181.

Stingelin, Martin: »Einleitung. Biopolitik und Rassismus. Was leben soll und was sterben muß«, in: ders. (Hg.): *Biopolitik und Rassismus.* Frankfurt a.M.: Suhrkamp 2003, S. 7–26.

Suwana, Fiona: »What Motivates Digital Activism? The Case of the Save KPK Movement in Indonesia«, in: *Information, Communication & Society* 2019/2020 (Bd. 23, Nr. 9), S. 1295–1310.

Tocqueville, Alexis de: *Über die Demokratie in Amerika* (frz. 1835), herausgegeben von Jakob Peter Mayer, Stuttgart: Reclam 1985.
Vesting, Thomas:
»Rechtssubjektivität und Erzeugung des Neuen als Kulturtechniken des Rechts«, in: Rupert Gaderer / Sigrid Köhler / Florian Schmidt (Hg.): *Recht als Kulturtechnik. Kulturtechniken des Rechts*. Paderborn: Brill-Fink 2024, S. 35–60.
»Content Curation. Medienregulierung für das 21. Jahrhundert« [gem. mit Ricardo Campos], in: *Kritische Vierteljahresschrift für Gesetzgebung und Rechtswissenschaft* 2022 (Bd. 105, Nr. 1), S. 3–22.
Gentleman, Manager, Homo Digitalis. Der Wandel der Rechtssubjektivität in der Moderne. Weilerswist: Velbrück Wissenschaft 2021.
Staatstheorie. München: C. H. Beck 2018.
Rechtstheorie. 2. Auflage, München: C. H. Beck 2015.
Die Medien des Rechts IV. Computernetzwerke. Weilerswist: Velbrück Wissenschaft 2015.
»›Das Recht der Netzwerkgesellschaft‹. Zu Karl-Heinz Ladeurs Rechts- und Gesellschaftstheorie« [gem. mit Ino Augsberg], in: Karl-Heinz Ladeur: *Das Recht der Netzwerkgesellschaft. Ausgewählte Aufsätze*, herausgegeben von dens., Tübingen: Mohr Siebeck 2013, S. 1–28.
Die Medien des Rechts III. Buchdruck. Weilerswist: Velbrück Wissenschaft 2013.
Die Medien des Rechts I. Sprache. Weilerswist: Velbrück Wissenschaft 2011.
Vismann, Cornelia: »Kulturtechniken und Souveränität«, in: dies.: *Das Recht und seine Mittel. Ausgewählte Schriften*, herausgegeben von Markus Krajewski und Fabian Steinhauer, Frankfurt a. M.: Fischer Wissenschaft 2012, S. 445–460.
Volkmann, Uwe: *Demokratie und Vernunft. Zugleich ein Beitrag über den Zusammenhang von politischer Theorie und Verfassung*. Tübingen: Mohr Siebeck 2024.
Waldenfels, Bernhard: *Verfremdung der Moderne. Phänomenologische Grenzgänge*. Göttingen: Wallstein Verlag 2001.
Willaschek, Marcus: »Sprachphilosophie«, in: Franz Gniffke / Norbert Herold (Hg.): *Philosophie. Problemfelder und Disziplinen*. Münster: LIT 1996, S. 157–177.
Wittgenstein, Ludwig: *Philosophische Untersuchungen* (1953), herausgegeben von Joachim Schulte, 7. Auflage, Frankfurt a.M.: Suhrkamp 2015.
Wodak, Ruth. »Normalisierung nach rechts. Politischer Diskurs im Spannungsfeld von Neoliberalismus, Populismus und kritischer Öffentlichkeit«, in: *Linguistik Online* 2015 (Bd. 73, Nr. 4), S. 27–44.
Zima, Peter V.:
Theorie des Subjekts. Subjektivität und Identität zwischen Moderne und Postmoderne. 4. Auflage, Tübingen: A. Francke Verlag 2017.
»Kritische Rechtswissenschaft«, in: *Wissen*, herausgegeben von der Professur Susanne Baer an der Humboldt-Universität zu Berlin, https://www.

rewi.hu-berlin.de/de/lf/ls/bae/wissen/kritische-rechtswissenschaft (zul. abgerufen am 26.11.2025).

»›Recht kritisch denken‹. Ringvorlesung im Sommersemester 2024«, herausgegeben von der Professur Nora Markard an der Universität Münster, https://www.jura.uni-muenster.de/de/institute/imr/ringvl-zur-kritischen-rechtswissenschaft/ringvl-zu-kritischer-rechtswissenschaft-recht-kritisch-denken/ (zul. abgerufen am 26.11.2025).

»Ringvorlesung. ›Recht – kritisch. Alternative Zukünfte denken‹«, herausgegeben von der Gastprofessur Berit Völzmann an der Leibniz-Universität Hannover, https://www.jura.uni-hannover.de/en/veranstaltungen/fuer-studierende/ringvorlesung-recht-kritisch-alternative-zukunft-denken (zul. abgerufen am 26.11.2025).

Angaben zu übernommenen Textpassagen aus eigenen unveröffentlichten Arbeiten:

Das Kapitel »§ 2 Wissen, Praxis, Recht: Anschlüsse an Foucault« stellt eine grundlegend überarbeitete, stark gekürzte und an diverse Stellen ergänzte Fassung meiner an der Goethe-Universität Frankfurt am 27.04.2023 eingereichten Masterarbeit im Studiengang Philosophie mit dem Titel »Die Transformation der Rechtsnormativität durch Praxis. Ansätze im Werk Michel Foucaults« dar.

Einzelne Absätze der Unterkapitel »§ 1 I.2.b. Kulturbegriff der Homogenisierung« und »§ 1 II.1. Die institutionsgebende Macht« sind zum Teil aus meiner Seminararbeit »Recht als Kultur«, eingereicht am 29.09.2021, an der Goethe-Universität Frankfurt, entnommen.

Dank

Die vorliegende Arbeit wurde im Wintersemester 2024/25 am Fachbereich Rechtswissenschaft der Goethe-Universität Frankfurt am Main als Dissertation eingereicht und im darauffolgenden Semester als Promotionsleistung angenommen. Für die Veröffentlichung wurden lediglich kleine Änderungen vorgenommen, sodass der Stand der Bearbeitung im Wesentlichen März 2025 entspricht.

Herzlich bedanken möchte ich mich bei dem Betreuer des Promotionsvorhabens, Herrn Prof. em. Dr. Dr. h.c. Thomas Vesting. Unsere erste Begegnung im Wintersemester 2020/21 in seinem Seminar »Recht und Staat nach Michel Foucault« hat damals schon den Weg dieser Arbeit vorgezeichnet. Er gab mir nicht nur den institutionellen Rahmen zur Umsetzung des Projekts, sondern auch die Freiheit, ein derart interdisziplinäres Forschungsvorhaben ohne Abstriche zu verwirklichen. Seine eigene kulturwissenschaftliche Rechtstheorie war dabei stets wegweisend und ergänzte sich hervorragend mit meinem Ansatz der kulturwissenschaftlichen Erforschung sozialer Ordnungen. Die frische Perspektive auf die Rolle der Technologie in der Kultur (und auch in der Kultur des Rechts), die ich dabei in den letzten Jahren entwickeln durfte, ist auch sein Verdienst.

Ebenso herzlich bedanke ich mich bei Herrn Prof. Dr. Uwe Volkmann, der das Zweitgutachten für diese Arbeit erstellt hat. Seiner Offenheit und wertvollen Kritik ist der gelungene Abschluss dieser Arbeit zu verdanken. Als Dialogpartner hat er wichtige Rückfragen zur theoriegeschichtlichen Verortung meines Ansatzes und zu dessen normativen Implikationen gestellt, die mir geholfen haben, den vorliegenden Text inhaltlich noch weiter zu schärfen.

In Bezug auf die Förderung dieser Arbeit gilt mein großer Dank der Studienstiftung des deutschen Volkes. Sie hat diese Arbeit sowohl finanziell als auch ideell im Rahmen ihrer Promotionsförderung unterstützt und zuvor mit ihrer Studienförderung bereits unverzichtbare Weichen für das Gelingen des Projekts gestellt.

Ein besonders wichtiger Meilenstein beim Verfassen der Arbeit war darüber hinaus mein Aufenthalt als Visiting Doctoral Student am Fachbereich Philosophie der Universidad Complutense de Madrid im Herbst 2024. Ich bedanke mich bei meiner ›Alma Mater‹, dem Institut für Philosophie der Universität Frankfurt am Main, für das großzügige Zurverfügungstellen ihrer Kooperation – auch nach meinem Wechsel an den Fachbereich Rechtswissenschaft – und bei Herrn Prof. Dr. Oscar Quejido Alonso für die zuvorkommende und herzliche Betreuung vor Ort in Madrid.

Für die Möglichkeit, einzelne Kapitel meiner Arbeit zur Diskussion zu stellen, danke ich den Organisatoren der verschiedenen Nachwuchstagungen in Lissabon, Vilnius und Frankfurt, unter anderem stellvertretend für das Research Centre for Communication and Culture der Universidade Católica Portuguesa in Lissabon Herrn Prof. Dr. Nelson Ribeiro, sowie der rechtswissenschaftlichen Fakultät der Universität Vilnius zusammen mit dem International Network of Doctoral Studies in Law.

Die Aufenthalte in Lissabon und Madrid wurden finanziell vom GRADE-Center Rechtswissenschaft der Goethe-Universität Frankfurt unterstützt, wofür ich mich herzliche bedanke.

Für wertvolle Literaturhinweise danke ich Israel Campos.

Dem Team des Lehrstuhls für Öffentliches Recht, Recht und Theorie der Medien danke ich für die kollegiale Zusammenarbeit während der Entstehung dieser Arbeit und für die geteilte Solidarität auch in herausfordernden Situationen. Namentlich gilt mein Dank insbesondere Merlin Eichele, Evi Langner und Janina Martin.

Der Druck dieser Arbeit wurde zu Teilen durch die Förderung des GRADE-Centers Rechtswissenschaft mitfinanziert. Dem Center danke ich vielmals!

Mein letzter und größter Dank gilt meiner Familie. Von klein auf haben sie meine intellektuelle Neugier und meine Freude am Entdecken gefördert. Sie sind die längsten und größten Unterstützer dieser Arbeit und haben ihre Entstehung schon lange begleitet, bevor ihr erster Satz geschrieben war. In ihrem Beisein im Frühjahr 2025 die letzten Sätze dieser Arbeit zu schreiben, war mir eine riesige Freude!

Theorie des Rechts

bei Velbrück Wissenschaft

Leo Merlin Eichele
Wo steht dem Recht der Kopf?
Zur radikalen Demokratietheorie des Rechts
416 Seiten · ISBN 978-3-95832-395-7 · EUR 44,90

Karl-Heinz Ladeur
Die Textualität des Rechts
Zur poststrukturalistischen Kritik des Rechts
320 Seiten · ISBN 978-3-95832-080-2 · EUR 34,90

Das Rechtssubjekt und sein Bildungsroman
Ein Beitrag zur Kulturgeschichte des Privatrechts im 19. Jahrhundert
384 Seiten · ISBN 978-3-95832-362-9 · EUR 49,90

Maie Mörsch
Dogmatik als soziale Praxis
Umrisse einer Theorie rechtlicher Wirklichkeitskonstruktion am Beispiel der Ungleichheit
360 Seiten · ISBN 978-3-95832-419-0 · EUR 44,90

Thomas Vesting
Die Medien des Rechts: Schrift
232 Seiten · ISBN 978-3-942393-06-5 · EUR 24,95

Die Medien des Rechts: Sprache
216 Seiten · ISBN 978-3-942393-05-8 · EUR 24,95

Die Medien des Rechts: Buchdruck
232 Seiten · ISBN 978-3-942393-53-9 · EUR 24,90

Die Medien des Rechts: Computernetzwerke
240 Seiten · ISBN 978-3-95832-059-8 · EUR 29,90

Gentleman, Manager, Homo Digitalis
Der Wandel der Rechtssubjektivität in der Moderne
264 Seiten · ISBN 978-3-95832-240-0 · EUR 34,90